PRESTAÇÃO DE SERVIÇOS A TERCEIROS

(Retenções previdenciárias,
aspectos trabalhistas, previdenciários,
eSocial e EFD-Reinf)

Ana Paula Ferreira
Mariza de Abreu Oliveira Machado
Milena Sanches Tayano dos Santos

PRESTAÇÃO DE SERVIÇOS A TERCEIROS

(Retenções previdenciárias, aspectos trabalhistas, previdenciários, eSocial e EFD-Reinf)

10ª Edição

Freitas Bastos Editora

Direitos exclusivos da edição e distribuição em língua portuguesa:

Maria Augusta Delgado Livraria, Distribuidora e Editora

Editor: *Isaac D. Abulafia*
Capa: *Jair Domingos de Sousa*
Diagramação: *Formato Editoração e Serviços*

Dados Internacionais de Catalogação na Publicação (CIP) de acordo com ISBD

F383p Ferreira, Ana Paula
Prestação de serviços a terceiros: retenções previdenciárias, aspectos trabalhistas, previdenciários, eSocial e EFD-Reinf / Ana Paula Ferreira, Mariza de Abreu Oliveira Machado, Milena Sanches Tayano dos Santos. – 10. ed. – Rio de Janeiro : Freitas Bastos, 2019.
400 p. ; 15,5cm x 23cm.

Inclui bibliografia.
ISBN: 978-85-7987-350-8

1. Legislação trabalhista. 2. Prestação de serviços. 3. Retenções previdenciárias. 4. eSocial. 5. EFD-Reinf. I. Machado, Mariza de Abreu Oliveira. II. Santos, Milena Sanches Tayano dos. III. Título.

2019-571 CDD 341.67
CDU 34:368.4

Freitas Bastos Editora
Tel. (21) 2276-4500
freitasbastos@freitasbastos.com
vendas@freitasbastos.com
www. freitasbastos.com

Apresentação

O enorme interesse que a regulamentação da terceirização (contratação de uma pessoa jurídica para a prestação de serviços a outra pessoa jurídica), ocorrida em 2017, despertou no meio empresarial, posto que até então não havia normas legais que disciplinassem a matéria, exceto a Súmula nº 331 do TST e a Instrução Normativa MTb nº 3/1997, nos motivou a renovar esta obra quase que completamente em relação à edição passada.

A disposição dos assuntos ao longo das páginas, a capa e o próprio título do livro sofreram alterações significativas, o que resultou em uma diagramação moderna e arrojada.

Concluímos que a obra merecia ser tratada como ela realmente se apresenta, qual seja, um guia a apoiar as empresas que atuam no seguimento da prestação de serviços a terceiros, oferecendo esclarecimentos eficazes, simples e práticos para um tema tão complexo e árido.

Foram abordadas as principais obrigações a serem observadas pelas empresas prestadoras e tomadoras de serviços, dando enfoque especial, entre outros temas, à desoneração da folha de pagamento e à retenção previdenciária devida na contratação de empresas prestadoras de serviços sujeitos à retenção, mediante cessão de mão de obra ou empreitada.

Como não poderia deixar de ser, foram analisados também os aspectos gerais relativos ao eSocial, EFD-Reinf e à DCTFWeb.

Boa leitura!

O Editor

Sumário

Título I
LEGISLAÇÃO TRABALHISTA

Título II
FUNDO DE GARANTIA DO TEMPO DE SERVIÇO

Título III
LEGISLAÇÃO PREVIDENCIÁRIA

Título IV
COOPERATIVAS

Título V
SISTEMA DE ESCRITURAÇÃO DIGITAL DAS OBRIGAÇÕES FISCAIS, PREVIDENCIÁRIAS E TRABALHISTAS (eSOCIAL)

Título VI
ESCRITURAÇÃO FISCAL DIGITAL DE RETENÇÕES E OUTRAS INFORMAÇÕES FISCAIS (EFD-Reinf)

DECLARAÇÃO DE DÉBITOS E CRÉDITOS TRIBUTÁRIOS FEDERAIS

Título VII
DECLARAÇÃO DE DÉBITOS E CRÉDITOS TRIBUTÁRIOS FEDERAIS PREVIDENCIÁRIOS E DE OUTRAS ENTIDADES E FUNDOS (DCTFWeb)

Título VII
LEGISLAÇÃO REFERENCIADA

Título I
LEGISLAÇÃO TRABALHISTA

LEGISLAÇÃO TRABALHISTA

Obrigações das empresas, inclusive das prestadoras de serviços a terceiros.

CAPÍTULO 1
Reforma trabalhista

A Lei nº 13.467/2017, a qual instituiu a chamada "Reforma Trabalhista", em vigor desde 11.11.2017, alterou mais de 100 artigos da Consolidação das Leis do Trabalho (CLT).

As alterações verificadas na legislação do trabalho foram muitas e bastante significativas. Entretanto, uma das principais diz respeito à prevalência do negociado sobre o legislado. Isto significa dizer que o que for acordado via negociação coletiva (acordo ou convenção) prevalece sobre o determinado por lei e será aplicado aos trabalhadores representados ainda que menos vantajoso do que o determinado na legislação. Não há mais a garantia do mínimo legal.

Foi também determinado que o acordo coletivo (entre empresa(s) e o sindicato) tem mais força do que a convenção coletiva (estabelecida entre o sindicato patronal e o sindicato da categoria profissional). Assim, se no acordo coletivo for estabelecida uma condição prejudicial ao empregado, se comparado à convenção, prevalecerá o acordo.

Entretanto, esta liberdade de negociação via documento coletivo de trabalho, no nosso entender, não é irrestrita, ou seja, não pode afetar garantias constitucionalmente asseguradas e, também, deve observar os assuntos vedados à negociação coletiva, relacionados pela própria lei da reforma.

1. DIREITOS QUE PODEM SER NEGOCIADOS MEDIANTE DOCUMENTO COLETIVO DE TRABALHO

O art. 611A da CLT, na redação da Lei nº 13.467/2011 determina que a convenção coletiva e o acordo coletivo de trabalho, têm prevalência sobre a lei quando, **entre outros**, dispuserem sobre os direitos a seguir elencados. Esta expressão "entre outros" significa que a relação dos direitos que podem ser negociados é apenas exemplificativa e não exaustiva. Portanto, tudo o que não for vedado à negociação poderá ser objeto de acordo:

a) pacto quanto à jornada de trabalho, observados os limites constitucionais;
b) banco de horas anual;
c) intervalo intrajornada, respeitado o limite mínimo de 30 minutos para jornadas superiores a 6 horas;
d) adesão ao Programa Seguro Emprego (PSE), de que trata a Lei nº 13.189/2015;
e) plano de cargos, salários e funções compatíveis com a condição pessoal do empregado, bem como identificação dos cargos que se enquadram como funções de confiança;
f) regulamento empresarial;
g) representante dos trabalhadores no local de trabalho;
h) teletrabalho, regime de sobreaviso e trabalho intermitente;
i) remuneração por produtividade, incluídas as gorjetas percebidas pelo empregado, e remuneração por desempenho individual;
j) modalidade de registro de jornada de trabalho;
k) troca do dia de feriado;
l) enquadramento do grau de insalubridade;
m) prorrogação de jornada em ambientes insalubres, sem licença prévia das autoridades competentes do Ministério da Economia;
n) prêmios de incentivo em bens ou serviços, eventualmente concedidos em programas de incentivo;
o) participação nos lucros ou resultados da empresa.

2. DIREITOS QUE NÃO PODEM SER SUPRIMIDOS OU REDUZIDOS VIA NEGOCIAÇÃO COLETIVA

O art. 611B da CLT, na redação da Lei nº 13.467/2011 determina que a convenção coletiva e o acordo coletivo de trabalho, não podem suprimir ou reduzir, **exclusivamente**, os direitos a seguir elencados. Portanto, nota-se que, no que se refere aos direitos que não podem ser suprimidos ou reduzidos via negociação coletiva, a relação é exaustiva, diferentemente daqueles que podem ser negociados cuja relação é exemplificativa.

1) normas de identificação profissional, inclusive as anotações na CTPS;
2) seguro desemprego, em caso de desemprego involuntário;
3) valor dos depósitos mensais e da multa rescisória do FGTS;
4) salário mínimo;
5) valor nominal do décimo terceiro salário;
6) remuneração do trabalho noturno superior à do diurno;
7) proteção do salário na forma da lei, constituindo crime sua retenção dolosa;
8) salário família;
9) Repouso Semanal Remunerado (RSR);
10) adicional de horas extras mínimo de 50%;
11) número de dias de férias devidas ao empregado;
12) gozo de férias anuais remuneradas com o acréscimo do terço constitucional;
13) licença maternidade com duração mínima de 120 dias;
14) licença paternidade;
15) proteção do mercado de trabalho da mulher, mediante incentivos específicos;
16) aviso prévio proporcional ao tempo de serviço, sendo, no mínimo, de 30 dias;
17) normas de saúde, higiene e segurança do trabalho;
18) adicional de insalubridade, periculosidade e atividades penosas;
19) aposentadoria;
20) seguro contra acidentes de trabalho, a cargo do empregador;
21) ação, quanto aos créditos resultantes das relações de trabalho, com prazo prescricional de cinco anos para os trabalhadores urbanos e rurais, até o limite de dois anos após a extinção do contrato de trabalho;
22) proibição de discriminação no tocante a salário e critérios de admissão do trabalhador com deficiência;

23) proibição de trabalho noturno, perigoso ou insalubre a menores de 18 anos e de qualquer trabalho a menores de 16 anos, salvo na condição de aprendiz, a partir de 14 anos;

24) medidas de proteção legal de crianças e adolescentes;

25) igualdade de direitos entre o trabalhador com vínculo empregatício permanente e o trabalhador avulso;

26) liberdade de associação profissional ou sindical do trabalhador, inclusive o direito de não sofrer, sem sua expressa e prévia anuência, qualquer cobrança ou desconto salarial estabelecidos em convenção coletiva ou acordo coletivo de trabalho;

27) direito de greve, competindo aos trabalhadores decidirem sobre a oportunidade de exercê-lo e sobre os interesses que devam por meio dele defender;

28) definição legal sobre os serviços ou atividades essenciais e disposições legais sobre o atendimento das necessidades inadiáveis da comunidade em caso de greve;

29) tributos e outros créditos de terceiros;

30) condutas proibidas ao empregador relativas ao trabalho da mulher previstas no art. 373-A da CLT;

O art. 373-A da CLT estabelece:

"Art. 373-A. Ressalvadas as disposições legais destinadas a corrigir as distorções que afetam o acesso da mulher ao mercado de trabalho e certas especificidades estabelecidas nos acordos trabalhistas, é vedado:

I – publicar ou fazer publicar anúncio de emprego no qual haja referência ao sexo, à idade, à cor ou situação familiar, salvo quando a natureza da atividade a ser exercida, pública e notoriamente, assim o exigir;

II – recusar emprego, promoção ou motivar a dispensa do trabalho em razão de sexo, idade, cor, situação familiar ou estado de gravidez, salvo quando a natureza da atividade seja notória e publicamente incompatível;

III – considerar o sexo, a idade, a cor ou situação familiar como variável determinante para fins de remuneração, formação profissional e oportunidades de ascensão profissional;

IV – exigir atestado ou exame, de qualquer natureza, para comprovação de esterilidade ou gravidez, na admissão ou permanência no emprego;

V – impedir o acesso ou adotar critérios subjetivos para deferimento de inscrição ou aprovação em concursos, em empresas privadas, em razão de sexo, idade, cor, situação familiar ou estado de gravidez;

VI – proceder o empregador ou preposto a revistas íntimas nas empregadas ou funcionárias.

Parágrafo único. O disposto neste artigo não obsta a adoção de medidas temporárias que visem ao estabelecimento das políticas de igualdade entre homens e mulheres, em particular as que se destinam a corrigir as distorções que afetam a formação profissional, o acesso ao emprego e as condições gerais de trabalho da mulher."

31) proibição de empregar mulher em serviço que exija força muscular excessiva, prevista no art. 390 da CLT;
32) licença maternidade prevista nos arts. 392 e 392-A da CLT;
33) faculdade de, mediante atestado médico, a mulher grávida romper o contrato de trabalho, desde que este seja prejudicial à gestação (CLT, art. 394);
34) possibilidade de a empregada gestante ou lactante ser afastada, enquanto durar a gestação e a lactação, de quaisquer atividades, operações ou locais insalubres, devendo exercer suas atividades em local salubre (CLT, art. 394-A);
35) licença maternidade em caso de aborto não criminoso;
36) períodos de intervalos de 30 minutos cada para amamentação até os 6 meses de idade da criança;
37) creche.

CAPÍTULO 2
Livro de Inspeção do Trabalho

Todas as empresas ou empregadores sujeitos à inspeção do trabalho, excetuadas as microempresas e empresas de pequeno porte, são obrigados a manter o livro de inspeção do trabalho. Caso mantenham mais de um estabelecimento, filial ou sucursal, deverão possuir tantos livros de inspeção do trabalho quantos forem os seus estabelecimentos.

Neste livro, o agente de inspeção registrará a data e a hora de início e término da sua visita ao estabelecimento, bem como o resultado da inspeção, nele consignando, se for o caso, todas as irregularidades encontradas e as exigências feitas, com os respectivos prazos para seu atendimento, e, ainda, de modo legível, os elementos de sua identificação funcional.

CAPÍTULO 3

Programa de Integração Social (PIS)

1. CADASTRAMENTO DO TRABALHADOR

O empregador e o sindicato efetuam o cadastramento de seus empregados e trabalhadores avulsos imediatamente após a sua admissão ou vinculação.

Deve ser cadastrado o empregado, o empregado de cartório não oficializado, o empregado doméstico, o pescador artesanal (cadastrado para efeito de concessão do benefício seguro desemprego e Plano de Formação e Valorização do Pescador, o trabalhador avulso e o trabalhador rural.

O cadastramento pode ser feito, on-line (acesso direto da empresa ao cadastro Número de Identificação Social – NIS) ou em lote (pelo uso da conectividade Social). A inscrição NIS é cadastrada no Programa de Integração Social (PIS).

O cadastramento on-line é realizado por meio de acesso direto a aplicação da Caixa. Para tanto, as instruções podem ser capturadas no site da Caixa http://www.caixa.gov.br/pj/pj_comercial/mp/pis/index.asp.

O cadastramento em lote é realizado através do envio de arquivo mediante o Conectividade Social – CNS, no layout padrão definido pela Caixa, sendo que o processamento ocorre em até D+2 da data de recebimento do arquivo pela Caixa.

As instruções para construção e envio de arquivo para localização e atribuição podem ser capturadas no sítio da Caixa, anteriormente mencionado.

Após o processamento, a Caixa devolve à empresa o número da inscrição localizada ou atribuída, por meio de arquivo retorno.

Após o cadastramento, o empregador deve anotar o número atribuído a cada trabalhador na respectiva CTPS.

CAPÍTULO 4
Cadastro Geral de Empregados e Desempregados (Caged)

As empresas estão obrigadas a enviar o Cadastro Geral de Empregados e Desempregados (Caged) sempre que ocorrer admissão, dispensa ou transferência de empregados, com contrato de trabalho regido pela CLT, ou seja, que tenha efetuado qualquer tipo de movimentação em seu quadro de empregados, dentro do mês.

Quando a empresa possuir mais de um estabelecimento, deverá remeter ao Ministério da Economia (ME) arquivos específicos a cada estabelecimento.

Quando não houver movimentação dentro do mês, a empresa está dispensada de enviar o Caged.

O envio do Caged deve ser efetuado por meio da Internet com a utilização do Aplicativo do Caged Informatizado (ACI), o qual deve ser utilizado para gerar e/ou analisar o arquivo do Caged, pelas empresas nas quais tenha ocorrido movimentação de empregados regidos pela CLT. O arquivo gerado deverá ser enviado ao ME via Internet.

O estabelecimento deverá manter a cópia do arquivo, o recibo de entrega e o Extrato da Movimentação Processada pelo prazo de 5 anos a contar da data do envio, para fins de comprovação perante a fiscalização do trabalho.

A data de envio do documento ao ME é até o dia 7 do mês subsequente àquele em que ocorreu movimentação de empregados. Entretanto, para fins do seguro desemprego, as informações relativas a admissões devem ser prestadas:

a) na data de início das atividades do empregado, quando este estiver em percepção do seguro desemprego ou cujo requerimento esteja em tramitação;

b) no prazo estipulado em notificação para comprovação do registro do empregado, lavrada em ação fiscal conduzida por Auditor-Fiscal do Trabalho.

A prestação das informações mencionadas nas letras "a" e "b" dispensará a obrigação de envio do Caged até o dia 7 do mês subsequente, somente em relação a estas admissões informadas.

O ME disponibilizará em seu site na Internet (www.mte.gov.br), a situação do trabalhador relativa ao seguro desemprego, para consulta pelo empregador e pelo responsável designado por este.

Com a implantação do eSocial, o Caged será substituído pelas informações constantes do sistema eSocial, porém esta substituição não será automática. O Ministério da Economia deverá divulgar um ato normativo estabelecendo a data a partir da qual o eSocial passará a substituir o Caged.

CAPÍTULO 5

Enquadramento Sindical

A Constituição Federal vedou, taxativamente, a intervenção e a interferência do Estado nos assuntos sindicais. Em consequência, foram extintas as Comissões de Enquadramento Sindical (CES), do Ministério do Trabalho, às quais competia a subdivisão das categorias econômicas para fins de enquadramento sindical, conforme os arts. 570 e seguintes da CLT.

Assim, atualmente, o enquadramento sindical é feito por iniciativa da própria empresa, inexistindo órgão oficial que discipline tal procedimento.

As controvérsias oriundas do enquadramento em análise serão dirimidas pelo Poder Judiciário, desde que devidamente acionado.

1. CONTRIBUIÇÃO SINDICAL

Com a reforma trabalhista, instituída pela Lei nº 13.467/2017, havia sido alterada a redação dos arts. 578 e 579 da CLT, para determinar que a contribuição sindical (patronal, dos empregados, autônomos e profissionais liberais), desde a referida data (11.11.2017), passava a ser opcional, ou seja, a contribuição passou a ser ato de vontade.

Posteriormente, a Medida Provisória nº 873/2019 alterou a redação dos arts. 545, 578, 579 e 582 da CLT bem como acresceu o art. 579A, para determinar, entre outras providências, que as contribuições devidas aos sindicatos pelos participantes das categorias econômicas ou profissionais ou das profissões liberais representadas pelas referidas entidades serão recolhidas e pagas, sob a denominação de contribuição sindical, desde que prévia, voluntária, individual e expressamente autorizado pelo trabalhador ou pela empresa, conforme o caso.

Esta autorização prévia deve, portanto, conforme já informado, ser individual, expressa e por escrito. Desta forma, não serão aceitos:

a) autorização tácita;

b) imposição da contribuição por meio de documento coletivo de trabalho (convenção ou acordo coletivo), assembleia-geral ou outro meio previsto no estatuto da entidade sindical;
c) exigência de oposição do trabalhador para que não se sujeite à contribuição.

A mencionada Medida Provisória também determinou ser nula a regra ou a cláusula normativa que fixar a compulsoriedade ou a obrigatoriedade de recolhimento a empregados ou empregadores, sem observância do anteriormente mencionado.

O recolhimento da contribuição sindical do empregado somente poderá ser feito por meio de boleto bancário ou equivalente eletrônico, que será encaminhado obrigatoriamente à residência do empregado ou, na hipótese de impossibilidade de recebimento, à sede da empresa, sendo vedado o envio de boleto ou equivalente à residência do empregado ou à sede da empresa, na hipótese de inexistência de autorização prévia e expressa. Desta forma, a empresa não mais pode efetuar qualquer desconto na remuneração do empregado a título de contribuição sindical.

Foi determinado, ainda, que a mensalidade sindical, a contribuição confederativa e as demais contribuições sindicais, inclusive as instituídas por meio de estatuto do sindicato ou por meio de negociação coletiva só poderão ser exigidas dos trabalhadores que sejam filiados ao sindicato.

Para as empresas que prévia e expressamente autorizarem o requerimento da contribuição sindical esta consistirá numa importância proporcional ao seu capital social, registrado na Junta Comercial ou órgãos equivalentes, obtida mediante a aplicação de determinadas alíquotas, e deverá ser recolhida no mês de janeiro. As empresas estabelecidas após janeiro pagam a aludida contribuição no mês do requerimento da licença para funcionamento.

A contribuição sindical das empresas de trabalho temporário e das empresas prestadoras de serviço, que autorizarem o requerimento da contribuição, será calculada da mesma forma que as demais empresas e será recolhida a favor da entidade sindical que as representem, independente do enquadramento sindical das empresas tomadoras dos seus serviços.

Os agentes ou trabalhadores autônomos e profissionais liberais, não organizados em empresa, desde que autorizem o requerimento da contribuição sindical, efetuam o seu recolhimento em fevereiro. Quanto ao valor da contribuição, tendo em vista que o art. 580, *caput*, inciso II, da CLT o fixava em 30% do maior valor de referência, o qual foi extinto pela Lei nº 8.177, de 01.03.1991, art. 3º, inciso III, recomendamos aos interessados ficarem atentos à publicação de Editais fixando o valor do seu recolhimento pelas entidades sindicais.

No que tange ao empregado, caso este autorize o requerimento da contribuição, deverá ele mesmo efetuar o recolhimento por meio do boleto bancário ou equivalente eletrônico que for encaminhado à sua residência. O prazo a ser observado será o mês de abril. A mencionada contribuição corresponderá a um dia de salário assim considerado o equivalente a:

a) uma jornada normal de trabalho, para os que têm remuneração baseada na unidade de tempo (mensal, semanal, quinzenal); ou
b) 1/30 da quantia percebida no mês anterior, quando a remuneração tem por base a tarefa, empreitada ou comissão;
c) 1/30 da importância que tiver servido de base, no mês de janeiro, para a contribuição do empregado à Previdência Social, para os que ganham salário em utilidades ou gorjetas.

1.1 Quadro das profissões liberais

O quadro das profissões liberais inclui entre outros:

Administradores
Advogados
Analistas de sistemas
Arquitetos
Assistentes sociais
Atuários
Autores teatrais
Bacharel em ciências da computação e informática
Bibliotecários
Biólogos

Biomédicos
Compositores artísticos, musicais e plásticos
Contabilistas
Economistas
Economistas domésticos
Enfermeiros
Engenheiros (civis, de minas, mecânicos, eletricistas, industriais e agrônomos
Escritores
Estatísticos
Farmacêuticos
Físicos
Fisioterapeutas, terapeutas ocupacionais, auxiliares de fisioterapia e auxiliares de terapia ocupacional
Fonoaudiólogos
Geógrafos
Geólogos
Jornalistas
Médicos
Médicos veterinários
Nutricionistas
Odontologistas
Parteiros
Professores (privados)
Profissionais liberais de Relações Públicas
Protéticos dentários
Psicólogos
Químicos (químicos industriais, químicos industriais agrícolas e engenheiros químicos
Sociólogos
Técnicos agrícolas de nível médio – 2º grau
Técnicos em turismo

Técnicos industriais de nível médio – 2º grau

Tecnólogos

Tradutores

Zootecnistas

2. RELAÇÃO ANUAL DE INFORMAÇÕES SOCIAIS (RAIS)

Os empregadores a seguir relacionados são obrigados a entregar a Rais devidamente preenchida a contar do mês de janeiro.

a) empregadores urbanos e rurais;

b) filiais, agências, sucursais, representações ou quaisquer outras formas de entidades vinculadas à pessoa jurídica domiciliada no exterior;

c) autônomos ou profissionais liberais que tenham mantido empregados no ano-base;

d) órgãos e entidades da administração direta, autárquica e fundacional dos governos federal, estadual, do Distrito Federal e municipal;

e) conselhos profissionais, criados por lei, com atribuições de fiscalização do exercício profissional, e as entidades paraestatais;

f) condomínios e sociedades civis; e

g) cartórios extrajudiciais e consórcios de empresas.

Nota

No ano de 2019, a entrega da RAIS teve início a contar de 18.02.2019.

Devem ser relacionados na Rais de cada estabelecimento, os vínculos laborais havidos ou em curso no ano-base, abrangendo:

a) empregados urbanos e rurais contratados por prazo indeterminado ou determinado ou para o trabalho intermitente;

b) trabalhadores temporários regidos pela Lei nº 6.019/1974;

c) diretores sem vínculo empregatício para os quais tenha havido a opção pelo recolhimento do FGTS;

d) servidores da administração pública direta ou indireta federal, estadual, do Distrito Federal ou municipal, bem como das fundações supervisionadas;
e) servidores públicos não efetivos, demissíveis ad nutum ou admitidos por meio de legislação especial, não regidos pela CLT;
f) empregados dos cartórios extrajudiciais;
g) trabalhadores avulsos;
h) trabalhadores com contrato de trabalho por prazo determinado regidos pela Lei nº 9.601/1998;
i) aprendiz contratado na forma da CLT, art. 428;
j) trabalhadores com contrato de trabalho por tempo determinado regidos pela Lei nº 8.745/1993;
k) trabalhadores regidos pelo Estatuto do Trabalhador Rural (Lei nº 5.889/1973);
l) trabalhadores com contrato de trabalho por prazo determinado regidos por Lei Estadual;
m) trabalhadores com contrato de trabalho por prazo determinado regidos por Lei Municipal;
n) servidores e trabalhadores licenciados;
o) servidores públicos cedidos e requisitados; e
p) dirigentes sindicais.

Com a implantação do eSocial, a RAIS será substituído pelas informações constantes do sistema eSocial, porém esta substituição não será automática. O Ministério da Economia deverá divulgar um ato normativo estabelecendo a data a partir da qual o eSocial passará a substituir a RAIS.

CAPÍTULO 6
Segurança e Saúde do Trabalho

1. NORMAS REGULAMENTADORAS

O direito do trabalhador de exercer as suas atividades sem expor a sua saúde e integridade física a riscos é uma garantia constitucional prevista no art. 7º, inciso XXII, da Carta Magna, o qual estabelece que os riscos inerentes ao trabalho devem ser reduzidos por meio de normas de saúde, higiene e segurança.

A Consolidação das Leis do Trabalho (CLT) também dedicou um capítulo inteiro à segurança e medicina do trabalho visando à proteção do trabalhador, estabelecendo ainda caber ao órgão nacional competente em matéria de segurança e medicina do trabalho fixar as normas sobre a aplicação dos preceitos de proteção à saúde e integridade do trabalhador nela contidos.

Em observância a tal determinação, o Ministério da Economia, por meio da Portaria MTb nº 3.214, de 08.06.1978, aprovou as normas regulamentadoras relativas à segurança e medicina do trabalho.

Todos os estabelecimentos ou locais de trabalho, sejam eles pertencentes a empresas públicas ou privadas, bem como os órgãos públicos da Administração direta e indireta, órgãos dos Poderes Legislativo e Judiciário que possuam empregados regidos pela Consolidação das Leis do Trabalho (CLT), estão obrigados a observar as normas regulamentadoras.

Tais normas constituem o conjunto mais amplo de proteção aos trabalhadores, buscando a preservação da saúde e integridade física dos mesmos e devem ser aplicadas em conexão.

Além das normas regulamentadoras, as empresas encontram-se obrigadas ainda ao cumprimento de outras disposições relativas à segurança e saúde no trabalho, constantes de códigos de obras ou regulamentos sanitários dos Estados ou Municípios e aquelas previstas em convenções ou acordos coletivos de trabalho.

Analisaremos adiante os principais aspectos de cada uma das normas regulamentadoras constantes da Portaria MTb nº 3.214, de 08.06.1978 (NRs 1 a 28) e outras Normas Regulamentadoras aprovadas posteriormente àPortaria MTb nº 3.214/1978 (NRs 29 a 36).

1.1 NR-1 – Disposições Gerais

Dispõe, dentre outros, sobre as competências da Secretaria de Segurança e Saúde no Trabalho (SSST) define para os efeitos das NRs, os conceitos de empregado, empregador, empresa, estabelecimento, equipara a obra de engenharia, canteiros de obra e frente de trabalho a estabelecimento, salvo previsão expressa de forma diversa em outras NRs. Fixa, ainda, as obrigações dos empregadores e empregados.

1.2 NR-2 – Inspeção Prévia

Todo estabelecimento, antes de iniciar as suas atividades, deve solicitar ao órgão regional do Ministério da Economia a aprovação das suas instalações, assegurando, desta forma, que o estabelecimento possa funcionar livre de riscos de acidentes, bem como de doenças do trabalho.

A DRT, após inspeção prévia, emite o Certificado de Aprovação de Instalações (CAI).

Quando não for possível realizar a inspeção prévia antes do início das atividades do estabelecimento, poderá a empresa enviar à DRT uma declaração das instalações, a qual poderá ser aceita ou não.

As empresas de construção civil podem, também, submeter à apreciação prévia do órgão regional do Ministério da Economia os projetos de construção e respectivas instalações.

Sempre que ocorrer modificações substanciais nas instalações, nos equipamentos dos estabelecimentos ou postos de serviço, deverá ser solicitada nova inspeção.

1.3 NR-3 – Embargos ou Interdição

Embargo e interdição são medidas de urgência, adotadas a partir da constatação de situação de trabalho que caracterize risco grave e iminente ao trabalhador.

É considerado grave e iminente risco, toda condição ou situação de trabalho que possa causar acidente ou doença relacionada ao trabalho com lesão grave à integridade física do trabalhador.

A interdição implica a paralisação total ou parcial do estabelecimento, setor de serviço, máquina ou equipamento. O embargo implica a paralisação total ou parcial da obra.

É considerada obra todo e qualquer serviço de engenharia de construção, montagem, instalação, manutenção ou reforma.

Durante a vigência da interdição ou do embargo, podem ser desenvolvidas atividades necessárias à correção da situação de grave e iminente risco, desde que adotadas medidas de proteção adequadas dos trabalhadores envolvidos.

Durante a paralisação decorrente da imposição de interdição ou embargo, os empregados devem receber os salários como se estivessem em efetivo exercício.

1.4 NR-4 – Serviços Especializados em Engenharia de Segurança e em Medicina do Trabalho

As empresas privadas e públicas, os órgãos públicos da Administração direta e indireta e dos Poderes Legislativo e Judiciário que possuam empregados regidos pela Consolidação das Leis do Trabalho (CLT) estão obrigados a manter, exclusivamente, sob as suas expensas os Serviços Especializados em Engenharia de Segurança e em Medicina do Trabalho (SESMT), com a finalidade de promover a saúde e proteger a integridade do trabalhador no local de trabalho.

O dimensionamento do SESMT dependerá da gradação do risco da atividade principal e do número total de empregados do estabelecimento, constantes dos Quadros I e II, anexos à NR-4, observadas as exceções previstas.

Os canteiros de obras e as frentes de trabalho com menos de 1.000 empregados e situados no mesmo Estado ou Distrito Federal não serão considerados como estabelecimentos, mas como integrantes da empresa de engenharia principal responsável, a quem caberá organizar os SESMT. Neste caso, os engenheiros de segurança do trabalho, os médicos do trabalho e os enfermeiros do trabalho poderão ficar centralizados. Para os técnicos de segurança do trabalho e auxiliares de enfermagem do trabalho, o dimensionamento será feito por canteiro de obra ou frente de trabalho.

1.4.1 Empresas prestadoras de serviço

Quando se tratar de empreiteiras ou empresas prestadoras de serviços, considera-se estabelecimento, para fins de criação e manutenção do SESMT, o local em que os seus empregados estiverem exercendo suas atividades. Assim, as empresas contratadas para verificar a necessidade de constituição ou não do SESMT deverão considerar o número de empregados e risco de atividade em cada local onde prestem serviço.

A empresa que contratar outra para prestar serviços em estabelecimentos obrigados a manter o SESMT deverá estender a assistência de seus serviços especializados em Engenharia de Segurança e em Medicina do Trabalho aos empregados da contratada sempre que o número de empregados desta, exercendo atividade naqueles estabelecimentos, não alcançar os limites previstos para a manutenção dos serviços.

Caso os estabelecimentos da contratada, isoladamente considerados, não estejam obrigados a manter o SESMT, o cumprimento da NR-4 será feito por intermédio de SESMT centralizados em cada Estado, Território ou Distrito Federal, desde que o total de empregados dos estabelecimentos no Estado ou Distrito Federal alcance os limites previstos para a manutenção dos serviços.

Quando a empresa contratante e as outras por ela contratadas não estiverem obrigadas a constituir o SESMT, mas pelo número total de empregados de todos, no estabelecimento, atingirem os limites necessários à manutenção dos serviços, deverá ser constituído um SESMT comum.

1.5 NR-5 – Comissão Interna de Prevenção de Acidentes

As empresas, sejam elas privadas, públicas, sociedades de economia mista, órgãos da Administração direta e indireta, instituições beneficentes, associações recreativas, cooperativas, bem como outras instituições que admitam trabalhadores como empregados, de acordo com o número de empregados no estabelecimento e a sua classificação no agrupamento de setores econômicos cujo quadro é fixado pela Classificação Nacional de Atividades Econômicas (CNAE), podem estar obrigadas a constituir, por estabelecimento, a Comissão Interna de Prevenção de Acidentes (Cipa), a qual tem por objetivo a prevenção de acidentes e doenças decorrentes do trabalho, de modo a tornar compatível permanentemente o trabalho com a preservação da vida e a promoção da saúde do trabalhador.

Se a empresa tiver em um mesmo município 2 ou mais estabelecimentos, deverá garantir a integração das Cipa e dos designados, conforme o caso, com o objetivo de harmonizar as políticas de segurança e saúde no trabalho.

A Cipa será composta de representantes do empregador e dos empregados. Os representantes dos empregadores, titulares e suplentes, serão por eles designados, e os dos empregados serão eleitos em escrutínio secreto, do qual participem, independentemente de filiação sindical, exclusivamente os empregados interessados.

Quando o estabelecimento não estiver obrigado a constituir Cipa, o empregador designará um responsável pelo cumprimento dos objetivos da mesma, podendo ser adotados mecanismos de participação dos empregados, mediante negociação coletiva.

O mandato dos membros eleitos da Cipa, portanto, representantes dos empregados, terá a duração de um ano, permitida uma reeleição.

Os representantes dos empregados têm estabilidade de emprego desde o registro da candidatura até 1 ano após o término do mandato. Não gozam de qualquer estabilidade os representantes do empregador.

Dentre as atribuições da Cipa, verificam-se as de:

1. Identificar os riscos do processo de trabalho e elaborar o mapa de riscos, com a participação do maior número de trabalhadores, com assessoria do SESMT, onde houver;
2. Elaborar plano de trabalho que possibilite a ação preventiva na solução de problemas de segurança e saúde no trabalho;
3. Participar da implementação e do controle da qualidade das medidas de prevenção necessárias, bem como da avaliação das prioridades de ação nos locais de trabalho;
4. Realizar, periodicamente, verificações nos ambientes e condições de trabalho visando à identificação de situações que venham a trazer riscos para a segurança e saúde dos trabalhadores;

5. Realizar, a cada reunião, avaliação do cumprimento das metas fixadas em seu plano de trabalho e discutir as situações de risco que foram identificadas;
6. Divulgar aos trabalhadores informações relativas à segurança e saúde no trabalho;
7. Participar, com o SESMT, onde houver, das discussões promovidas pelo empregador, para avaliar os impactos de alterações no ambiente e processo de trabalho relacionados à segurança e saúde dos trabalhadores;
8. Requerer ao SESMT, quando houver, ou ao empregador, a paralisação de máquina ou setor onde considere haver risco grave e iminente à segurança e saúde dos trabalhadores;
9. Colaborar no desenvolvimento e na implementação do PCMSO e PPRA e de outros programas relacionados à segurança e saúde no trabalho;
10. Divulgar e promover o cumprimento das Normas Regulamentadoras, bem como cláusulas de acordos e convenções coletivas de trabalho, relativas à segurança e saúde no trabalho;
11. Participar, em conjunto com o SESMT, onde houver, ou com o empregador, da análise das causas das doenças e acidentes de trabalho e propor medidas de solução dos problemas identificados;
12. Requisitar ao empregador e analisar as informações sobre questões que tenham interferido na segurança e saúde dos trabalhadores;
13. Requisitar à empresa as cópias das CAT emitidas;
14. Promover, anualmente, em conjunto com o SESMT, onde houver, a Semana Interna de Prevenção de Acidentes do Trabalho (Sipat);
15. Participar, anualmente, em conjunto com a empresa, de Campanhas de Prevenção da AIDS.

1.5.1 Empresas prestadoras de serviço

Para as empresas prestadoras de serviço e empreiteiras, será considerado estabelecimento, para efeitos de constituição da Cipa, o local em que seus empregados estiverem exercendo suas atividades. Assim, havendo a obrigatoriedade, a Cipa da contratada será constituída e funcionará no local da prestação dos serviços em conjunto com as Cipas das demais contratadas ou com os designados da contratante, conforme o caso. Deverão as mesmas, em conjunto, definir os mecanismos de integração e de participação de todos os trabalhadores em relação às decisões das Cipas existentes no estabelecimento.

Neste caso, as medidas de prevenção de acidentes e doenças do trabalho deverão ser implementadas de forma integrada para garantir o mesmo nível de proteção em matéria de segurança e saúde a todos os trabalhadores do estabelecimento.

A empresa contratante fica obrigada a adotar as medidas necessárias para que as empresas contratadas, suas Cipas, os designados e os demais trabalhadores que atuarem naquele estabelecimento recebam as informações sobre os riscos presentes nos ambientes de trabalho, bem como sobre as medidas de proteção adequadas, devendo ainda a contratante verificar e exigir que as empresas contratadas que atuam no estabelecimento cumpram as medidas de segurança e saúde no trabalho.

1.6 NR-6 – Equipamento de Proteção Individual (EPI)

O empregador está legalmente obrigado a fornecer aos seus empregados, gratuitamente, Equipamento de Proteção Individual (EPI), adequado ao risco existente no exercício da atividade ou no ambiente de trabalho, o qual deverá estar em perfeito estado de conservação e funcionamento, sempre que as medidas de proteção coletiva forem tecnicamente inviáveis ou não oferecerem completa proteção contra os riscos de acidentes do trabalho e/ou de doenças profissionais e do trabalho e enquanto as medidas de proteção coletiva estiverem sendo implantadas, ou, ainda, para atender a situações de emergência.

É considerado Equipamento de Proteção Individual (EPI) todo dispositivo de uso individual, de fabricação nacional ou estrangeira, destinado a proteger a saúde e a integridade física do trabalhador.

É do Serviço Especializado em Engenharia de Segurança e em Medicina do Trabalho (SESMT) a competência de recomendar ao empregador o EPI adequado ao risco existente em determinada atividade.

Para as empresas que não possuem o SESMT, a recomendação deverá ser da Comissão Interna de Prevenção de Acidentes (Cipa), e, na ausência desta, caberá ao empregador, mediante orientação técnica, fornecer e determinar o uso do EPI adequado à proteção da integridade física do trabalhador.

O EPI, de fabricação nacional ou importado, só poderá ser colocado à venda, comercializado ou utilizado quando possuir o Certificado de Aprovação (CA), expedido pelo Ministério da Economia.

O uso do EPI é obrigatório, não podendo o trabalhador recusar-se a utilizá-lo. Cabe ao empregador dentre outros, proceder ao treinamento dos trabalhadores quanto ao uso adequado do equipamento, cuidar de sua higienização e manutenção periódica e ainda registrar o seu fornecimento ao trabalhador, podendo ser adotados livros, fichas ou sistema eletrônico.

1.7 NR-7 – Programa de Controle Médico de Saúde Ocupacional (PCMSO)

Esta NR que institui o Programa de Controle Médico de Saúde Ocupacional (PCMSO), dentre todas as normas regulamentadoras, é a que mais amplamente protege a saúde dos trabalhadores, cuidando da prevenção dos riscos à saúde e integridade físicas, seja impedindo a ocorrência de acidentes, doenças do trabalho ou profissional.

Todos os empregadores, independentemente do tamanho da empresa ou do grau de risco da atividade, estão obrigados a elaborar e implementar, às suas expensas, o PCMSO, com o objetivo de promover e preservar a saúde dos seus trabalhadores.

O PCMSO de uma empresa deve ser planejado e implantado de acordo com os riscos a que os trabalhadores estejam expostos. Assim, poderá ser simples ou complexo, dependendo da atividade desenvolvida e do dano que a mesma pode trazer à saúde dos trabalhadores. Entretanto, há parâmetros mínimos e diretrizes gerais a serem observados na execução de qualquer PCMSO.

O Programa deve ficar sob a responsabilidade técnica de um médico coordenador indicado pelo empregador. O médico poderá ser empregado da empresa ou prestador de serviços, pessoa física ou jurídica. Caso a empresa tenha o Serviço Especializado em Engenharia de Segurança e

Medicina do Trabalho (SESMT), o empregador indicará como Coordenador do PCMSO um dos médicos integrantes do SESMT. É necessário, porém, que o médico coordenador do PCMSO seja especializado em medicina do trabalho, só se admitindo médico de outra especialidade nas localidades onde inexistir médico do trabalho.

Algumas empresas, dependendo do baixo risco da atividade e número de empregados, podem estar desobrigadas de indicar médico coordenador; todavia, em qualquer hipótese, deverá implementar e manter em funcionamento o PCMSO.

Dentre as atribuições do PCMSO, a principal é a realização obrigatória dos exames médicos admissional, periódico, de retorno ao trabalho, de mudança de função e demissional, compreendendo avaliação clínica, abrangendo anamnese ocupacional e exame físico e mental e exames complementares a critério médico.

A periodicidade dos exames médicos dependerá dos riscos a que os trabalhadores estejam expostos. Quando a atividade envolve riscos ou situações que possam provocar o desencadeamento ou agravamento de doenças profissionais ou do trabalho, os exames poderão observar o limite mínimo semestral ou anual, sendo que tais prazos poderão ser reduzidos a critério do médico coordenador ou por notificação do médico agente da inspeção do trabalho, ou mediante negociação coletiva de trabalho.

Para as situações normais de trabalho, os exames poderão ser anuais para os trabalhadores menores de 18 anos e maiores de 45 anos de idade e a cada 2 anos para os trabalhadores entre 18 e 45 anos de idade.

- O exame médico de retorno ao trabalho deverá ser realizado obrigatoriamente no primeiro dia da volta ao trabalho, desde que o trabalhador tenha ficado ausente por 30 ou mais dias por motivo de doença ou acidente, de qualquer natureza ou parto.
- O exame médico de mudança de função será obrigatoriamente realizado antes da data da mudança; mas somente se a mudança implicar em alteração do risco a que o trabalhador estava exposto.
- O exame médico demissional poderá ser dispensado desde que o último exame médico ocupacional tenha sido realizado

a menos de 135 dias para as empresas com graus de risco 1 e 2 e 90 dias para as empresas de graus de risco 3 e 4.

A cada exame médico realizado, o médico deverá emitir o Atestado de Saúde Ocupacional (ASO), em 2 vias, sendo que a 1ª ficará arquivada no local de trabalho do trabalhador, inclusive frente de trabalho ou canteiro de obras, à disposição da fiscalização do trabalho, e a 2ª será obrigatoriamente entregue ao trabalhador, mediante recibo na primeira via.

Todo estabelecimento deverá estar equipado com material necessário à prestação dos primeiros socorros, considerando-se as características da atividade desenvolvida. Este material deve ser guardado em local adequado e aos cuidados de pessoa treinada para a prestação deste serviço.

1.7.1 Empresas prestadoras de serviço

As empresas prestadoras de serviços é que são responsáveis pela elaboração do PCMSO relativo aos seus empregados e não as empresas tomadoras de mão de obra. Entretanto, as contratantes deverão informar às empresas contratadas os riscos existentes no ambiente de trabalho ou nas atividades a serem desenvolvidas e auxiliar na elaboração e implementação do PCMSO nos locais de trabalho onde os serviços estão sendo prestados.

No caso de trabalho temporário, o vínculo empregatício se dá entre o trabalhador e a empresa de trabalho temporário, cabendo, portanto, a esta a responsabilidade pelo PCMSO.

O Ministério da Economia recomenda que as empresas contratantes de mão de obra coloquem como critério de contratação a realização do PCMSO.

1.8 NR-8 – Edificações

Esta NR dispõe sobre os requisitos técnicos mínimos que devem ser observados pelas empresas, quanto às suas edificações, para garantir segurança e conforto aos que nelas trabalhem, tais como:

a) que os locais de trabalho devem ter a altura do piso ao teto, pé direito, de acordo com as posturas municipais, atendidas as condições de conforto, segurança e salubridade;

b) que os pisos dos locais de trabalho não devem ter saliências nem depressões que prejudiquem a circulação de pessoas ou a movimentação de materiais;
c) que as aberturas nos pisos e nas paredes devem ser protegidas de forma que impeçam a queda de pessoas ou objetos;
d) que os pisos, as escadas e rampas devem oferecer resistência suficiente para suportar as cargas móveis e fixas, para as quais a edificação se destina;
e) que os pisos e as paredes dos locais de trabalho devem ser, sempre que necessário, impermeabilizados e protegidos contra a umidade.

1.9 NR-9 – Programa de Prevenção de Riscos Ambientais (PPRA)

Todos os empregadores e instituições que contratarem empregados ficam obrigados a elaborar e implementar, por estabelecimento, o Programa de Prevenção de Riscos Ambientais (PPRA). A implantação, o acompanhamento e a avaliação do programa podem ficar a cargo do Serviço Especializado em Engenharia de Segurança e Medicina do Trabalho (SESMT), quando a empresa contar com este serviço. O programa visa a preservar a saúde e a integridade física dos trabalhadores, buscando minimizar ou neutralizar os riscos ambientais existentes ou que venham a existir no ambiente de trabalho, levando em consideração a proteção do meio ambiente e dos recursos naturais.

Riscos ambientais são os agentes físicos (ruídos, vibrações, frio, calor etc.), químicos (poeiras, fumos, névoas, neblinas, gases, vapores etc.) e biológicos (bactérias, fungos, bacilos, parasitas, protozoários, vírus etc.) existentes no ambiente de trabalho e que em função de sua natureza, concentração ou intensidade e tempo de exposição podem causar danos à saúde dos trabalhadores.

É do empregador a responsabilidade pela implementação do PPRA; contudo, todos os trabalhadores devem participar das ações do programa.

A complexibilidade e a abrangência do PPRA dependerá dos riscos existentes no ambiente de trabalho; entretanto, deverá atuar em conjunto com o PCMSO, uma vez que ambos visam à preservação da saúde e da integridade física dos empregados.

Todo PPRA deve conter, no mínimo, um planejamento anual com metas, prioridades e cronogramas estabelecidos, estratégia e metodologia de ação, forma do registro, manutenção e divulgação dos dados e periodicidade e forma de avaliação do seu desenvolvimento, a qual deverá ser efetuada pelo menos uma vez ao ano a fim de verificar a necessidade de se proceder aos ajustes, novas metas e prioridades.

O PPRA deve sempre buscar a antecipação e o reconhecimento dos riscos, a avaliação da exposição dos trabalhadores, implantação de medidas de controle e avaliação de sua eficácia, monitoramento da exposição aos riscos e registro e divulgação dos dados.

1.9.1 Empresas prestadoras de serviço

Quando dois ou mais empregadores desenvolverem atividades, simultaneamente, no mesmo local de trabalho, terão a obrigação de executar ações integradas para aplicar as medidas previstas no PPRA visando à proteção de todos os trabalhadores expostos aos riscos ambientais gerados.

1.10 NR-10 – Instalações e Serviços em Eletricidade

Esta Norma trata da proteção dos empregados que trabalham com eletricidade em todas as suas etapas e fases, incluindo projeto, execução, operação, manutenção, reforma e ampliação, segurança de usuários e terceiros, geração, transmissão, distribuição e consumo de energia elétrica.

As normas técnicas a serem observadas por todos os estabelecimentos nos serviços de energia elétrica são determinadas pelos órgãos competentes e, na falta destes, deverão ser observadas as normas internacionais.

A responsabilidade quanto ao cumprimento da NR-10 é solidária aos contratantes e contratados envolvidos.

A contratante deverá manter os trabalhadores informados sobre os riscos a que estão expostos, instruindo-os quanto aos procedimentos e medidas de controle a serem adotados. O treinamento de segurança, específico em segurança no Sistema Elétrico de Potência (SEP), considerado como o conjunto das instalações e equipamentos destinados à geração, transmissão e distribuição de energia elétrica até a medição, inclusive, e em suas proximidades, é obrigatório para os trabalhadores que:

1. Intervenham em instalações elétricas energizadas com alta tensão (AT), ou seja, tensão superior a 1000 volts em corrente alternada ou 1500 volts em corrente contínua, entre fases ou entre fase e terra; e
2. Exerçam suas atividades dentro dos limites estabelecidos como:
   a) *zonas controladas*: entorno de parte condutora energizada, não segregada, acessível, de dimensões estabelecidas de acordo com o nível de tensão, cuja aproximação só é permitida a profissionais autorizados; e
   b) *zonas de risco*: entorno de parte condutora energizada, não segregada, acessível inclusive acidentalmente, de dimensões estabelecidas de acordo com o nível de tensão, cuja aproximação só é permitida a profissionais autorizados e com a adoção de técnicas e instrumentos apropriados de trabalho.

O currículo mínimo, a carga horária e demais determinações referentes a este treinamento estão estabelecidas no Anexo III da NR-10.

A NR-10 estabelece, ainda, que é considerado:

I – Trabalhador qualificado aquele que comprovar conclusão de curso específico na área elétrica reconhecido pelo Sistema Oficial de Ensino;

II – Profissional legalmente habilitado o trabalhador previamente qualificado e com registro no competente conselho de classe; e

III – Trabalhador capacitado aquele que atenda às seguintes condições, simultaneamente: a) receba capacitação sob orientação e responsabilidade de profissional habilitado e autorizado; e b) trabalhe sob a responsabilidade de profissional habilitado e autorizado.

A capacitação só terá validade para a empresa que capacitou o trabalhador e nas condições estabelecidas pelo profissional habilitado e autorizado responsável pela capacitação.

A empresa deve estabelecer sistema de identificação que permita a qualquer tempo conhecer a abrangência da autorização de cada trabalhador.

Os trabalhadores autorizados a trabalhar em instalações elétricas devem:

I – ter essa condição consignada no sistema de registro de empregado da empresa;

II – ser submetidos a exame de saúde compatível com as atividades a serem desenvolvidas, realizado em conformidade com a NR-7 e registrado em seu prontuário médico; e

III – possuir treinamento específico sobre os riscos decorrentes do emprego da energia elétrica e as principais medidas de prevenção de acidentes em instalações elétricas, de acordo com o estabelecido no Anexo II da NR-10.

Os trabalhadores com atividades não relacionadas às instalações elétricas desenvolvidas em zona livre e na vizinhança da zona controlada devem ser instruídos formalmente com conhecimentos que permitam identificar e avaliar seus possíveis riscos e adotar as precauções cabíveis.

1.11 NR-11 – Transporte, Movimentação, Armazenagem e Manuseio de Materiais

Cuida esta Norma Regulamentadora das normas de segurança a serem observadas pelos estabelecimentos onde os trabalhadores operam elevadores, guindastes, transportadores e máquinas industriais, tais como:

a) equipamento de transporte com força motriz própria – treinamento específico para os empregados que forem operar tais equipamentos;

b) equipamento motorizado – habilitação do operador que o torne capaz de operar o equipamento com segurança. Proibição de operar o equipamento sem portar cartão de identificação, com nome e fotografia em lugar visível;

c) transporte de sacas – distância máxima a ser observada no transporte manual. Nas operações de carga e descarga em caminhões e vagões, exigência de que o trabalhador tenha um ajudante.

1.12 NR-12 – Máquinas e Equipamentos

Estabelece as normas a serem observadas pelos estabelecimentos em relação à instalação, manutenção e utilização de máquinas e equipamentos, tais como: pisos dos locais onde os mesmos são instalados, áreas de circulação, dispositivos de acionamento, acionamento e parada das máquinas, reparos, limpeza, mecanismos de segurança etc.

1.13 NR-13 – Caldeiras, Vasos sob Pressão e tubulações

Estabelece as normas de segurança mínima a serem observadas pelos estabelecimentos que trabalham com caldeiras e vasos sob pressão, tais como: pressão máxima de trabalho permitida, instalações dos equipamentos, segurança nas operações e manutenção de caldeiras, inspeção de segurança, treinamento de segurança, classificação dos equipamentos etc.

1.14 NR-14 – Fornos

Trata dos requisitos a serem observados na construção e instalação de fornos para qualquer utilização.

1.15 NR-15 – Atividades e Operações Insalubres

Atividades ou operações insalubres são aquelas que exponham os trabalhadores a agentes físicos, químicos e biológicos que em razão da sua concentração, natureza e seu tempo de exposição possam causar danos à saúde dos trabalhadores.

A existência ou não da insalubridade no ambiente de trabalho será averiguada mediante perícia solicitada pelo empregador ou sindicato das categorias profissionais respectivas ao Ministério da Economia (ME), a qual será realizada pelo médico ou engenheiro do trabalho com observância das normas estabelecidas pelo ME. Em sendo constatada a ocorrência da insalubridade, caberá ao perito fixar o grau da mesma, que poderá ser mínimo, médio ou máximo.

Não obstante o anteriormente informado, a Lei nº 13.467/2017, a qual instituiu a reforma trabalhista, acresceu o art. 611A à CLT para estabelecer, entre outras disposições, que a convenção coletiva e o acordo coletivo de trabalho, têm prevalência sobre a lei quando, dispuserem sobre o enquadramento do grau de insalubridade.

Desta forma, abre-se a possibilidade de, mediante negociação coletiva, o grau de insalubridade vir a ser fixado. Assim, cabe ao médico ou engenheiro do trabalho (ME) determinar se a atividade é ou não insalubre, entretanto, o grau desta insalubridade poderá vir a ser fixado, também, via negociação coletiva.

O exercício do trabalho em condições insalubres dá ao empregado direito à percepção do adicional correspondente, cujo valor corresponderá à aplicação das alíquotas de 10% (grau mínimo), 20% (grau médio) ou 40% (grau máximo) sobre o salário mínimo.

Lembramos que desde a promulgação da Constituição Federal foi vedada a vinculação do salário mínimo para qualquer fim. Desde então, a base de cálculo do adicional de insalubridade passou a constituir matéria controvertida. Entretanto, tanto o Supremo Tribunal Federal (STF) como o Tribunal Superior do Trabalho (TST), admitem em suas decisões judiciais, que enquanto não for editada nova lei ou previsão expressa em documento coletivo de trabalho sobre a base de cálculo do adicional de insalubridade, este continuará sendo calculado com base no próprio salário mínimo.

Pode ocorrer de o trabalhador estar exposto a mais de um agente insalubre. Neste caso, receberá apenas um adicional de insalubridade que terá por base o agente de grau mais elevado.

O agente insalubre poderá ser eliminado ou neutralizado mediante o uso de Equipamentos de Proteção Individual (EPI) ou Equipamento de Proteção Coletiva (EPC). Sendo caracterizada por meio de perícia realizada por profissional do ME que com o uso de tais equipamentos não mais existe o risco à saúde do trabalhador, o adicional poderá deixar de ser pago.

1.15.1 Empresas prestadoras de serviço

Os empregados de empresas prestadoras de serviço que estejam expostos a agentes nocivos à saúde no ambiente das empresas contratantes (clientes) também fazem jus ao adicional de insalubridade, bem como terá a empresa empregadora (prestadora de serviços), em determinadas situações, a obrigação de preservar a saúde e integridade física dos mesmos, mediante a concessão dos equipamentos adequados à proteção.

1.16 NR-16 – Atividades e Operações Perigosas

São consideradas atividades ou operações perigosas aquelas que exponham os trabalhadores a exposição permanente a:

a) inflamáveis, explosivos ou energia elétrica;
b) roubos ou outras espécies de violência física nas atividades profissionais de segurança pessoal ou patrimonial.

Também é considerada atividade perigosa o trabalho em motocicleta. A existência ou não da periculosidade, da mesma forma que a da insalubridade, será atestada por meio de perícia requerida pela empresa ou pelo sindicato da categoria profissional respectiva ao Ministério da Economia. Caracterizada a periculosidade, caberá ao perito delimitar a área de risco. O adicional de periculosidade corresponde à aplicação do percentual de 30% sobre o salário básico. Todos os trabalhadores que no exercício das suas atividades estejam expostos a condições de periculosidade, seja no ambiente da empresa contratada ou da contratante, farão jus ao adicional.

Caso o trabalhador esteja exposto a agentes insalubres e perigosos, poderá optar pelo recebimento do adicional mais vantajoso, posto que é vedado o recebimento conjunto de ambos.

1.17 NR-17 – Ergonomia

Segundo Aurélio Buarque de Holanda, na obra intitulada *Novo Dicionário da Língua Portuguesa*, a palavra ergonomia significa: "Conjunto de estudos que visam à organização metódica do trabalho em função do fim proposto e das relações entre o homem e a máquina."

Esta norma, portanto, busca assegurar ao trabalhador condições de conforto, segurança e desempenho eficiente das suas atividades, mediante a adaptação das condições em que o trabalho é realizado (mobiliário, equipamentos, ambiente etc.) às características psicofisiológicas dos trabalhadores. Contendo, ainda, proteções específicas para determinadas atividades como processamentos eletrônicos de dados, trabalhos intelectuais etc. Para tanto, deverá o empregador proceder à análise ergonômica do trabalho, buscando a sua adequação às condições exigidas pela norma em análise.

1.18 NR-18 – Condições e Meio Ambiente do Trabalho na Indústria da Construção Civil

Cuida esta Norma Regulamentadora especificamente dos trabalhadores que exercem as suas atividades na área de construção civil estabelecendo normas de procedimentos de caráter administrativo, planejamento e de organização, buscando a execução de medidas de controle e prevenção no âmbito da segurança, condições e ambiente de trabalho na indústria da construção civil, tais como normas atinentes a: instalações sanitárias, lavatórios, dormitórios, cozinha, escadas, andaimes, rampas ergonômicas, elevadores, proteção contra incêndios, Cipa etc. Além da observância desta norma específica, a indústria da construção, na ocorrência de omissões, deverá aplicar as demais normas regulamentadoras.

Inclui-se na atividade de construção civil, além das atividades inerentes à construção (demolição, preparação do terreno, fundações etc.), outras atividades de apoio que são desenvolvidas no mesmo ambiente, como: serviços de limpeza e manutenção de edifícios em geral, urbanização e paisagismo.

Além do cumprimento das obrigações previstas nesta NR, estão os empregadores sujeitos às disposições relativas às condições e meio ambiente de trabalho, previstas em legislações federal, estadual e/ou municipal, bem como em documento coletivo de trabalho.

1.19 NR-19 – Explosivos

Trata esta Norma das condições de segurança necessárias para as atividades de fabricação, utilização, importação, exportação, tráfego e comércio de explosivos.

1.20 NR-20 – Inflamáveis e Combustíveis

Esta estabelece os requisitos mínimos para a gestão da segurança e saúde no trabalho contra os fatores de risco de acidentes provenientes das atividades de extração, produção, armazenamento, transferência, manuseio e manipulação de inflamáveis e líquidos combustíveis.

1.21 NR-21 – Trabalho a Céu Aberto

Cuida da proteção dos trabalhadores contra os agentes atmosféricos, tais como: insolação, calor, frio, umidade, ventos etc. Portanto, aplica-se aos trabalhadores que estão sujeitos a tais condições, ou seja, aos que trabalham a céu aberto.

1.22 NR-22 – Segurança e Saúde Ocupacional na Mineração

Estabelece esta Norma as condições necessárias a serem observadas na organização, no planejamento e ambiente do trabalho na atividade de mineração, seja ela subterrânea, céu aberto, garimpo, beneficiamento de minerais ou pesquisa mineral, buscando a proteção à saúde e integridade física do trabalhador.

A responsabilidade pelo cumprimento das disposições da NR-22 e pelo fornecimento das informações aos órgãos fiscalizadores é da empresa, do permissionário de Lavra Garimpeira ou do responsável pela mina.

1.22.1 Empresas prestadoras de serviço

Ocorrendo a contratação de empresas prestadoras de serviço, deverá ser indicado o responsável pelo cumprimento das disposições da NR-22. Deve ainda o contratante fornecer às empresas contratadas as informações sobre os riscos potenciais nas áreas em que desenvolverão suas atividades e coordenar a implementação das medidas relativas à segurança e saúde dos trabalhadores das empresas contratadas, promovendo os meios e condições para que estas atuem em conformidade com as determinações legais de segurança e saúde dos trabalhadores.

Caso a empresa ou permissionário de lavra garimpeira contrate empresa para proceder ao transporte dos seus trabalhadores, será considerada corresponsável pela segurança do transporte.

As empresas que prestam serviços a empresas de mineração devem possuir nos locais da prestação de serviços suas próprias Comissões Internas de Prevenção de Acidentes na Mineração (Cipamin); porém, havendo prestadoras de serviços ou empreiteiras que não estejam obrigadas a constituir a Cipamin, estas deverão indicar pelo menos um representante para participar das reuniões da Cipamin da contratante.

1.23 NR-23 – Proteção contra Incêndio

Todos os estabelecimentos devem observar as normas relativas à proteção contra incêndios as quais abrangem: saídas (portas, portas corta fogo, corredores, escadas etc.) necessárias para a evacuação rápida das pessoas em caso de incêndio; equipamentos de proteção (pontos de captação de água, chuveiros automáticos, extintores) e treinamento de pessoas que irão manusear tais equipamentos.

A legislação federal trata somente das diretrizes gerais, deixando o disciplinamento da questão a cargo da legislação estadual e das normas técnicas aplicáveis.

1.24 NR-24 – Condições de higiene e de Conforto nos Locais de Trabalho

Trata esta Norma das condições de higiene e conforto dos trabalhadores no ambiente de trabalho e por ocasião do descanso e refeições, disciplinando, dentre outros, as condições que devem ser observadas quanto aos banheiros (separação por sexo, área mínima, higienização, chuveiros, vasos sanitários, lavatórios etc.); bebedouros; vestiário (pisos, paredes, dimensões, armários etc.); refeitórios (área por trabalhador, área de circulação, iluminação, fornecimento de água potável, piso lavável, estufa, fogão etc.); cozinhas (depósito de gêneros alimentícios, paredes, pisos, portas, janelas, pintura etc.); alojamento (capacidade, pé-direito, cama, piso, telhado etc.).

1.24.1 Empresas prestadoras de serviço

Havendo a prestação de serviço por empresas contratadas, a contratante deverá estender aos empregados da contratada as mesmas condições de higiene e conforto oferecidas aos seus próprios empregados.

1.25 NR-25 – Resíduos Industriais

Trata esta Norma da eliminação dos resíduos industriais gasosos, sólidos e líquidos de acordo com métodos, equipamentos ou medidas adequadas que visem à proteção da saúde e integridade dos trabalhadores, bem como ao meio ambiente com observância das legislações pertinentes no âmbito federal, estadual e municipal.

1.26 NR-26 – Sinalização de Segurança

As cores são utilizadas nos locais de trabalho para identificar os equipamentos de segurança, delimitar áreas, identificar tubulações empregadas para a condução de líquidos e gases e advertir contra riscos, devem atender ao disposto nas normas técnicas oficiais.

A utilização de cores não dispensa o emprego de outras formas de prevenção de acidentes.

1.27 NR-27 – Registro Profissional do Técnico de Segurança do Trabalho no Ministério da Economia

A NR 27 revogada pela Portaria GM nº 262, 29/05/2008, cuidava das condições necessárias para que o técnico de segurança do trabalho procedesse ao seu registro profissional na Secretaria de Segurança e Saúde no Trabalho, condição essencial para o exercício da atividade.

Este registro passou a ser exigido por força da mencionada portaria e não mais em virtude de NR.

O registro profissional será efetivado pelo Setor de Identificação e Registro Profissional das Unidades Descentralizadas do Ministério da Economia, mediante requerimento do interessado, que poderá ser encaminhado pelo sindicato da categoria.

1.28 NR-28 – Fiscalização e Penalidades

Disciplina os procedimentos a serem observados pelos Auditores Fiscais do Trabalho nas fiscalizações efetuadas, bem como as penalidades a serem aplicadas de acordo com a infração cometida e o número de empregados do estabelecimento.

1.29 NR-29 – Segurança e Saúde no Trabalho Portuário

Aplica-se a todos os trabalhadores portuários em operações tanto a bordo como em terra, assim como aos demais trabalhadores que exerçam atividades nos portos organizados e instalações portuárias de uso privativo e retroportuárias, situados dentro ou fora da área do porto organizado.

Objetiva a Norma regular a proteção obrigatória contra acidentes e doenças profissionais, facilitar os primeiros socorros a acidentados e alcançar as melhores condições possíveis de segurança e saúde aos trabalhadores portuários.

A responsabilidade pelo cumprimento das disposições desta NR é do empregador, tomador de serviço, operador portuário e Órgão Gestor de Mão de Obra.

1.30 NR-30 – Segurança e Saúde no Trabalho Aquaviário

Esta Norma tem como objetivo a proteção e a regulamentação das condições de segurança e saúde dos trabalhadores aquaviários e é aplicada aos trabalhadores das embarcações comerciais, de bandeira nacional, bem como às de bandeiras estrangeiras, no limite do disposto na Convenção da OIT nº 147 – Normas Mínimas para Marinha Mercante, utilizados no transporte de mercadorias ou de passageiros, inclusive naquelas utilizadas na prestação de serviços, seja na navegação marítima de longo curso, na de cabotagem, na navegação interior, de apoio marítimo e portuário, bem como em plataformas marítimas e fluviais, quando em deslocamento.

A observância desta Norma Regulamentadora não desobriga as empresas do cumprimento de outras disposições legais com relação à matéria e ainda daquelas oriundas de convenções, acordos e contratos coletivos de trabalho.

1.31 NR-31 – Segurança e Saúde no Trabalho na Agricultura, Pecuária, Silvicultura, Exploração Florestal e Aquicultura

Esta Norma tem por objetivo estabelecer os preceitos a serem observados na organização e no ambiente de trabalho, de forma a tornar compatível o planejamento e o desenvolvimento das atividades da agricultura, pecuária, silvicultura, exploração florestal e aquicultura com a segurança e saúde e meio ambiente do trabalho.

Aplica-se a quaisquer atividades da agricultura, pecuária, silvicultura, exploração florestal e aquicultura, verificadas as formas de relações de trabalho e emprego e o local das atividades. Também se aplica às atividades de exploração industrial desenvolvidas em estabelecimentos agrários.

1.32 NR-32 – Segurança e Saúde no Trabalho em Serviços de Saúde

Esta Norma tem por finalidade estabelecer as diretrizes básicas para a implementação de medidas de proteção à segurança e à saúde dos trabalhadores dos serviços de saúde, bem como daqueles que exercem atividades de promoção e assistência à saúde em geral.

Para fins de aplicação desta NR, entende-se por serviços de saúde qualquer edificação destinada à prestação de assistência à saúde da população, e todas as ações de promoção, recuperação, assistência, pesquisa e ensino em saúde em qualquer nível de complexidade.

A observância das disposições regulamentares constantes dessa NR não desobriga as empresas do cumprimento de outras disposições que, com relação à matéria, sejam incluídas em códigos ou regulamentos sanitários dos Estados, Municípios e do Distrito Federal, e outras oriundas de convenções e acordos coletivos de trabalho, ou constantes nas demais NR e legislação federal pertinente à matéria.

A responsabilidade é solidária entre contratantes e contratados quanto ao cumprimento desta NR.

1.33 NR-33 – Segurança e Saúde nos Trabalhos em Espaços Confinados

Esta Norma tem como objetivo estabelecer os requisitos mínimos para identificação de espaços confinados e o reconhecimento, avaliação, monitoramento e controle dos riscos existentes, de forma a garantir permanentemente a segurança e saúde dos trabalhadores que interagem direta ou indiretamente nestes espaços.

Espaço Confinado é qualquer área ou ambiente não projetado para ocupação humana contínua, que possua meios limitados de entrada e saída, cuja ventilação existente é insuficiente para remover contaminantes ou onde possa existir a deficiência ou enriquecimento de oxigênio.

1.34 NR 34 – Condições e meio ambiente de trabalho na indústria da construção e reparação naval

Esta NR estabelece os requisitos mínimos e as medidas de proteção à segurança, à saúde e ao meio ambiente de trabalho nas atividades da indústria de construção e reparação naval.

Consideram-se atividades da indústria da construção e reparação naval todas aquelas desenvolvidas no âmbito das instalações empregadas para este fim ou nas próprias embarcações e estruturas, tais como navios, barcos, lanchas, plataformas fixas ou flutuantes, dentre outras.

1.35 NR 35 – Trabalho em altura

Esta NR estabelece os requisitos mínimos e as medidas de proteção para o trabalho em altura, envolvendo o planejamento, a organização e a execução, de forma a garantir a segurança e a saúde dos trabalhadores envolvidos direta ou indiretamente com esta atividade.

É considerado trabalho em altura toda atividade executada acima de 2 metros do nível inferior, onde haja risco de queda.

1.36 NR 36 – Segurança e Saúde no Trabalho em Empresas de Abate e Processamento de Carnes e Derivados

Esta NR disciplina os requisitos mínimos para a avaliação, controle e monitoramento dos riscos existentes nas atividades desenvolvidas na indústria de abate e processamento de carnes e derivados destinados ao consumo humano, de forma a garantir permanentemente a segurança, a saúde e a qualidade de vida no trabalho, sem prejuízo da observância do disposto nas demais Normas Regulamentadoras.

1.37 NR 37 – Segurança e Saúde em Plataformas de Petróleo

Esta Norma estabelece os requisitos mínimos de segurança, saúde e condições de vivência no trabalho a bordo de plataformas de petróleo em operação nas Águas Jurisdicionais Brasileiras (AJB). A observância das suas disposições não desobriga as empresas do cumprimento de outras disposições legais com relação à matéria de segurança e saúde no trabalho e ainda daquelas oriundas de contratos de trabalho, acordos de trabalho e convenções coletivas de trabalho.

CAPÍTULO 7
Empresas prestadoras de serviços a terceiros – Terceirização

Antes da promulgação da Lei nº 13.429/2017 e da "reforma trabalhista", instituída pela Lei nº 13.467/2017, a legislação não tratava do tema terceirização, ou seja, a contratação de uma pessoa jurídica para a prestação de serviços a outra pessoa jurídica.

Havia tão somente a Súmula de nº 331 do Tribunal Superior do Trabalho (TST) e a Instrução Normativa MTe nº 3/1997, as quais só consideravam válida a terceirização quando a contratação envolvesse apenas as atividades-meio da contratante, ou seja, as empresas não podiam terceirizar suas atividades principais.

Após o advento das Leis nºs 13.429/2017 e 13.467/2017, as quais, entre outras providências regulamentaram a terceirização, as empresas passaram a poder terceirizar para outras empresas, quaisquer de suas atividades, inclusive sua atividade principal.

Para tanto é considerada empresa prestadora de serviços, à pessoa jurídica de direito privado, que possua capacidade econômica compatível com a sua execução.

A tomadora de serviços pode ser a pessoa física ou jurídica que celebra contrato com empresa de prestação de serviços.

Os serviços poderão ser executados, tanto nas instalações físicas da contratante como em outro local, de comum acordo entre as partes.

1. EX-EMPREGADOS OU SÓCIOS – PRAZO PARA CONTRATAÇÃO NA CONDIÇÃO DE PRESTADOR DE SERVIÇOS

O empregado que foi dispensado só poderá prestar serviços à sua antiga empregadora, na condição de empregado da empresa prestadora de serviços, após decorrido o prazo de 18 meses contados a partir da demissão.

Da mesma forma, a pessoa jurídica cujos titulares ou sócios tenham prestado serviços à contratante nos últimos 18 meses, seja na qualidade de empregado ou de trabalhador sem vínculo empregatício, não pode figurar como contratada, exceto se os referidos titulares ou sócios forem aposentados.

2. INEXISTÊNCIA DE VÍNCULO EMPREGATÍCIO

Não há vínculo empregatício entre a contratante e os trabalhadores (ou sócios) das empresas prestadoras de serviços, qualquer que seja o seu ramo.

3. EMPRESA PRESTADORA DE SERVIÇOS – FUNCIONAMENTO – REQUISITOS

São requisitos para o funcionamento da empresa de prestação de serviços a terceiros:

a) prova de inscrição no Cadastro Nacional da Pessoa Jurídica (CNPJ);
b) registro na Junta Comercial;
c) capital social compatível com o número de empregados, observando-se o seguinte quadro:

Número de empregados	Capital mínimo
0 a 10	R$ 10.000,00
11 a 20	R$ 25.000,00
21 a 50	R$ 45.000,00
51 a 100	R$ 100.000,00
101 em diante	R$ 250.000,00

4. CONTRATO DE PRESTAÇÃO DE SERVIÇOS

O contrato de prestação de serviços deverá conter:

a) qualificação das partes;
b) especificação do serviço a ser prestado;

c) prazo para realização do serviço, quando for o caso;
d) valor.

5. OBRIGAÇÕES TRABALHISTAS E PREVIDENCIÁRIAS – RESPONSABILIDADES

A contratante é subsidiariamente responsável pelas obrigações trabalhistas referentes ao período em que ocorrer a prestação de serviços.

O recolhimento das contribuições previdenciárias observará a retenção para a Previdência Social prevista no art. 31 da Lei nº 8.212/1991.

6. ATIVIDADES EXCLUÍDAS

A terceirização não se aplica às empresas de vigilância e de transporte de valores, permanecendo as respectivas relações de trabalho reguladas por legislação especial e, subsidiariamente pela CLT.

7. FISCALIZAÇÃO

A fiscalização, a autuação e o processo de imposição das multas observarão as disposições do Título VII da CLT.

CAPÍTULO 8

Admissão de Empregados

Cabe à empresa prestadora de serviços contratar, remunerar e dirigir o trabalho realizado por seus trabalhadores, podendo, também, subcontratar outras empresas para a realização desses serviços.

1. DOCUMENTOS EXIGIDOS

O empregado ao ser admitido pela empresa prestadora de serviços a terceiros terá que apresentar os seguintes documentos:

a) Carteira de Trabalho e Previdência Social (CTPS);
b) Título de eleitor para ambos os sexos;
c) Certificado de reservista ou prova de alistamento no serviço militar, quando do sexo masculino;
d) Cadastro de Pessoa Física (CPF);
e) Carteiras Profissionais expedidas pelos órgãos de classe, por exemplo: OAB – para admissão de advogados; CREA – para admissão de engenheiro etc.
f) Fotos;
g) Carteira de Identidade;
h) Certidão de casamento, se for o caso;
i) Cartão da criança, que, a contar de 01.07.1991, substitui a carteira de vacinação.

Poderão, ainda, a critério do empregador e em razão do cargo a ser preenchido, ser exigidos os seguintes documentos:

a) Carta de fiança; e
b) Atestado de antecedentes criminais.

Observação:

A legislação é omissa quanto à exigência de apresentação de atestado de antecedentes criminais na admissão de empregados.

A Constituição Federal proíbe a discriminação do exercício de qualquer trabalho ou profissão, desde que atendidas as qualificações legais.

O art. 1º da Lei nº 9.029, de 13.04.1995, proíbe qualquer prática discriminatória na relação de emprego, seja admissional ou de manutenção do vínculo empregatício por motivo de sexo, origem, raça, cor, estado civil, situação familiar, deficiência, reabilitação profissional, idade, entre outros. A Lei nº 7.115, de 29.08.1983, estabelece que a declaração de bons antecedentes, quando firmada pelo próprio interessado e sob as penas da lei, presume-se verdadeira.

Assim, como o atestado de antecedentes criminais não está incluído entre os documentos de apresentação obrigatória no ato da contratação do empregado e uma vez que não há na legislação dispositivo acerca da sua exigência no ato da contratação de empregados, e, ainda, considerando as proteções legais anteriormente descritas, entendemos que, em geral, a exigência de apresentação do mencionado documento será suprida pelo fornecimento de declaração firmada pelo trabalhador nos termos da Lei nº 7.115/1983.

Entretanto, há situações em que as características da atividade a ser exercida justificam a exigência da apresentação do atestado de antecedentes criminais, por exemplo, empregados que lidam com cifras elevadas, detenham porte de armas, façam transporte de crianças etc. Nessas hipóteses, a existência de antecedentes criminais do trabalhador constitui informação relevante para a contratação, situações em que, no nosso entender, o documento poderá ser exigido, sem que tal fato caracterize tratamento discriminatório.

É o caso, por exemplo, do disposto no art. 16 da Lei nº 7.102/1983, que trata, entre outros, da segurança para estabelecimentos financeiros, estabelece normas para constituição e funcionamento das empresas particulares que exploram serviços de vigilância e de transporte de valores. Esse artigo estabelece que, para o exercício da profissão de vigilante, o interessado deverá comprovar, entre outros, não ter antecedentes criminais registrados.

De posse dos documentos, deverá a empresa prestadora de serviços a terceiros providenciar a admissão do empregado da seguinte forma:

a) Efetuar o registro, no livro ou ficha de registro de empregados;
b) Providenciar o cadastramento no PIS/Pasep caso o empregado ainda não tenha sido cadastrado;
c) Efetuar as anotações referentes ao registro na Carteira de Trabalho e Previdência Social (CTPS);
d) Incluir o nome do empregado no Cadastro Geral de Empregados e Desempregados (Caged);
e) Preencher a ficha de salário família;
f) Preencher o Termo de Responsabilidade;

g) Preencher a Declaração de Dependentes para fins de Imposto de Renda na Fonte;
h) Preencher o Acordo de Compensação e Prorrogação de Horas;
i) Preencher o Contrato de Experiência, se houver.

Com a implantação do eSocial, o registro de empregado será substituído pelas informações constantes do sistema eSocial, porém esta substituição não será automática. O Ministério da Economia deverá divulgar um ato normativo estabelecendo a data a partir da qual o eSocial passará a substituir o registro do empregado.

2. CARTEIRA DE TRABALHO E PREVIDÊNCIA SOCIAL (CTPS)

2.1 Obrigatoriedade

A Carteira de Trabalho e Previdência Social (CTPS) é documento obrigatório para o exercício de qualquer emprego, inclusive de natureza rural, ainda que em caráter temporário. Assim, deve o empregador exigi-la do empregado no momento de sua admissão.

2.2 Prazo para Anotações

A empresa, inclusive a prestadora de serviço, tem o prazo improrrogável de 48 horas para efetuar as anotações relativas à data de admissão, remuneração e condições especiais, se houver, sendo facultada a adoção de sistema manual, mecânico ou eletrônico.

Quando da apresentação e devolução da CTPS, a empresa deve, obrigatoriamente, fornecer um recibo ao empregado.

2.3 Anotações do Contrato de Experiência

A existência do contrato de experiência, a data de vigência e a prorrogação devem ser anotadas também nas "anotações gerais" da Carteira de Trabalho e Previdência Social (CTPS).

3. RETENÇÃO DE DOCUMENTOS

Não é permitida a retenção de qualquer documento de identificação pessoal, ainda que apresentado por fotocópia autenticada ou pública-forma, inclusive comprovante de quitação com o serviço militar, título de eleitor, CTPS, certidão de registro de nascimento, certidão de casamento, comprovante de naturalização e carteira de identidade de estrangeiro.

Ao exigir o documento de identificação, o empregador fará extrair, no prazo de 5 dias, os dados que interessarem, devolvendo em seguida o documento ao empregado.

Assim, é conveniente que a entrega dos documentos pelo empregado, bem como a respectiva devolução, sejam feitas contrarrecibo.

3.1 Infração

Constitui contravenção penal, punível com pena de prisão simples de 1 a 3 meses ou multa, a retenção de qualquer documento.

Quando a infração for praticada por preposto ou agente de pessoa jurídica, considerar-se-á responsável quem tiver ordenado o ato que ensejou a retenção, a menos que haja, pelo executante, desobediência ou inobservância de ordens ou instruções expressas, quando, então, será este o infrator.

4. REGISTRO DO EMPREGADO

Em todas as atividades, o empregador é obrigado a registrar os empregados em livro, fichas próprias, sistema eletrônico ou informatizado, que utilize meio magnético ou ótico. A obrigatoriedade estende-se aos empregadores de trabalhadores rurais, aposentados que retornam à atividade, menores e estrangeiro. O livro ou as fichas são preenchidos independentemente das anotações feitas na Carteira de Trabalho e Previdência Social (CTPS).

O livro ou a ficha de registro de empregado contém obrigatoriamente as seguintes informações:

a) Identificação do empregado (nome, data de nascimento, filiação, nacionalidade e naturalidade), com número e série da Carteira de Trabalho e Previdência Social ou Número de Identificação do Trabalhador;
b) Data de admissão e demissão;
c) Cargo ou função;
d) Remuneração e forma de pagamento;

e) Local e horário de trabalho;
f) Jornada de trabalho;
g) Concessão de férias;
h) Identificação da conta vinculada do FGTS e da conta do PIS/Pasep;
i) Acidente do trabalho e doença profissional, quando tiverem ocorrido.

O empregador pode, ainda, proceder, entre outras, a anotações relativas à opção e desconto da contribuição sindical e às alterações salariais.

Além desses dados obrigatórios, faculta-se à empresa prestadora de serviços a utilização de outros dados documentais pertinentes ao empregado a ser registrado, inclusive a posição da respectiva foto.

4.1 Registro Informatizado

As empresas prestadoras de serviços poderão ainda adotar sistema informatizado para o registro dos empregados.

O sistema informatizado, previsto na Portaria MTE nº 41, de 28.03.2007, deve conter, no mínimo, 6 módulos, assim constituídos:

1. Registro de empregados, com os seguintes dados:
   a) Nome do empregado, data de nascimento, filiação, nacionalidade e naturalidade;
   b) Número e série da CTPS;
   c) Número de identificação do cadastramento no Programa de Integração Social (PIS) ou no Programa de Formação do Patrimônio do Servidor Público (PASEP);
   d) Data de admissão;
   e) Cargo e função;
   f) Remuneração;
   g) Jornada de trabalho;
   h) Férias;
   i) Acidente no trabalho ou doença profissional, quando houver.

O registro de empregado deverá estar atualizado e obedecer à numeração sequencial por estabelecimento.

O empregador que optar pelo sistema informatizado deve garantir segurança, inviolabilidade, manutenção e conservação das informações, obrigando-se a:

a) manter registro individual em relação a cada empregado;
b) manter registro original individualizado por empregado, acrescentando-lhe as retificações ou averbações, quando for o caso; e
c) assegurar, a qualquer tempo, o acesso da fiscalização trabalhista, às informações por meio de tela, impressão de relatório e meio magnético.

O sistema deverá conter rotinas autoexplicativas, para facilitar o acesso e o conhecimento dos dados registrados. As informações e relatórios deverão conter data e hora do lançamento, atestada a sua veracidade por meio de rubrica e identificação do empregador ou de seu representante legal nos documentos impressos.

O sistema deverá possibilitar à fiscalização o acesso às informações e dados dos últimos doze meses. As informações anteriores a doze meses poderão ser apresentadas no prazo de dois a oito dias, via terminal de vídeo ou relatório ou por meio magnético, a critério do Auditor Fiscal do Trabalho.

Com a implantação do eSocial, o registro de empregados será substituído pelas informações constantes do sistema eSocial, porém esta substituição não será automática. O Ministério da Economia deverá divulgar um ato normativo estabelecendo a data a partir da qual o eSocial passará a substituir o registro em comento.

4.2 Anotações na Carteira de Trabalho e Previdência Social

O empregador anotará na CTPS do empregado, no prazo de 48 horas contadas da admissão, os seguintes dados:

I – data de admissão;
II – remuneração; e
III – condições especiais do contrato de trabalho, caso existentes.

As demais anotações deverão ser realizadas nas oportunidades mencionadas no art. 29 da CLT.

As anotações poderão ser feitas mediante o uso de carimbo ou etiqueta gomada, bem como de qualquer meio mecânico ou eletrônico de impressão, desde que autorizado pelo empregador ou seu representante legal.

O empregador poderá adotar ficha de anotações, exceto quanto às datas de admissão e de extinção do contrato de trabalho, que deverão ser anotadas na própria CTPS.

O empregado poderá, a qualquer tempo, solicitar a atualização e o fornecimento, impressos, de dados constantes na ficha de anotações.

As anotações deverão ser feitas sem abreviaturas, ressalvando-se, ao final de cada assentamento, as emendas, entrelinhas, rasuras ou qualquer circunstância que possa gerar dúvida.

É vedado ao empregador efetuar anotações que possam causar dano à imagem do trabalhador, especialmente referentes a sexo ou sexualidade, origem, raça, cor, estado civil, situação familiar, idade, condição de autor em reclamações trabalhistas, saúde e desempenho profissional ou comportamento.

4.3 Fiscalização

O sistema deve permitir à fiscalização do trabalho acesso a todas as informações e dados dos últimos 12 meses, no mínimo, ficando a critério de cada empresa estabelecer o máximo, conforme a capacidade das suas informações.

As informações anteriores aos últimos 12 meses, quando solicitadas pelo Auditor Fiscal do Trabalho podem ser apresentadas, via terminal de vídeo ou relatório ou por meio magnético, no prazo de 2 a 8 dias.

4.4 Centralização de Registro de Empregados

O empregador poderá adotar controle único e centralizado dos documentos sujeitos à inspeção do trabalho, à exceção daqueles relacionados a seguir, que deverão permanecer em cada estabelecimento:

- Livro ou ficha de registro de empregados;
- Registro de horário de trabalho;
- Livro de Inspeção do Trabalho.

O empregador poderá adotar controle único e centralizado do registro de empregados, desde que os empregados portem cartão de identificação contendo seu nome completo, número de inscrição no PIS/Pasep, horário de trabalho e cargo ou função.

O registro de empregados deverá estar sempre atualizado e numerado sequencialmente por estabelecimento distinto (matriz/filiais). Assim, deverá o empregador possuir um grupo de fichas, ou livro de registro, para cada estabelecimento distinto, ou seja, a matriz e as respectivas filiais devem ter livros ou fichas próprias e independentes, contendo o registro dos empregados que nela estão prestando serviço.

4.5 Atualizações

Quando esgotar o espaço para atualização da ficha ou do livro de registro pode ser usada outra com o mesmo número ou anotações em outro papel, sem demais formalidades, a qual deverá ser anexada à 1ª ficha.

4.6 Registro dos Empregados das Empresas de Prestação de Serviços a Terceiros

Nas empresas de prestação de serviços, o registro dos empregados pode permanecer na sede da contratada, desde que os empregados portem crachá, com os seguintes dados: nome completo, data de admissão, número do PIS/Pasep, horário de trabalho, função. Caso contrário o registro deve permanecer no local de prestação de serviço.

4.7 Infração – Falta de Registro

Para os empregadores em geral a multa em virtude de existência de empregado sem registro é de R$ 3.000,00 por empregado não registrado, acrescido de R$ 3.000,00 em cada reincidência.

No caso de Microempresas (ME) e empresas de pequenos porte (EPP) a multa final será de R$ 800,00 por empregado não registrado.

A multa em virtude da falta de anotações de dados relativos ao contrato (admissão, duração e efetividade do trabalho, férias, acidentes e demais circunstâncias que interessem à proteção do trabalhador) será de R$ 600,00 por empregado prejudicado.

CAPÍTULO 9
Contrato de Trabalho

O contrato individual de trabalho poderá ser firmado, por escrito ou verbalmente, entre as partes (empregado e empregador) por prazo determinado ou indeterminado e para o trabalho intermitente, desde que não fira as disposições constantes da legislação trabalhista e do documento coletivo de trabalho da categoria profissional respectiva, as suas condições podem ser livremente estipuladas.

> A Lei nº 13.467/2017, a qual instituiu a chamada "Reforma Trabalhista", em vigor desde 11.11.2017, alterou mais de 100 artigos da CLT. As alterações verificadas na legislação do trabalho foram muitas e bastante significativas. Entretanto, uma das principais, diz respeito à prevalência do negociado sobre o legislado. Isto significa dizer que, o que for acordado via negociação coletiva (acordo ou convenção) prevalece sobre o determinado por lei e será aplicado aos trabalhadores representados ainda que menos vantajoso do que o determinado na legislação. Não há mais a garantia do mínimo legal.
>
> Entretanto, esta liberdade de negociação via documento coletivo de trabalho, no nosso entender, não é irrestrita, ou seja, não pode afetar garantias constitucionalmente asseguradas e, também, deve observar os assuntos vedados à negociação coletiva, relacionados pela própria lei da reforma.

1. DURAÇÃO DO CONTRATO DE TRABALHO

O contrato de trabalho pode ser firmado por prazo determinado ou indeterminado e, também, para o trabalho intermitente.

O contrato por prazo indeterminado é aquele que não tem data prevista para o seu término.

O contrato por prazo determinado é aquele cuja duração tem prazo prefixado, o qual não poderá exceder a 2 anos.

São exemplos do contrato por prazo determinado:

a) **Contrato de safra** – contrato normalmente utilizado na área rural, com duração aproximada, dependendo de variações estacionais das atividades agrárias compreendendo o tempo desde a fase do preparo do solo para cultivo até a fase da colheita.

b) **Contrato de experiência** – apesar de ser uma das modalidades de contrato por prazo determinado, salvo disposição mais benéfica no documento coletivo da categoria profissional respectiva, não poderá exceder a 90 dias.

c) **Contrato por obra certa** – tem como condição principal a previsão aproximada do tempo necessário para que se conclua a obra. Caracteriza-se por situações excepcionais, pois sua vigência depende da execução de serviços especificados, transitórios, que justificam a predeterminação de prazo. Esse contrato tem data prevista para início, mas o término é condicionado à conclusão dos serviços executados pelo empregado, não sendo permitido que sua duração ultrapasse dois anos.

d) **Contrato a prazo determinado de acordo com a Lei nº 9.601, de 21.01.1998** – inadequadamente denominado contrato de trabalho temporário, poderá ser celebrado por meio de convenções e/ou acordos coletivos de trabalho, em qualquer atividade desenvolvida pela empresa ou estabelecimento, inclusive nas empresas prestadoras de serviço a terceiros e de trabalho temporário, para admissões que representem acréscimo no número de empregados. O contrato será de, no máximo, 2 anos em relação ao mesmo empregado, permitindo-se dentro deste período (2 anos) sofrer sucessivas prorrogações. As partes (empresa/sindicato) estabelecerão no acordo ou na convenção coletiva as indenizações por ocasião da rescisão antecipada do contrato por iniciativa do empregador ou do empregado e as multas pelo descumprimento de suas cláusulas.

Nesta modalidade de contrato, a alíquota para depósito do Fundo de Garantia do Tempo de Serviço (FGTS) foi de 2%, depositada mensalmente em conta vinculada aberta para esse fim, de 22.01.1998 a 21.01.2003; atualmente é de 8%.

2. CONTRATO DE TRABALHO INTERMITENTE

O trabalho intermitente é uma figura nova criada pela reforma trabalhista instituída pela Lei nº 13.467/2017.

É considerado intermitente o contrato de trabalho no qual a prestação de serviços, com subordinação, não é contínua, ocorrendo com alternância de períodos de prestação de serviços e de inatividade, determinados em horas, dias ou meses, independentemente do tipo de atividade do empregado e do empregador.

2.1 Contrato – Celebração

O contrato será celebrado por escrito e registrado na CTPS e conterá:

a) identificação, assinatura e domicílio ou sede das partes;
b) valor da hora de trabalho, que não poderá ser inferior ao valor horário do salário mínimo, assegurada a remuneração do trabalho noturno superior à do diurno. Esse valor não será inferior àquele devido aos demais empregados do estabelecimento que exerçam a mesma função.

2.2 Convocação para o trabalho

O empregador convocará o empregado para o trabalho, com antecedência mínima de 3 dias corridos, sendo aceita como válida a comunicação feita por qualquer meio de comunicação eficaz (e-mail, Whatsapp, telegrama, carta etc.). Recomenda-se, portanto, que seja utilizada forma de comunicação passível de ser comprovada. A informação deverá esclarecer qual será a jornada.

Após o recebimento da convocação, o empregado terá o prazo de 1 dia útil para responder ao chamado. Caso não o faça no mencionado prazo, será caracterizada a recusa, a qual, para este tipo de contrato, não descaracteriza a subordinação.

A recusa também não pode ser entendida como ato faltoso de insubordinação do empregado.

2.3 Período de inatividade

Durante o período de inatividade, ou seja, aquele no qual não haja convocação para o trabalho, o empregado poderá prestar serviços de qualquer natureza a outros tomadores de serviço.

O período de inatividade não será considerado tempo à disposição do empregador e não será remunerado.

2.4 Remuneração

Ao final de cada período de prestação de serviço, o empregado receberá, de imediato, as seguintes parcelas:

a) remuneração relativa ao período trabalhado;
b) repouso semanal remunerado correspondente;
c) férias proporcionais com acréscimo do terço constitucional;
d) 13º salário proporcional;
e) adicionais legais.

O recibo de pagamento deverá conter a discriminação dos valores pagos relativos a cada uma das parcelas devidas.

Exemplo

Empregado será convocado para trabalhar com jornada de 7 horas diárias, de segunda a sábado, no período de 1º a 25.07. Aceitará a convocação e prestará os serviços.

Considerando que o seu salário/hora seja de R$ 30,00, temos:

a) nº de dias úteis (segunda-feira a sábado) no período de 1º a 25.07.2018 = 21
b) horas trabalhadas no período = 147
c) dias de RSR no período = 4

Cálculo

a) Remuneraçao das horas trabalhadas = R$ 4.410,00 (R$ 30,00 × 147)
b) RSR = R$ 840,00 (R$ 30,00 × 7 × 4)
c) Remuneração Total = R$ 5.250,00 (R$ 4.410,00 + R$ 840,00)
d) Férias proporcionais (1/12) = R$ 437,50 (R$ 5.250,00 ÷ 12)
e) Terço constitucional sobre férias = R$ 145,83 (R$ 437,50 ÷ 3)
f) 13º salário proporcional (1/12) = R$ 437,50 (R$ 5.250,00 ÷ 12)

Total bruto devido ao empregado: R$ 6.270,83 (R$ 5.250,00 + R$ 437,50 + R$ 145,83 + R$ 437,50)

2.5 Encargos legais

Ao final de cada mês, tendo havido convocação para o trabalho, o empregador efetuará o cálculo da contribuição previdenciária sobre o total da remuneração paga no mês (um ou mais chamamentos ao serviço) recolhendo a contribuição devida até o dia 20 do mês subsequente.

Da mesma forma, efetuará o depósito do FGTS sobre o total da remuneração paga no mês (um ou mais chamamentos ao trabalho) até o dia 7 do mês subsequente.

Deverá fornecer ao empregado comprovante do recolhimento da contribuição previdenciária bem como do depósito do FGTS.

Lembre-se que o fato gerador da contribuição previdenciária sobre a parcela relativa às férias proporcionais ocorrerá mensalmente quando essas parcelas forem pagas, devidas ou creditadas e que a contribuição previdenciária incidente sobre o 13º salário, é calculada também de forma mensal sobre a parcela proporcional paga, devida ou creditada, em separado da remuneração do mês, mediante aplicação da alíquota de 8%, 9% ou 11% sobre o salário-de-contribuição correspondente.

2.6 Férias

A cada 12 meses (período aquisitivo), o empregado adquire direito a usufruir, nos 12 meses subsequentes, um mês de férias, período no qual não poderá ser convocado para prestar serviços pelo mesmo empregador. As férias poderão ser usufruídas em 3 períodos, mediante acordo entre as partes.

Lembre-se, porém, de que a remuneração relativa às férias já foram pagas no curso do ano, de forma proporcional, ao final de cada período de trabalho.

Outra questão a ressaltar é que este empregado pode nunca ter direito ao repouso relativo às férias, uma vez que, embora esteja em gozo de férias em relação a um empregador, poderá estar sendo convocado para o trabalho em relação aos demais.

Ainda, a norma estabelece que o empregado terá um **mês** de férias. Entretanto, conforme estabelece a CLT, as férias são concedidas em dias e não em mês. Pretendeu o legislador criar um novo cálculo de férias ou se trata de um equívoco?

3. *HOME OFFICE* (TELETRABALHO)

A Consolidação das Leis do Trabalho (CLT) estabelece que não há diferença entre o trabalho realizado no estabelecimento do empregador, o executado no domicílio do empregado e o realizado à distância, desde que esteja caracterizada a relação de emprego.

A cada dia o chamado teletrabalho ou *home office* se torna mais comum. As pesquisas acerca do assunto informam que atualmente, cerca de 30% das empresas adotam a prática, permitindo que parte dos seus empregados executem suas tarefas fora do estabelecimento da empresa, seja em tempo integral ou apenas em alguns dias da semana.

Esta prática tem apresentado várias vantagens para ambas as partes (empregado e empresa) e, ainda, para a coletividade, pois implica na melhora da mobilidade urbana e, também, para o meio ambiente com a diminuição da emissão de poluentes decorrentes da utilização dos veículos.

A reforma trabalhista, instituída pela Lei nº 13.467/2017 introduziu, entre outros, o art. 75-B à CLT, para dispor que, considera-se teletrabalho (*home office*) a prestação de serviços preponderantemente fora das dependências do empregador, com a utilização de tecnologias de informação e de comunicação que, por sua natureza, não se constituam como trabalho externo.

Para o sucesso do *home office* é necessário que a empresa analise o tipo do trabalho e o perfil do empregado que será submetido à medida, pois algumas atividades exigem a presença do trabalhador na empresa e, nem todo empregado irá se adaptar ao trabalho em casa.

Para o bom êxito desta forma de trabalho, não obstante a flexibilização do horário (uma vez que este empregado não está sujeito às regras de duração do trabalho, portanto, sem controle da jornada de trabalho e nem a marcação de ponto), o trabalhador deve estabelecer e cumprir uma rotina de trabalho, estar on-line, possibilitando a interação com a equipe e a chefia sempre que necessário, manter-se atualizado e cumprir prazos de entrega.

Além disso, deve atender às convocações para comparecimento à empresa, manter telefone e contato atualizado, consultar os canais de comunicação estabelecidos (e-mail, WhatsApp etc.), preservar o sigilo dos dados acessados de forma remota.

A subordinação, elemento principal para o reconhecimento do vínculo empregatício, pode ser caracterizada:

a) pela obrigatoriedade de os trabalhos serem executados de acordo com as normas estabelecidas previamente;
b) pelo direito do empregador de dar ordens, por exemplo, alterar os dias de entrega das peças ou do trabalho produzido, determinar o comparecimento do empregado no estabelecimento em dia e hora que fixar, e pela obrigação de o empregado obedecer a ordens.

A prestação de serviços nesta modalidade deverá constar expressamente do contrato individual de trabalho, que especificará as atividades que serão realizadas pelo empregado.

Poderá ser realizada a alteração entre regime presencial e de teletrabalho desde que haja mútuo acordo entre as partes, registrado em aditivo contratual. Poderá também ser realizada a alteração (regime de teletrabalho para o presencial) por determinação do empregador, garantido prazo de transição mínimo de 15 dias, com correspondente registro em aditivo contratual.

As disposições relativas à responsabilidade pela aquisição, manutenção ou fornecimento dos equipamentos tecnológicos e da infraestrutura necessária e adequada à prestação do trabalho remoto, bem como ao reembolso de despesas arcadas pelo empregado, serão previstas em contrato escrito. As utilidades ora mencionadas não integram a remuneração do empregado.

Assim, algumas características pessoais e profissionais do empregado são fundamentais para o bom êxito do sistema *home office*, tais como:

a) concentração (foco no trabalho);
b) disciplina;
c) iniciativa;

d) aptidão para resolver problemas sozinho;
e) independência profissional;
f) experiência;
g) gerenciar tarefas elegendo prioridades e evitando o acúmulo de trabalho;
h) cumprir prazos e metas;
i) comprometimento;
j) confiabilidade.

3.1 Gestores

Os meios telemáticos e informatizados de comando, controle e supervisão de empregados (internet, videoconferência, *skype*, *whatsapp* etc.), são equiparáveis aos meios diretos e pessoais.

Os gestores podem gerenciar os empregados que trabalham em domicílio, mediante:

a) fixação de metas de desempenho a serem atingidas e monitoramento do cumprimento das mesmas;
b) observação da adaptação do empregado ao sistema;
c) aferição da qualidade do trabalho;
d) aferição da produtividade;
e) realização de reuniões presenciais habituais para discussão e análise de trabalho;
f) manutenção de relatórios de acompanhamento do teletrabalho.

3.2 Vantagens

Uma das principais vantagens da adoção do trabalho em domicílio é a otimização do tempo do trabalhador, que não precisa se deslocar de casa para o trabalho, deixando de despender precioso tempo no trânsito das grandes cidades, cada vez mais caótico, o que acarreta menor desgaste físico e emocional, resultando em sua maior satisfação, posto que passa a trabalhar no conforto do seu lar e no convívio dos familiares.

Além disso, a flexibilização do horário, uma vez que não está sujeito ao controle da jornada de trabalho e nem a marcação de ponto, permite que haja adequação entre o trabalho e a vida particular, pois o trabalhador pode atender necessidades pessoais, como por exemplo, ir ao médico e exercer as suas atividades profissionais em outro horário.

Para as empresas as vantagens também são consideráveis, pois, além de contarem com trabalhadores mais satisfeitos e menos desgastados, o que resulta em maior e melhor produção, a prática acarreta diretamente diminuição de custos tais como: ocupação de menor espaço físico, menores gastos com vale-transporte, café, água, luz, material de higiene, limpeza etc.

Apresentamos a seguir um quadro com algumas vantagens do *home office*.

***Home Office* — Vantagens**		
Empresa	**Empregado**	**Coletividade e Meio ambiente**
– Diminuição de custos com: a) aluguel (na medida em que contará com menor número de colaboradores que atuam presencialmente); b) equipamentos, tais como: telefone, computador; impressora etc.; c) luz, água, papel, material de limpeza, de higiene pessoal; d) contratação de número menor de colaboradores para manutenção e asseio; e) vale transporte; f) alimentação;	– Flexibilização do horário de trabalho, o que permite a adequação do atendimento das necessidades pessoais com as obrigações profissionais	– Melhora na mobilidade urbana com a diminuição do uso de veículos, notadamente nos horários de pico
– Otimização das atividades (maior eficiência e eficácia na realização dos trabalhos)	– Exercício das atividades no horário em que seu rendimento é melhor	– Diminuição da poluição; menor emissão de poluentes em virtude da redução do uso do carro
– Maior motivação e dedicação dos trabalhadores	– Maior comodidade	

Home Office — Vantagens		
Empresa	**Empregado**	**Coletividade e Meio ambiente**
– Aumento da produtividade	– Ganho do tempo anteriormente perdido no deslocamento residência/empresa e vice-versa	
– Maior índice de satisfação dos empregados	– Melhora da saúde em virtude da diminuição do estresse decorrente de engarrafamentos e exposição à violência urbana (acidentes de trânsito, assaltos, sequestros etc.)	
– Diminuição do pagamento de dias parados aos empregados (ex.: ausências de dias ou períodos destinados a consultas médicas e exames laboratoriais)	– Aumento da satisfação e maior motivação	
	– Economia com roupas, menor uso do veículo, calçados, maquiagem etc.	
	– Aumento do convívio com a família	

O empregador deverá instruir os empregados, de maneira expressa e ostensiva, quanto às precauções a tomar a fim de evitar doenças e acidentes de trabalho, e o empregado deverá assinar termo de responsabilidade comprometendo-se a seguir as instruções fornecidas pelo empregador.

Caracterizada a relação empregatícia, ao trabalhador em *home office* são garantidos todos os direitos trabalhistas comuns aos empregados que executam o serviço no estabelecimento do empregador.

4. CONTRATO DE APRENDIZAGEM

4.1 Obrigatoriedade

Os estabelecimentos de qualquer natureza são obrigados a empregar e matricular nos cursos dos Serviços Nacionais de Aprendizagem número de aprendizes equivalente a 5%, no mínimo, e 15%, no máximo, dos trabalhadores existentes em cada estabelecimento, cujas funções demandem formação profissional, sendo que as frações de unidade no cálculo da referida percentagem darão lugar à admissão de um aprendiz. Devem ser incluídas na base de cálculo todas as funções que demandem formação profissional, independentemente de serem proibidas para 18 anos.

São excluídos da base de cálculo da cota de aprendizes:

a) as funções que, em virtude de lei, exijam formação profissional de nível técnico ou superior;
b) as funções caracterizadas como cargos de direção, de gerência ou de confiança, nos termos do inciso II do art. 62 e § 2º do art. 224, ambos da CLT;
c) os trabalhadores contratados sob o regime de trabalho temporário instituído pela Lei nº 6.019/1974; e
d) os aprendizes já contratados.

As funções e atividades executadas por terceiros, dentro dos parâmetros legais, serão computadas para o cálculo da cota cabível à empresa prestadora de serviços.

4.2 Empresas e entidades dispensadas da contratação

Estão dispensadas do cumprimento da cota de aprendizagem, nos termos da lei:

a) as microempresas e empresas de pequeno porte, inclusive as optantes pelo Regime Especial Unificado de Arrecadação de Tributos e Contribuições devidos pelas Microempresas e Empresas de Pequeno Porte (Simples Nacional);
b) as entidades sem fins lucrativos que tenham por objetivo a educação profissional.

4.3 Atendimento prioritário aos adolescentes entre 14 e 18 anos – Exceção

A contratação de aprendizes deverá atender, prioritariamente, aos adolescentes entre 14 e 18 anos, exceto quando:

a) as atividades práticas da aprendizagem ocorrerem no interior do estabelecimento, sujeitando os aprendizes à insalubridade ou à periculosidade, sem que se possa elidir o risco ou realizá-las integralmente em ambiente simulado;
b) a lei exigir, para o desempenho das atividades práticas, licença ou autorização vedada para pessoa com idade inferior a 18 anos; e
c) a natureza das atividades práticas for incompatível com o desenvolvimento físico, psicológico e moral dos adolescentes aprendizes.

Nessas hipóteses, nos estabelecimentos onde forem desenvolvidas atividades em ambientes e/ou funções proibidas aos menores de 18 anos, os empregadores deverão contratar, para essas atividades ou funções, aprendizes maiores de 18 e até 24 anos de idade ou aprendizes com deficiência a partir dos 18 anos.

4.4 Contratação do aprendiz – Efetivação

A contratação do aprendiz deverá ser efetivada diretamente pelo estabelecimento obrigado ao cumprimento da cota de aprendizagem ou, supletivamente, pelas entidades sem fins lucrativos que tenham por objetivos a assistência ao adolescente e a educação profissional, registradas no CMDCA.

Na hipótese de contratação de aprendiz diretamente pelo estabelecimento este assumirá a condição de empregador, devendo inscrever o aprendiz em programa de aprendizagem a ser ministrado pelas entidades autorizadas.

A contratação de aprendiz por intermédio de entidade sem fins lucrativos somente deverá ser formalizada após a celebração de contrato entre o estabelecimento e a entidade no qual, dentre outras obrigações recíprocas, se estabelecerá as seguintes:

a) a entidade sem fins lucrativos, simultaneamente ao desenvolvimento do programa de aprendizagem, assume a condição de empregador, com todos os ônus dela decorrentes, assinando a CTPS do aprendiz e anotando, no espaço destinado às anotações gerais, a informação de que o específico contrato de trabalho decorre de contrato firmado com determinado estabelecimento para efeito do cumprimento de sua cota de aprendizagem; e

b) o estabelecimento assume a obrigação de proporcionar ao aprendiz a experiência prática da formação técnico-profissional metódica a que este será submetido.

4.5 Empresas públicas

A contratação de aprendizes por empresas públicas e sociedades de economia mista dar-se-á de forma direta, hipótese em que será realizado processo seletivo mediante edital, ou por intermédio de entidades sem fins lucrativos.

A contratação de aprendizes por órgãos e entidades da administração direta, autárquica e fundacional observará regulamento específico.

4.6 Trabalhador aprendiz – Conceito

Trabalhador aprendiz é o maior de 14 e menor de 24 anos de idade, sujeito à formação técnico-profissional metódica, que celebra contrato de aprendizagem e está matriculado em Serviços Nacionais de Aprendizagem ou em outras entidades autorizadas por lei.

A idade máxima mencionada não se aplica a aprendizes portadores de deficiência.

4.7 Contrato de aprendizagem – Conceito

É o contrato de trabalho especial, ajustado por escrito e por prazo determinado não superior a 2 anos, em que o empregador se compromete a assegurar ao aprendiz, inscrito em programa de aprendizagem, formação técnico-profissional metódica, compatível com o seu desenvolvimento físico, moral e psicológico, e o aprendiz se compromete a executar com zelo e diligência, as tarefas necessárias a essa formação.

O limite de 2 anos do contrato de aprendizagem não se aplica às pessoas com deficiência, desde que o tempo excedente seja fundamentado em aspectos relacionados à deficiência, sendo vedada em qualquer caso a contratação aprendiz por prazo indeterminado.

4.8 Requisitos para a validade do contrato

Para a validade do contrato de aprendizagem, o empregador deve observar:

a) anotação na Carteira de Trabalho e Previdência Social (CTPS);
b) matrícula e frequência do aprendiz na escola, caso não haja concluído o ensino fundamental;
c) inscrição em programa de aprendizagem desenvolvido sob a orientação das seguintes entidade qualificada em formação técnico-profissional metódica:
   - entes do Sistema Nacional de Aprendizagem;
   - escola técnica e agrotécnica de educação; e
   - entidades sem fins lucrativos que tenham por objetivo a assistência ao adolescente e à educação profissional, devidamente inscritas no CMDCA;
   - entidades de prática desportiva das diversas modalidades filiadas ao Sistema Nacional do Desporto e aos Sistemas de Desporto dos Estados, do Distrito Federal e dos Municípios.

4.9 Formação técnico-profissional

Formação técnico-profissional metódica são as atividades teóricas e práticas, metodicamente organizadas em tarefas de complexidade progressiva desenvolvidas no ambiente de trabalho, realizada por programas de aprendizagem organizados e desenvolvidos sob a orientação e responsabilidade de entidades qualificadas em formação técnico-profissional metódica.

Deverá observar os seguintes princípios:

a) garantia de acesso e frequência obrigatória do aprendiz ao ensino fundamental;
b) horário especial para o exercício das atividades; e
c) capacitação profissional adequada ao mercado de trabalho.

Ao aprendiz com idade inferior a 18 anos, é assegurado o respeito à sua condição peculiar de pessoa em desenvolvimento.

4.10 Entidades qualificadas em formação técnico-profissional metódica

São entidades qualificadas em formação técnico-profissional metódica:

a) os Serviços Nacionais de Aprendizagem:
   - Serviço Nacional de Aprendizagem Industrial (Senai);
   - Serviço Nacional de Aprendizagem Comercial (Senac);
   - Serviço Nacional de Aprendizagem Rural (Senar);
   - Serviço Nacional de Aprendizagem do Transporte (Senat); e
   - Serviço Nacional de Aprendizagem do Cooperativismo (Sescoop);

b) as escolas técnicas de educação, inclusive as agrotécnicas;

c) as entidades sem fins lucrativos, que tenham por objetivos a assistência ao adolescente e à educação profissional, registradas no CMDCA.

4.11 Aprendizes – Direitos trabalhistas e previdenciários

Ao empregado aprendiz são assegurados os seguintes direitos, além de outros destinados aos empregados em geral:

a) salário mínimo/hora;

b) jornada de trabalho de 6 horas diárias;

c) Fundo de Garantia do Tempo de Serviço (FGTS);

d) férias;

e) vale-transporte;

f) 13º salário;

g) repouso semanal remunerado;

h) benefícios previdenciários.

4.12 Remuneração

É garantido o salário mínimo/hora, salvo condição mais benéfica.

Condição mais favorável é aquela fixada no contrato de aprendizagem ou prevista em convenção ou acordo coletivo de trabalho, onde se especifique o salário mais vantajoso ao aprendiz, bem como o piso regional de que trata a Lei Complementar nº 103/2000, a qual autoriza os Estados e o Distrito Federal a instituir, mediante lei de iniciativa do Poder Executivo, o piso salarial de que trata o inciso V do art. 7º da Constituição Federal para os empregados que não tenham piso salarial definido em lei federal, convenção ou acordo coletivo de trabalho.

Desta forma, considera-se para fins de apuração do salário mínimo/hora:

a) o valor do salário mínimo nacional;
b) o valor do salário mínimo regional fixado em lei;
c) o piso da categoria previsto em instrumento normativo, quando houver previsão de aplicabilidade ao aprendiz;
d) o valor pago por liberalidade do empregador.

O aprendiz maior de 18 anos que labore em ambiente insalubre ou perigoso ou cuja jornada seja cumprida em horário noturno faz jus ao recebimento do respectivo adicional.

4.13 Jornada de trabalho

A jornada de trabalho não excederá 6 horas diárias, podendo envolver atividades teóricas e práticas ou apenas uma delas, observadas as seguintes condições:

a) a duração da jornada poderá ser de até 8 horas para os aprendizes que já tiverem completado o ensino fundamental, desde que nestas sejam incluídas obrigatoriamente atividades teóricas;
b) são vedadas, em qualquer caso, a prorrogação e a compensação da jornada;
c) a jornada semanal do aprendiz, inferior a 25 horas, não caracteriza trabalho em tempo parcial.

4.14 Atividades teóricas e práticas

As aulas teóricas devem ocorrer em ambiente físico adequado ao ensino, e com meios didáticos apropriados, podendo se dar sob a forma de aulas demonstrativas no ambiente de trabalho, hipótese em que é vedada qualquer atividade laboral do aprendiz, ressalvado o manuseio de materiais, ferramentas, instrumentos e assemelhados.

É vedado ao responsável pelo cumprimento da cota de aprendizagem cometer ao aprendiz atividades diversas daquelas previstas no programa de aprendizagem.

As aulas práticas podem ocorrer na própria entidade qualificada em formação técnico-profissional metódica ou no estabelecimento contratante ou concedente da experiência prática do aprendiz.

Na hipótese de o ensino prático ocorrer no estabelecimento, será formalmente designado pela empresa, ouvida a entidade qualificada em formação técnico-profissional metódica, um empregado monitor responsável pela coordenação de exercícios práticos e acompanhamento das atividades do aprendiz no estabelecimento, em conformidade com o programa de aprendizagem.

A entidade responsável pelo programa de aprendizagem fornecerá aos empregadores e ao Secretaria do Trabalho, quando solicitado, cópia do projeto pedagógico do programa.

Para fins da experiência prática segundo a organização curricular do programa de aprendizagem, o empregador que mantenha mais de um estabelecimento em um mesmo município poderá centralizar as atividades práticas correspondentes em um único estabelecimento.

Nenhuma atividade prática poderá ser desenvolvida no estabelecimento em desacordo com as disposições do programa de aprendizagem.

As atividades teóricas e práticas da aprendizagem devem ser realizadas em ambientes adequados ao desenvolvimento dos respectivos programas, cabendo às empresas e às entidades responsáveis pelos cursos de aprendizagem oferecer aos aprendizes condições de segurança e saúde e acessibilidade nos ambientes de aprendizagem, observadas as condições previstas na legislação.

4.15 Menor de 18 anos de idade

Quando o menor de 18 anos for empregado em mais de um estabelecimento, as horas de trabalho em cada um serão totalizadas.

Na fixação da jornada de trabalho do menor de 18 anos, a entidade qualificada em formação técnico-profissional metódica levará em conta os direitos assegurados na Lei nº 8.069/1990, que dispõe sobre o Estatuto da Criança e do Adolescente.

4.16 FGTS

Nos contratos de aprendizagem, aplicam-se as disposições da Lei nº 8.036/1990, que rege o Fundo de Garantia do Tempo de Serviço (FGTS). Entretanto, a alíquota corresponderá a 2% da remuneração paga ou devida ao empregado aprendiz, em conformidade com o § 7º, do art. 15, da Lei nº 8.036/1990.

4.17 Férias

As férias devem coincidir, preferencialmente, com as férias escolares, sendo vedado ao empregador fixar período diverso daquele definido no programa de aprendizagem.

4.18 Vale-transporte

É assegurado ao aprendiz o direito ao vale-transporte.

4.19 Demais direitos

Os demais direitos trabalhistas e previdenciários do empregado aprendiz são os mesmos aplicáveis aos demais empregados (13º salário; seguro-desemprego em razão de rescisão antecipada do contrato de aprendizagem, repouso semanal remunerado, auxílio-doença, aposentadoria etc.).

4.20 Encargos legais

Sobre o salário devido ou pago pela empresa ao aprendiz durante a aprendizagem incidem normalmente todos os encargos legais aplicados aos empregados não aprendizes, com exceção do depósito do FGTS, o qual observa a alíquota de 2% sobre a remuneração paga ou creditada ao aprendiz, enquanto sobre os salários dos demais trabalhadores aplica-se a alíquota de 8% (Lei nº 8.036/1990, art. 15, *caput* e § 7º).

Assim, o trabalhador aprendiz está sujeito aos descontos das contribuições previdenciárias e ao imposto de renda que será retido na fonte, da mesma forma que os demais empregados da empresa onde trabalha.

No que tange à contribuição sindical é bom lembrar que a reforma trabalhista, instituída pela Lei nº 13.467/2017, alterou o art. 579 da CLT para determinar que a contribuição sindical (patronal, dos empregados, autônomos e profissionais liberais) é opcional. Só contribui aquele que assim desejar, ou seja, a contribuição é ato de vontade.

Assim, os empregadores só poderão descontar qualquer valor a título de contribuição sindical da folha de pagamento dos seus empregados, desde que por eles devidamente autorizados (autorização prévia e expressa).

4.21 Caged e Rais

O trabalhador aprendiz deve ser normalmente informado e incluído no Cadastro Geral de Empregados e Desempregados (Caged) e na Relação Anual de Informações Sociais (Rais) por parte da empresa contratante.

4.22 Rescisão do contrato de trabalho

A extinção do contrato de aprendizagem ocorrerá na data prevista para seu término ou quando o aprendiz completar 24 anos de idade, salvo no caso de aprendiz portador de deficiência, situação em que não há limite de idade, ou ainda, antecipadamente, nas seguintes hipóteses:

a) desempenho insuficiente ou inadaptação do aprendiz, comprovado mediante laudo de avaliação elaborado pela entidade qualificada em formação técnico profissional metódica;
b) falta disciplinar grave;
c) ausência injustificada à escola que implique perda do ano letivo;
d) a pedido do aprendiz.

Nota-se, portanto, que a rescisão antecipada do contrato sem justificativa e por iniciativa do empregador não poderá ocorrer.

4.23 Verbas rescisórias devidas

Serão devidas não aprendiz as verbas rescisórias de acordo com o motivo da rescisão, conforme a seguir:

a) Rescisão no término do contrato

Verbas rescisórias									
Saldo de salário	Aviso prévio	13º salário		Férias +1/3		FGTS		Indenização CLT, art. 479	Indenização CLT, art. 480
		Integral	Proporcional	Integral	Proporcional	Saque	Multa		
SIM	NÃO	SIM	SIM	SIM	SIM	SIM	NÃO	NÃO	NÃO

b) Rescisão antecipada

Causa da rescisão	Verbas rescisórias									
	Saldo de salário	Aviso prévio	13º salário		Férias +1/3		FGTS		Indenização CLT, art. 479	Indenização CLT, art. 480
			Integral	Proporcional	Integral	Proporcional	Saque	Multa		
Implemento da idade	SIM	NÃO	SIM	SIM	SIM	SIM	SIM	NÃO	NÃO	NÃO
Desempenho insuficiente ou inadaptação do aprendiz	SIM	NÃO	SIM	SIM	SIM	SIM	NÃO	NÃO	NÃO	NÃO
Falta disciplinar grave (art. 482 CLT)	SIM	NÃO	SIM	NÃO	SIM	NÃO	NÃO	NÃO	NÃO	NÃO
Ausência injustificada à escola que implica perda do ano letivo	SIM	NÃO	SIM	SIM	SIM	SIM	NÃO	NÃO	NÃO	NÃO
A pedido do aprendiz	SIM	NÃO	SIM	SIM	SIM	SIM	NÃO	NÃO	NÃO	NÃO
Fechamento do estabelecimento sem possibilidade de transferência para outro e sem prejuízo ao aprendiz ou morte do empregador constituído em empresa individual.	SIM	NÃO	SIM	SIM	SIM	SIM	SIM	SIM	SIM	NÃO
Rescisão indireta	SIM	NÃO	SIM	SIM	SIM	SIM	SIM	SIM	SIM	NÃO
Descaracterização, quando não se puder transformar o contrato para por prazo indeterminado	SIM	NÃO	SIM	SIM	SIM	SIM	SIM	SIM	SIM	NÃO

Ocorrendo a extinção ou rescisão do contrato de aprendizagem, o empregador deverá contratar novo aprendiz.

A diminuição do quadro de pessoal da empresa, ainda que em razão de dificuldades financeiras ou de conjuntura econômica desfavorável, não autoriza a rescisão antecipada dos contratos de aprendizagem em curso, que deverão ser cumpridos até o seu termo final.

4.24 Certificado de qualificação profissional de aprendizagem

Aos aprendizes que concluírem os programas de aprendizagem com aproveitamento, será concedido pela entidade qualificada em formação técnico-profissional metódica o certificado de qualificação profissional.

O certificado de qualificação profissional deverá enunciar o título e o perfil profissional para a ocupação na qual o aprendiz foi qualificado.

5. ALTERAÇÃO CONTRATUAL

O art. 468 da CLT determina que, nos contratos individuais de trabalho, a alteração das respectivas condições só é lícita quando houver mútuo consentimento e não resultar, direta ou indiretamente, prejuízos ao empregado, sob pena de nulidade da cláusula infringente desta garantia.

Embora a legislação vigente assegure, portanto, a liberdade de contratação das partes, resguarda as alterações contratuais contra a arbitrariedade do empregador, impondo que essa seja produto da manifestação de vontade das partes e, além disso, não cause prejuízo ao empregado, sob pena de ser considerada nula de pleno direito, não produzindo, consequentemente, qualquer efeito no contrato de trabalho.

Lembramos, porém que com a chamada "Reforma Trabalhista" (Lei nº 13.467/2017), foi instituída a prevalência do negociado sobre o legislado. Isto significa dizer que, o que for acordado via negociação coletiva (acordo ou convenção) prevalece sobre o determinado por lei e será aplicado aos trabalhadores representados.

6. ALTERAÇÃO NA PROPRIEDADE E/OU ESTRUTURA JURÍDICA DAS EMPRESAS

As alterações ocorridas tanto na propriedade como na estrutura jurídica das empresas não afetarão os contratos de trabalho, bem como os direitos adquiridos dos trabalhadores. Assim, os contratos de trabalho e direitos trabalhistas dos empregados mantêm-se íntegros ainda que haja mudança de razão social, transformação de sociedade por cotas de responsabilidade limitada em sociedade anônima ou vice-versa, mudança de sócios, compra e venda da empresa, fusão, cisão, encampação etc.

Caracterizada a sucessão empresarial ou de empregadores, as obrigações trabalhistas, inclusive as contraídas à época em que os empregados trabalhavam para a empresa sucedida, são de responsabilidade do sucessor.

A empresa sucedida responderá solidariamente com a sucessora quando ficar comprovada fraude na transferência.

7. TRANSFERÊNCIA

7.1 Transferência de Empregados

O art. 468 da CLT estabelece que qualquer alteração nos contratos individuais de trabalho só é lícita quando houver mútuo consentimento e, ainda assim, desde que não resultem, direta ou indiretamente, prejuízos ao empregado, sob pena de nulidade da cláusula infringente desta garantia.

O empregador não poderá transferir o empregado para outra localidade sem que haja a sua concordância, salvo se exercer cargo de confiança ou se em seu contrato tiver como condição, implícita ou explícita, a transferência, quando esta decorra de real necessidade de serviço.

Importante observar que não se considera transferência a que não acarretar necessariamente a mudança do domicílio do empregado. Por exemplo, a transferência do empregado para uma cidade limítrofe de seu domicílio não é considerada transferência.

7.2 Hipóteses em que a Transferência é Lícita

Não obstante o anteriormente exposto, o empregador poderá transferir o empregado nas hipóteses abaixo:

a) empregado concordar com a transferência e esta não lhe causar nenhum prejuízo;
b) se o empregado exercer cargo de confiança;

c) no contrato de trabalho, tiver como condição, implícita ou explícita, a transferência, quando esta decorra de real necessidade de serviço;
d) quando ocorrer a extinção do estabelecimento em que trabalhar o empregado;
e) em caso de necessidade de serviço.

Nas transferências provisórias, a empresa ficará obrigada a efetuar um pagamento suplementar, de no mínimo 25% dos salários que o empregado percebia naquela localidade, enquanto durar essa situação. Esse adicional tem natureza salarial e, enquanto durar essa transferência, integra o salário do empregado para todos os efeitos, 13º salário, férias, aviso prévio, repouso semanal remunerado, incidência de contribuição previdenciária, FGTS e Imposto de Renda.

7.3 Transferências Ilícitas ou Proibidas

Em algumas situações, a transferência não é permitida, como, por exemplo:

a) em razão do cargo que ocupa, como no caso do dirigente sindical e do membro da Cipa;
b) com a intenção de punir o empregado (transferência arbitrária).

7.4 Extinção do Estabelecimento

A transferência do empregado para outro estabelecimento da mesma empresa é lícita quando há a extinção do estabelecimento contratante.

Caso o empregado não concorde com a transferência, o entendimento predominante é o de que a empresa poderá dar por rescindido o contrato de trabalho, pagando somente o que for devido até o momento da rescisão. Para se resguardar de problemas futuros, a empresa deverá comunicar o empregado da transferência por escrito; da mesma forma, deverá exigir que o empregado, por escrito, concorde ou não com a transferência. Caso o empregado não expresse formalmente a sua recusa em ser transferido, a empresa poderá caracterizar a dispensa por justa causa, abandono de emprego, se faltar mais de 30 dias sem justificativa.

7.5 Despesas com a Transferência

As despesas resultantes da transferência com o frete e o carreto da mudança, passagens etc. correrão por conta do empregador.

7.6 Empresas do Mesmo Grupo Econômico – Possibilidade de Transferência

O empregado, observadas as condições anteriores, poderá ser transferido não só de um estabelecimento, filial, agência ou sucursal para outro da mesma empresa como também entre empresas do mesmo grupo econômico.

O art. 2º, §§ 2º e 3º da CLT estabelece que sempre que uma ou mais empresas, tendo, embora, cada uma delas, personalidade jurídica própria, estiverem sob a direção, controle ou administração de outra, ou ainda quando, mesmo guardando cada uma sua autonomia, integrem grupo econômico, serão responsáveis solidariamente pelas obrigações decorrentes da relação de emprego.

Esclarece, ainda, que não caracteriza grupo econômico a mera identidade de sócios, sendo necessárias, para a configuração do grupo, a demonstração do interesse integrado, a efetiva comunhão de interesses e a atuação conjunta das empresas dele integrantes.

7.7 Transferência para Outra Empresa

A legislação é omissa, e a jurisprudência e a doutrina trabalhista não são pacíficas quanto à possibilidade de transferência do empregado entre empresas que não pertençam ao mesmo grupo econômico. Há entendimento no sentido de que, se a empresa para a qual o empregado estiver sendo transferido arcar com todo o ônus (despesas, férias, 13º salário, garantias trabalhistas etc.) desta transferência, a mesma é possível.

O entendimento predominante, entretanto, é no sentido de que a transferência é ilícita quando os estabelecimentos/empresas não pertencerem ao mesmo grupo econômico. Para estes, como os estabelecimentos não são da mesma empresa ou as empresas envolvidas não pertencem a um mesmo grupo econômico, a transferência não pode ser realizada, motivo pelo qual deverão ser rescindidos os contratos de trabalho dos respectivos empregados, que serão admitidos pelas novas empresas que os contratarem.

7.8 Anotações na CTPS

A transferência do empregado deverá ser anotada na CTPS, na parte de "anotações gerais", onde deverão constar a data e o local para onde o empregado foi transferido, o novo número de registro que recebeu e que serão garantidos todos os direitos trabalhistas adquiridos pelo empregado. As mesmas anotações deverão ser efetuadas no livro ou ficha de registro do empregado no campo observações.

O empregador, no novo local de trabalho, deverá providenciar a abertura de ficha ou folha de registro, com a transcrição dos dados da ficha de registro da empresa ou do estabelecimento anterior, anotando na parte de "observações", a empresa/estabelecimento do qual procede o empregado, a data da transferência e o número de registro que possuía, bem como declaração de que assume o contrato de trabalho e garante os direitos adquiridos.

Quando a empresa optar pelo registro informatizado de dados, essas anotações também deverão ser efetuadas sempre que possível.

8. CADASTRO GERAL DE EMPREGADOS E DESEMPREGADOS (CAGED) – PREENCHIMENTO

A saída por transferência e a entrada por transferência deverão ser informadas no Cadastro Geral de Empregados e Desempregados (Caged), pelo estabelecimento que realizou a transferência e pelo que recebeu o empregado, respectivamente.

9. RAIS

Cada uma das empresas/estabelecimentos deverá informar os dados na Relação Anual de Informações Sociais (Rais).

10. SALÁRIO E REMUNERAÇÃO

10.1 Salário

O salário tomado em seu sentido estrito é a parcela básica correspondente ao valor previamente pactuado e fixado como contraprestação pelos serviços prestados, ou seja, é o salário essencial. Seu pagamento se dá de forma habitual.

10.2 Remuneração

A remuneração, por sua vez, é o salário tomado em sentido amplo (*lato sensu*) e é constituída não só da parcela fixa estipulada (salário *stricto sensu*), mas também das parcelas salariais adicionais, ou seja, valores que são pagos conforme as peculiaridades da atividade ou das condições de trabalho a que o empregado estiver submetido, por exemplo: adicionais de insalubridade, extraordinário, periculosidade etc. Esse pagamento pode ocorrer de forma habitual ou esporádica.

A Lei nº 13.467/2017, que instituiu a reforma trabalhista, alterou o art. 457 da CLT para determinar que são incluídas na remuneração:

a) a importância fixa estipulada;
b) as gorjetas;
c) as gratificações legais; e
d) as comissões pagas pelo empregador.

Foi ainda determinado que as verbas elencadas a seguir, mesmo quando pagas com habitualidade, não integram a remuneração do empregado, não se incorporam ao contrato de trabalho e não constituem base de incidência de qualquer encargo trabalhista e previdenciário:

a) ajuda de custo;
b) auxílio-alimentação (vedado o pagamento em dinheiro);
c) diárias para viagem (independentemente do valor);
d) prêmios;
e) abonos;
e) assistência médica ou odontológica (própria ou conveniada);
f) reembolso de despesas médico-hospitalares, com medicamentos, óculos, aparelhos ortopédicos, próteses, órteses e outras similares.

São considerados prêmios as liberalidades concedidas pelo empregador em forma de bens, serviços ou valor em dinheiro, a empregado ou a grupo de empregados em razão de desempenho superior ao ordinariamente esperado no exercício de suas atividades.

10.3 Parcelas integrantes

As parcelas integrantes, como próprio nome já diz, são aquelas que fazem parte da remuneração, ou seja, são incorporadas à remuneração não só a quantia fixa estipulada, como também, entre outras, as comissões, as gratificações legais, as gorjetas, as parcelas *in natura* que são aquelas em espécies, que a empresa por força do contrato ou do costume fornecer habitualmente ao trabalhador.

Integram a remuneração do empregado, entre outras, as seguintes parcelas:

a) salário;

b) comissões, percentagens, com base na produção do empregado – é uma forma de salário em que o empregado recebe um percentual do produto de seu trabalho. Assim, por exemplo, o empregado recebe 5% sobre o valor das vendas por ele realizadas;

c) gorjetas – importância dada de forma espontânea pelo cliente ou a que for cobrada pela empresa, como adicional nas contas e destinada à distribuição aos empregados;

Súmula 354 do TST

Gorjetas – Natureza jurídica – Repercussões

As gorjetas, cobradas pelo empregador na nota de serviço ou oferecidas espontaneamente pelos clientes, integram a remuneração do empregado, não servindo de base de cálculo para as parcelas de aviso prévio, adicional noturno, horas extras e repouso semanal remunerado.

d) gratificações legais – as gratificações previstas na legislação;

e) adicionais de periculosidade ou insalubridade: são devidos só e enquanto perdurarem as condições desfavoráveis à segurança ou saúde do empregado;

- As atividades ou as operações insalubres são aquelas que, por sua natureza, condições ou métodos de trabalho, expõem os empregados a agentes nocivos à saúde, acima dos limites de tolerância.
- A Constituição Federal vedou a utilização do salário mínimo para qualquer fim. Em decorrência dessa vedação

constitucional, há controvérsia sobre a base de cálculo do adicional e, até que o Poder Judiciário venha julgar definitivamente a questão, recomenda-se que as empresas se acautelem diante do critério a ser adotado, podendo a questão ser solucionada por meio de negociação coletiva de trabalho.

– Periculosidade – As atividades ou operações perigosas são aquelas que, por sua natureza ou métodos de trabalho, impliquem risco acentuado em virtude de exposição permanente do trabalhador a: inflamáveis, explosivos ou energia elétrica; a roubos ou outras espécies de violência física nas atividades profissionais de segurança pessoal ou patrimonial. São também consideradas perigosas as atividades de trabalhador em motocicleta. O empregado que trabalha nessas condições tem direito ao adicional de 30% sobre o seu salário sem os acréscimos resultantes de gratificações, ou participações nos lucros da empresa;

g) adicional de transferência – o empregado que for transferido provisoriamente para localidade diversa da resultante do contrato de trabalho (deslocamento que acarreta mudança de domicílio), terá direito ao adicional de, no mínimo, 25% de seu salário, enquanto durar a transferência.

10.4 Salário mínimo

O art. 7º da Constituição Federal em seu inciso IV determina ser direito do trabalhador o salário mínimo, fixado em lei, nacionalmente unificado, capaz de atender a suas necessidades vitais básicas e às de sua família com moradia, alimentação, educação, saúde, lazer, vestuário, higiene, transporte e previdência social, com reajustes periódicos que lhe preservem o poder aquisitivo, sendo vedada sua vinculação para qualquer fim.

Assim sendo, não se poderá contratar remuneração inferior ao salário mínimo. Determina a CLT que, nos casos de salário fixado por unidade de obra, este mínimo deverá ser garantido ao empregado, ainda que sua produção não o tenha atingido.

Não obstante o anteriormente exposto, ressaltamos que, conforme estabelece o art. 611-A da CLT, acrescido pela Lei nº 13.467/2017 (Reforma

Trabalhista), a qual vigora desde 11.11.2017, por meio de negociação coletiva (convenção ou acordo) poderá ser pactuada a forma de remuneração por produtividade e por desempenho individual, situação em que, o que for negociado, terá prevalência sobre a disposição legal.

Baseados nesta determinação, poder-se-ia concluir, a princípio, que os mencionados documentos coletivos poderiam autorizar salário por produção inferior ao mínimo legal, ou seja, o empregado seria remunerado com base no que produziu independentemente de garantia de valor mínimo. Entretanto, é bom lembrar que o art. 7º, VII, da Constituição Federal garante aos empregados que recebem remuneração variável salário nunca inferior ao mínimo. Desta forma, se o documento coletivo estabelecer forma de remuneração inferior ao mínimo, esta regra poderá ter a sua constitucionalidade contestada.

10.5 Piso salarial estadual

A lei autorizou os Estados e o Distrito Federal a instituir o piso salarial proporcional à extensão e à complexidade do trabalho para os empregados que não tenham piso salarial definido em lei federal, convenção ou acordo coletivo de trabalho. Nos Estados em que não houver lei estabelecendo um salário mínimo superior ao mínimo legal nacionalmente unificado, deve-se observar este último.

10.6 Salário mínimo profissional

Remuneração mínima, estabelecida em lei, para trabalhadores de certas categorias profissionais.

10.7 Salário normativo

Algumas categorias profissionais, por meio do documento coletivo de trabalho (acordo, convenção ou sentença normativa) fixam o valor da remuneração mínima devida aos integrantes da respectiva categoria, independentemente da função que exerçam na empresa.

10.8 Gorjetas

Gorjetas são valores recebidos de terceiros (clientes) e não do empregador. Quando recebidos como adicional na nota de serviço, tais valores formam um fundo especial, sob a custódia do empregador, que fará a sua distribuição aos empregados.

10.9 Empregados de Empresas de Prestação de Serviço – Benefícios assegurados

10.9.1 Serviços nas dependências da contratante

Enquanto os serviços forem executados nas dependências da contratante, serão asseguradas aos empregados da empresa prestadora de serviços (contratada), as mesmas condições:

I – sanitárias, de medidas de proteção à saúde e de segurança no trabalho e de instalações adequadas à prestação do serviço;

II – relativas a:

a) alimentação garantida aos empregados da contratante, quando oferecida em refeitórios;

b) utilização dos serviços de transporte;

c) atendimento médico ou ambulatorial existente nas dependências da contratante ou local por ela designado;

d) treinamento adequado, fornecido pela contratada, quando a atividade o exigir.

Contratante e contratada poderão estabelecer, se assim entenderem, que os empregados da contratada farão jus a salário equivalente ao pago aos empregados da contratante, além de outros direitos.

Nos contratos que impliquem mobilização de empregados da contratada em número igual ou superior a 20% dos empregados da contratante, esta poderá disponibilizar aos empregados da contratada os serviços de alimentação e de atendimento ambulatorial em outros locais apropriados e com igual padrão de atendimento, com vistas a manter o pleno funcionamento dos serviços existentes.

10.9.2 Serviços em outro local previsto em contrato

Quando o trabalho for realizado em outro local previamente convencionado em contrato, é responsabilidade da contratante garantir as condições de segurança, higiene e salubridade dos trabalhadores.

A contratante poderá estender ao trabalhador da empresa de prestação de serviços o mesmo atendimento médico, ambulatorial e de refeição destinado aos seus empregados, existente nas dependências da contratante ou no local por ela designado.

10.10 Equiparação Salarial

Conforme já informado, a empresa contratante e a contratada poderão estabelecer, se assim entenderem, que os empregados da contratada farão jus a salário equivalente ao pago aos empregados da contratante, além de outros direitos.

A equiparação salarial não será aplicada. Observe-se que o art. 461 da CLT estabelece que, sendo idêntica a função, a todo trabalho de igual valor, prestado ao mesmo empregador, no mesmo estabelecimento empresarial, corresponderá igual salário, sem distinção de sexo, etnia, nacionalidade ou idade.

Para tanto, é considerado trabalho de igual valor, aquele que for feito com igual produtividade e com a mesma perfeição técnica, entre pessoas cuja diferença de tempo de serviço para o mesmo empregador não seja superior a quatro anos e a diferença de tempo na função não seja superior a dois anos. Desta forma, embora possa haver idêntica função, que o trabalho tenha igual valor e seja prestado no mesmo estabelecimento, o empregador não será o mesmo. Assim, não há que se falar em equiparação salarial.

10.11 Faltas ou Atrasos Justificados

As faltas ou atrasos justificados por lei, documento coletivo de trabalho, bem como as abonadas pelo empregador não acarretam ao empregado a redução do salário a que tem direito.

No quadro a seguir apresentamos as principais ausências legais que impedem o desconto na remuneração, bem como os períodos respectivos.

Falta – Motivo	Ausência – Duração
Falecimento do cônjuge, ascendente (pai, mãe, avô, avó, bisavô, bisavó, trisavô, trisavó etc.) e descendente (filho(a), neto(a), bisneto(a), trineto(a) etc.) ou irmão	2 dias (consecutivos)
Casamento	3 dias consecutivos
Licença paternidade	5 dias (segundo entendimento predominante, os dias são corridos. Todavia, o Secretário de Relações de Trabalho por meio da Instrução Normativa SRT nº 1/1988, entendeu que a licença deve ser entendida como ampliação da falta legal por motivo de nascimento de filho, de 1 para 5 dias, portanto a contagem deve ser em dias úteis.) Lembra-se que o documento coletivo de trabalho da respectiva categoria profissional deverá ser consultado a fim de certificar-se da existência ou não de cláusula específica sobre o assunto.
Doação voluntária de sangue devidamente comprovada	1 dia (a cada 12 meses de trabalho)
Alistamento eleitoral	2 dias (consecutivos ou não)
Exigências do serviço militar referidas na Lei nº 4.375/1964, art. 65, "c" (Lei do Serviço Militar)	Período necessário
Exame vestibular para ingresso em estabelecimento de ensino superior	Dias necessários
Comparecimento a juízo	Pelo tempo que se fizer necessário
Participação de reunião oficial de organismo internacional do qual o Brasil seja membro na condição de representante de entidade sindical	Tempo que se fizer necessário
Acompanhar consultas médicas e exames complementares durante o período de gravidez de sua esposa ou companheira	2 dias
Acompanhar filho de até 6 anos em consulta médica	1 (a cada ano)
Licença maternidade, observados os requisitos da legislação previdenciária para percepção do benefício de salário maternidade	120 dias (prorrogado por mais 14 dias, conforme a legislação ou 14 dias no caso de aborto não criminoso)
Faltas justificadas pela empresa	Período justificado
Suspensão preventiva para responder a inquérito administrativo ou de prisão preventiva, quando for impronunciado ou absolvido	Período de suspensão

Falta – Motivo	Ausência – Duração
Comparecimento para depor como testemunha, quando devidamente arrolado ou convocado	Período necessário
Comparecimento como parte à Justiça do Trabalho	Período necessário
Jurado no Tribunal do Júri	Período necessário
Doença ou acidente do trabalho	Até 15 dias
Convocação para serviço eleitoral	Período determinado pelo Juiz
Greve, desde que tenha havido acordo, convenção, laudo arbitral ou decisão da Justiça do Trabalho que disponha sobre a manutenção dos direitos trabalhistas aos grevistas durante a paralisação das atividades	Período de paralisação
Curso de aprendizagem	Período de frequência
Professor (a) – casamento ou falecimento de cônjuge, pai, mãe ou filho	9 dias
Representantes dos trabalhadores em atividade, decorrentes das atuações do Conselho Nacional de Previdência Social (CNPS)	Período de atuação
Férias	Período correspondente
Representantes dos trabalhadores no Conselho Curador do FGTS	Período de atividade no órgão
Representante dos empregados quando convocado para atuar como conciliador nas Comissões de Conciliação Prévia	Período de afastamento
Atrasos decorrentes de acidentes de transporte, comprovados mediante atestado da empresa concessionária	Período de atraso
Consultas médicas e demais exames complementares durante a gravidez	6 consultas (tempo necessário)
Outros motivos previstos em acordo, convenção ou dissídio coletivo de trabalho da entidade sindical representativa da categoria profissional	Dias correspondentes

Nota:

Vale lembrar que à empresa com serviço médico próprio ou em convênio, cabe o exame médico e o abono das faltas correspondentes ao período de afastamento do empregado por motivo de doença ou acidente do trabalho, encaminhando o segurado à perícia médica da Previdência Social quando a incapacidade ultrapassar 15 dias.

11. DIREITOS

Na vigência do contrato de trabalho, poderão, além dos direitos abaixo elencados, ser assegurados outros direitos previstos no acordo ou convenção coletiva de trabalho da categoria profissional respectiva ou por liberalidade do empregador.

11.1 Jornada de Trabalho

A jornada normal diária de trabalho, fixada pela CF/1988, é de até 8 horas, não podendo exceder a 44 horas semanais, ressalvados os casos mais benéficos, ou seja, jornada reduzida, prevista em:

- Lei;
- cláusula de sentença normativa;
- acordo, ou convenção coletiva de trabalho da categoria;
- espontaneamente, por meio do contrato.

Jornada de trabalho vem a ser a duração diária das atividades do empregado, ou seja, a quantidade de tempo em que o empregado, por força do contrato de trabalho, fica à disposição do empregador, seja trabalhando efetivamente ou aguardando ordens. Neste período, o trabalhador não pode dispor de seu tempo em proveito próprio.

Lembre-se que a Lei nº 13.467/2017, que instituiu a reforma trabalhista, acresceu o art. 611-A à CLT para determinar, entre outras disposições, que a convenção coletiva e o acordo coletivo de trabalho têm prevalência sobre a lei, quando dispuserem, entre outros, sobre jornada de trabalho, observados os limites constitucionais.

11.1.1 Jornada 12 x 36

A Lei nº 13.467/2017 que instituiu a reforma trabalhista, entre outras providências, acrescentou o art. 59-A à CLT, dispondo que, em exceção à jornada normal de até 8 h diárias e 44 semanais, é facultado às partes, mediante acordo individual escrito, convenção coletiva ou acordo coletivo de trabalho, estabelecer horário de trabalho de 12 horas seguidas por 36 horas ininterruptas de descanso.

Para tanto:

a) os intervalos para repouso e alimentação podem ser observados ou indenizados;
b) a remuneração mensal pactuada abrangerá os pagamentos devidos pelo DSR e pelo descanso em feriados, e
c) serão considerados compensados os feriados e as prorrogações de trabalho noturno, quando houver;
d) não será exigida licença prévia das autoridades competentes, no caso de prorrogação da jornada em atividade insalubre.

11.2 Salário

Remuneração relativa aos dias/horas trabalhados no mês, incluindo o salário fixo mais adicionais salariais, além dos repousos semanais remunerados.

11.3 Férias

O empregado terá direito anualmente ao gozo de um período de férias, sem prejuízo da remuneração após cada período de 12 meses de vigência do contrato de trabalho.

Entretanto, desde que haja concordância do empregado, as férias poderão ser usufruídas em até 3 períodos, sendo que um deles não poderá ser inferior a 14 dias corridos e os demais não poderão ser inferiores a 5 dias corridos, cada um.

11.3.1 Dias de gozo de férias – Escala

O número de dias de férias a que o empregado faz jus dependerá do número de faltas injustificadas durante o período aquisitivo respectivo.

NÚMERO DE DIAS CORRIDOS DE FÉRIAS	NÚMERO DE FALTAS INJUSTIFICADAS AO SERVIÇO NO CURSO DO PERÍODO AQUISITIVO
30	até 5
24	de 6 a 14
18	de 15 a 23
12	de 24 a 32

O empregado que faltar mais de 32 vezes injustificadamente no curso do período aquisitivo perderá o direito às férias correspondentes.

Entende-se que somente devem ser consideradas as faltas de período integral, não se computando, para fins de aplicação da escala, ausências de meio período, atrasos de horas ou minutos etc., nem os dias de repouso semanal remunerado e feriados que eventualmente não tiverem sido pagos ao empregado durante o ano em decorrência de falta(s) injustificada(s) durante a semana.

11.3.2 Trabalho a tempo parcial – Férias

Os empregados contratados pelo regime de tempo parcial, ou seja, aquele cuja duração não exceda a 30 horas semanais, sem possibilidade de horas suplementares ou aquele cuja duração não exceda 26 horas semanais com possibilidade de até 6 horas suplementares semanais, também têm direito a 30, 24, 18 ou 12 dias de férias, conforme o número de faltas injustificadas no período aquisitivo respectivo.

O trabalhador em tempo parcial receberá a remuneração calculada de forma proporcional à jornada executada, em relação aos empregados que cumprem, nas mesmas funções, tempo integral.

11.3.3 Remuneração

A remuneração das férias corresponde ao salário do empregado acrescido dos adicionais salariais, tais como o de horas extras, noturno etc., bem como das parcelas salariais variáveis, acrescidas do adicional de 1/3 da Constituição Federal, e poderá ser paga de forma simples ou em dobro, conforme observe ou não o prazo legal para a sua concessão.

As férias deverão ser pagas com base no salário da época em que forem concedidas. Havendo no mês da concessão das férias reajustes salariais, estas deverão ser remuneradas considerando-se o salário já com o reajuste.

11.3.4 Formas

Salário pago por hora com jornada variável, apura-se a média aritmética do número de horas do período aquisitivo, multiplicando-se o resultado pelo valor hora vigente por ocasião da concessão;

Salário por tarefa, apura-se a média aritmética da produção do período aquisitivo, multiplicando-se o resultado pelo valor da tarefa vigente na data da concessão;

Salário por percentagem ou comissão, apura-se a média dos valores percebidos pelo empregado, nos 12 meses que antecederem a data de sua concessão.

11.4 13º Salário

11.4.1 Conceito

A gratificação de Natal, mais conhecida como 13º salário, é devida a todos os empregados urbanos, rurais e domésticos.

11.4.2 Prazo para pagamento

A gratificação natalina será paga em duas parcelas, a primeira, entre os meses de fevereiro e novembro de cada ano e a segunda, até 20 de dezembro.

11.4.3 Remuneração

A remuneração do 13º salário corresponde ao salário do empregado acrescido dos adicionais salariais, tais como horas extras, noturno, de periculosidade, de insalubridade etc., bem como das parcelas salariais variáveis.

O 13º salário corresponde a 1/12 da remuneração devida em dezembro ou na data da rescisão contratual, por mês de serviço do ano correspondente, considerando-se mês integral a fração igual ou superior a 15 dias de trabalho no mês civil.

Os empregados que recebem salário variável, farão jus à gratificação calculada com base em 1/12 (um doze avos) da soma das importâncias variáveis devidas nos meses trabalhados até novembro de cada ano ou até a rescisão contratual conforme o caso. A essa gratificação somar-se-á a que corresponder à parte do salário contratual fixo, se houver.

Em janeiro, o cálculo do 13º salário deve ser revisto com a inclusão da parcela variável de dezembro, acertando-se a diferença, se houver, a favor do empregado ou do empregador, conforme o caso.

11.4.4 Faltas justificadas

As faltas justificadas, bem como as abonadas pelo empregador, não acarretam ao empregado a redução do número de avos a que tem direito para fins de pagamento do 13º salário.

11.5 Aviso prévio

Direito dos trabalhadores urbanos e rurais, proporcional ao tempo de serviço, sendo, no mínimo, de 30 dias. Ao aviso prévio de 30 dias, serão acrescidos 3 dias por ano de serviço prestado na mesma empresa, até o máximo de 60 dias, perfazendo um total de até 90 dias.

O aviso prévio é concedido nos contratos a prazo indeterminado e a prazo determinado, desde que, neste último, haja cláusula assecuratória de direito recíproco de rescisão antecipada e tal direito seja exercido por qualquer das partes.

A concessão do aviso prévio pelo empregador possibilita ao empregado a procura de novo emprego, e, quando o empregado pede demissão, a finalidade é dar ao empregador a oportunidade de contratar outro empregado para o cargo.

Assim, a parte que, sem justo motivo, quiser rescindir o contrato de trabalho poderá fazê-lo desde que dê ciência à outra parte de sua intenção com antecedência mínima de 30 dias.

11.6 Indenização – Data-base

O empregado dispensado sem justa causa no período de 30 dias que antecede a data de sua correção salarial terá direito à indenização adicional equivalente a um salário mensal, conforme art. 9º das Leis nºs 6.708, de 30.10.1979 e 7.238, de 29.10.1984.

A Súmula TST nº 182 prevê: "O tempo do aviso prévio, mesmo indenizado, conta-se para efeito da indenização adicional prevista no art. 9º da Lei nº 6.708/1979."

A Súmula TST nº 314 determina: "Se ocorrer rescisão contratual no período de 30 (trinta) dias que antecede à data-base, observada a Súmula nº 182 do TST, o pagamento das verbas rescisórias com o salário já corrigido não afasta o direito à indenização adicional prevista nas Leis nºs 6.708/1979 e 7.238/1984."

Embora a Súmula acima tenha dado margem a interpretações divergentes, a Comissão de Súmula, ao emitir o Parecer ao Processo TST-IUJ-RR nº 5.110/85.6, que o aprovou, entendeu que, na hipótese de a dispensa consumar-se dentro do mês da data-base, não é devido o pagamento da indenização adicional, mas as verbas rescisórias serão reajustadas conforme o disposto em acordo, convenção ou dissídio coletivo da categoria.

Caso a dispensa ocorra no período de 30 dias que antecede o mês da data-base, ainda que a empresa efetue o pagamento da rescisão com o salário já reajustado (se já tiver conhecimento do percentual de reajuste), o pagamento da indenização adicional será devido.

11.7 Estabilidade Provisória

A estabilidade consiste no direito do empregado permanecer no emprego, desde que haja a ocorrência das hipóteses reguladas em lei ou documento coletivo de trabalho. É adquirida pelo empregado a partir do momento em que seja vedada sua dispensa sem justa causa.

As estabilidades podem ser:

a) legais: quando estiverem expressamente previstas na legislação;
b) convencionais: quando forem fruto de negociação coletiva e estiverem presentes nos documentos coletivos, ou seja, acordos e convenções coletivas de trabalho, e nas sentenças normativas da Justiça do Trabalho.

Caso a norma ou cláusula de documento preveja que é vedada a dispensa arbitrária ou sem justa causa, isto quer dizer que o empregado não poderá ser demitido, exceto por justa causa, nem o período de estabilidade a ele conferido ser indenizado, ou seja, a garantia é de emprego efetivo e não pode ser convertida em salários antecipados.

Por outro lado, as normas ou cláusulas podem prever garantia de emprego e/ou salário, o que dá à empresa a opção de manter o contrato de trabalho em vigor ou indenizar todo o período com todas as integrações e os reflexos nas verbas trabalhistas, conforme a legislação em vigor.

A empresa que não observar a impossibilidade de transformação de uma garantia de emprego em indenização poderá, caso seja devidamente acionada, ser compelida judicialmente a reintegrar imediatamente o empregado, restaurando o contrato de trabalho no estado em que se encontrava por ocasião da rescisão.

Abaixo, relacionamos as principais garantias previstas na legislação:

a) do empregado não optante pelo regime do FGTS que tenha adquirido direito à estabilidade até a data da promulgação da Constituição Federal (05.10.1988). É o caso dos que contavam com mais de 10 anos de serviço na mesma empresa naquela data (art. 14, Lei nº 8.036, de 11.05.1990);
b) do empregado eleito para cargo de membro de Comissão Interna de Prevenção de Acidentes (Cipa), desde o registro de sua candidatura até um ano após o final de seu mandato (art. 10, II, "a", da Constituição Federal – Ato das Disposições Constitucionais Transitórias e art. 165 da CLT). O TST, por meio da Súmula nº 339, estende esta estabilidade ao empregado eleito suplente da Cipa;
c) da empregada gestante, desde a confirmação da gravidez até 5 meses após o parto (art. 10, II, "b", da Constituição Federal – Ato das Disposições Constitucionais Transitórias). Essa garantia, nos mesmos termos, foi estendida: à empregada doméstica, por meio da Lei Complementar nº 150/2015, bem como a quem detiver a guarda da criança, no caso de morte da trabalhadora gestante, nos termos da Lei Complementar nº 146/2014;
d) do empregado sindicalizado a partir do registro da candidatura a cargo de direção ou representação sindical e, se eleito, ainda que suplente, até um ano após o final do mandato, salvo se cometer falta grave nos termos da lei. Disposição esta aplicável à organização de sindicatos rurais e de colônias de pescadores, atendidas as condições que a lei estabelecer (art. 8º, VIII, da CF e art. 543 da CLT);
e) dos convocados para cumprir as exigências do serviço militar, a partir da incorporação efetiva, ou encargo público (art. 472 da CLT);
f) dos membros do Conselho Curador do FGTS, enquanto representantes dos trabalhadores, efetivos e suplentes, desde a nomeação até um ano após o término do mandato de

representação, somente podendo ser demitidos por motivo de falta grave, regularmente comprovada por meio de processo sindical (art. 3º, § 9º, da Lei nº 8.036, de 11.05.1990);

g) dos membros do Conselho Nacional de Previdência Social (CNPS) enquanto representantes dos trabalhadores em atividade, titulares e suplentes, desde a nomeação até um ano após o término do mandato de representação. Somente poderão ser demitidos por falta grave, regularmente comprovada em processo judicial (art. 3º, § 7º, da Lei nº 8.213, de 24.07.1991);

h) do segurado que sofreu acidente do trabalho, que tem garantida, pelo prazo mínimo de 12 meses, a manutenção do seu contrato de trabalho na empresa, após a cessação do auxílio-doença acidentário, independentemente de percepção de auxílio-acidente (art. 118 da Lei nº 8.213, de 24.07.1991);

i) dos empregados de empresas que sejam eleitos diretores de sociedades cooperativas por eles criadas, os quais gozam das mesmas garantias asseguradas aos dirigentes sindicais, mencionados anteriormente (art. 55, Lei nº 5.764, de 16.12.1971 – esta lei define a política nacional de cooperativismo e dá outras providências);

j) da mulher em situação de violência doméstica e familiar – por força da Lei nº 11.340, de 07.08.2006, foram criados mecanismos para coibir e prevenir a violência doméstica e familiar contra a mulher e, entre as medidas de assistência e proteção asseguradas, foi determinado que, para preservar a integridade física e psicológica da mulher em situação de violência doméstica e familiar, o juiz assegurar-lhe-á, entre outros, a manutenção do vínculo trabalhista por até 6 meses, quando for necessário o seu afastamento do local de trabalho;

k) Veda-se a dispensa dos representantes dos empregados, membros da Comissão de Conciliação Prévia, titulares e suplentes, até um ano após o final do mandato (que é de um ano, permitida uma recondução), salvo se cometerem falta grave, nos termos da lei. (CLT, art. 625-B, § 1º).

Quanto às estabilidades convencionais, os diversos documentos coletivos de trabalho relativos às categorias profissionais existentes, que são muitas, demonstram-nos uma série de situações em que estão previstos garantia de emprego e salário, como, por exemplo:

a) no retorno das férias;
b) no retorno do afastamento por doença;
c) em época próxima à aposentadoria;
d) complementar à estabilidade da gestante prevista em lei;
e) para fiscalizar acordos firmados com o sindicato da categoria, por deliberação das partes;
f) em idade de alistamento militar.

As estabilidades convencionais têm regras próprias, ou seja, duração, possibilidade de conversão em indenização, condições para obtenção etc., o que obriga as empresas ao conhecimento prévio das disposições dos citados documentos sindicais, cuja inobservância pode gerar autuação por parte da fiscalização do Ministério da Economia.

11.7.1 Contrato por Prazo Determinado

Tanto a doutrina como a jurisprudência trabalhistas defendiam o entendimento de que o contrato por tempo determinado era incompatível com qualquer forma de estabilidade, visto que o término do contrato está predeterminado desde a sua celebração.

Ocorre que o Tribunal Superior do Trabalho (TST), por meio das suas Súmulas nº 244, item III, e 378, item III determinou:

> (...)
>
> III – A empregada gestante tem direito à estabilidade provisória prevista no art. 10, inciso II, alínea "b", do Ato das Disposições Constitucionais Transitórias, mesmo na hipótese de admissão mediante contrato por tempo determinado.

Portanto, a posição do Tribunal é favorável à concessão da estabilidade provisória da gestante mesmo nos contratos de trabalho por tempo determinado.

> SÚMULA Nº 378. ESTABILIDADE PROVISÓRIA. ACIDENTE DE TRABALHO. ART. 118 DA LEI Nº 8.213/1991 (inserido o item III)
>
> (...)

III – O empregado submetido a contrato de trabalho por tempo determinado goza da garantia provisória de emprego, decorrente de acidente de trabalho, prevista no art. 118 da Lei nº 8.213/1991.

11.8 Vale-transporte

O vale-transporte (VT) constitui benefício que o empregador antecipará ao trabalhador para utilização efetiva em despesas de deslocamento residência-trabalho e vice-versa.

11.8.1 Deslocamento – Conceito

Entende-se por deslocamento a soma dos segmentos componentes da viagem do beneficiário, por um ou mais meios de transporte, entre sua residência e o local de trabalho.

11.8.2 Direito – Exercício – Condições

Por ocasião da admissão do empregado, este deve informar, por escrito, ao empregador:

a) endereço residencial;
b) serviços e meios de transporte mais adequados ao deslocamento residência-trabalho e vice-versa.

11.8.3 Custeio

O vale-transporte (VT) é custeado:

a) pelo beneficiário, na parcela equivalente a 6% do seu salário básico ou vencimento, excluídos quaisquer adicionais ou vantagens;
b) pelo empregador, no que exceder à parcela mencionada anteriormente.

11.9 Benefícios aos Empregados das Empresas Prestadoras de Serviço

Conforme mencionamos anteriormente, são assegurados aos empregados de empresas de prestação de serviço, enquanto os serviços forem executados nas dependências da contratante, as mesmas condições:

I – sanitárias, de medidas de proteção à saúde e de segurança no trabalho e de instalações adequadas à prestação do serviço;

II – relativas a:

a) alimentação garantida aos empregados da contratante, quando oferecida em refeitórios;

b) utilização dos serviços de transporte;

c) atendimento médico ou ambulatorial existente nas dependências da contratante ou local por ela designado;

d) treinamento adequado, fornecido pela contratada, quando a atividade o exigir.

Contratante e contratada poderão estabelecer, se assim entenderem, que os empregados da contratada farão jus a salário equivalente ao pago aos empregados da contratante, além de outros direitos.

Nos contratos que impliquem mobilização de empregados da contratada em número igual ou superior a 20% dos empregados da contratante, esta poderá disponibilizar aos empregados da contratada os serviços de alimentação e de atendimento ambulatorial em outros locais apropriados e com igual padrão de atendimento, com vistas a manter o pleno funcionamento dos serviços existentes.

11.9.1 Serviços em outro local previsto em contrato

Quando o trabalho for realizado em outro local previamente convencionado em contrato, é responsabilidade da contratante garantir as condições de segurança, higiene e salubridade dos trabalhadores.

A contratante poderá estender ao trabalhador da empresa de prestação de serviços o mesmo atendimento médico, ambulatorial e de refeição destinado aos seus empregados, existente nas dependências da contratante ou no local por ela designado.

Além do anteriormente mencionado, a empresa prestadora de serviço também deverá observar cláusulas constantes do documento coletivo de trabalho da categoria profissional que a represente, no que tange aos benefícios.

CAPÍTULO 10
Contratação para Prestar Serviço no Exterior

As empresas poderão transferir ou contratar empregados para prestar serviço no exterior.

A Lei nº 7.064, de 6 de dezembro de 1982, regulamentada pelo Decreto nº 89.339, de 31 de janeiro de 1984, dispõe sobre a situação de trabalhadores contratados no Brasil ou transferidos por seus empregadores para prestar serviços no exterior.

O empregado designado para prestar serviços de natureza transitória, por período não superior a 90 (noventa) dias, quando tiver ciência expressa dessa transitoriedade e receber, além da passagem de ida e volta, diárias durante o período de trabalho no exterior, as quais, seja qual for o respectivo valor, não terão natureza salarial, estão excluídos das suas disposições.

A lei considera transferido o empregado cujo contrato estava sendo executado no território brasileiro e seja transferido para prestá-lo no exterior, ou cedido à empresa sediada no estrangeiro, para trabalhar no exterior, desde que mantido o vínculo trabalhista com o empregador brasileiro e o contratado por empresa sediada no Brasil para trabalhar a seu serviço no exterior.

A empresa deverá assegurar, independentemente da observância da legislação do local da execução dos serviços, a aplicação da legislação brasileira de proteção ao trabalho, naquilo que não for incompatível com o disposto nesta lei, quando mais favorável do que a legislação territorial, no conjunto de normas e em relação a cada matéria.

A legislação brasileira sobre Previdência Social, Fundo de Garantia do Tempo de Serviço (FGTS) e Programa de Integração Social (PIS/Pasep) deverá ser respeitada.

1. REMUNERAÇÃO

O salário ajustado por escrito entre a empresa e o empregado deverá ser:

a) obrigatoriamente estipulado em moeda nacional, mas a remuneração devida durante a transferência do empregado, computado o adicional de transferência, poderá, no todo ou em parte, ser paga no exterior, em moeda estrangeira;
b) o valor não poderá ser inferior ao mínimo estabelecido para a categoria profissional do empregado no Brasil;
c) ficará sujeito aos reajustes e aumentos e incidirá exclusivamente sobre os valores ajustados em moeda nacional;
d) poderá ser depositado em conta bancária, mediante opção escrita do empregado.

O adicional de transferência também deverá ser acordado entre a empresa e o empregado. Entretanto, não será devido quando do seu retorno ao Brasil.

A remuneração (salário, adicional etc.), no todo ou em parte, poderá ser convertida e remetida ao exterior, para o local de trabalho, por intermédio de instituições bancárias, autorizadas a operar em câmbio, estando sujeitas à fiscalização do Banco Central do Brasil. O empregado ou seu procurador deverá requerê-la por escrito, e a empresa deverá declarar o valor da remuneração paga ao empregado, o local da prestação de serviço no exterior e os números da Carteira de Trabalho e Previdência Social e de inscrição do empregado no cadastro de contribuintes.

2. FÉRIAS

O empregado poderá gozar anualmente férias no Brasil, correndo por conta da empresa empregadora, ou para a qual tenha sido cedido, o custeio da viagem, inclusive o cônjuge e os demais dependentes com ele residentes, após dois anos de permanência no exterior.

No retorno definitivo do empregado antes da época do gozo das férias, a empresa não estará obrigada a arcar com o custeio da viagem.

3. RETORNO AO BRASIL

O empregado poderá retornar ao Brasil por determinação da empresa quando:

I – não se tornar mais necessário ou conveniente o serviço do empregado no exterior;

II – der o empregado justa causa para a rescisão do contrato.

O retorno ao Brasil, no término do prazo da transferência ou antes deste, poderá ocorrer nas seguintes hipóteses:

a) após 3 (três) anos de trabalho contínuo;
b) para atender à necessidade grave de natureza familiar, devidamente comprovada;
c) por motivo de saúde, conforme recomendação constante de laudo médico;
d) quando der o empregador justa causa para a rescisão do contrato;
e) não se tornar mais necessário ou conveniente o serviço do empregado no exterior.

A empresa deverá custear o retorno do empregado. Quando o retorno se verificar, por iniciativa do empregado, ou por justa causa para rescisão do contrato, deverá reembolsar as respectivas despesas.

4. CÔMPUTO DO PERÍODO NO TEMPO DE SERVIÇO DO EMPREGADO

O empregado terá computado no seu tempo de serviço o período de duração da transferência para todos os efeitos da legislação brasileira, mesmo que a legislação local de prestação do serviço considere essa prestação como resultante de um contrato autônomo e determine a liquidação dos direitos oriundos da respectiva cessação.

5. DIREITOS NO TÉRMINO DA TRANSFERÊNCIA

Quando a legislação local garantir a liquidação de direitos pela cessação do contrato, a empresa empregadora poderá deduzir esse pagamento dos depósitos do FGTS.

Caso o saldo da conta do FGTS não seja suficiente para a dedução, a diferença poderá ser novamente deduzida do saldo dessa conta quando da cessação, no Brasil, do respectivo contrato de trabalho.

As deduções serão calculadas mediante conversão em moeda nacional ao câmbio do dia em que se operar o pagamento.

O saque dos valores relativos a essas deduções pelo empregador dependerá de homologação judicial, mediante a apresentação de cópia autêntica da documentação comprobatória da liquidação dos direitos do empregado no exterior, traduzida oficialmente. O juiz determinará à Caixa Econômica Federal que informe, no prazo de três dias úteis, o valor existente na conta vinculada do empregado, na data do pedido de homologação.

A homologação deverá conter a importância a ser deduzida, em moeda estrangeira. O alvará autorizará o levantamento do valor correspondente em moeda nacional. A Caixa Econômica Federal efetuará a conversão ao câmbio do dia em que efetivar o pagamento, utilizando o dólar dos Estados Unidos da América como moeda de conversão, quando a liquidação de direitos do empregado tenha sido efetuada em moeda com a qual a nacional não tenha paridade direta.

6. ISENÇÃO DE CONTRIBUIÇÕES

A empresa, enquanto durar a prestação de serviços no exterior, não estará obrigada, em relação aos empregados transferidos, a recolher as contribuições referentes a: Salário Educação, Serviço Social da Indústria, Serviço Social do Comércio, Serviço Nacional de Aprendizagem Comercial, Serviço Nacional de Aprendizagem Industrial e Instituto Nacional de Colonização e Reforma Agrária.

CAPÍTULO 11
Trabalho Temporário

Além das disposições gerais anteriormente citadas, as empresas de trabalho temporário deverão observar com relação aos trabalhadores temporários e as empresas contratantes as disposições abaixo.

1. REGISTRO DAS EMPRESAS DE TRABALHO TEMPORÁRIO

A empresa de trabalho temporário deve ser registrada no Ministério da Economia. São requisitos a serem observados para o seu funcionamento e registro:

a) prova de inscrição no Cadastro Nacional da Pessoa Jurídica (CNPJ);
b) prova do competente registro na Junta Comercial da localidade em que tenha sede;
c) prova de possuir capital social de, no mínimo, R$ 100.000,00.

2. CONCEITOS

Trabalhador temporário é a pessoa que, por intermédio de empresa de trabalho temporário, presta serviço a uma empresa para atender à necessidade transitória de substituição de pessoal regular e permanente ou a demanda complementar de serviços.

Empresa de trabalho temporário é a pessoa jurídica devidamente registrada no Ministério da Economia, responsável pela colocação de trabalhadores, em caráter temporário, à disposição de outras empresas. Sua atividade consiste em colocar trabalhadores à disposição de outras empresas, temporariamente.

Empresa tomadora de serviço ou cliente é a pessoa jurídica ou entidade a ela equiparada, que celebra contrato de prestação de trabalho temporário com empresa de trabalho temporário.

3. ATIVIDADE DA EMPRESA DE TRABALHO TEMPORÁRIO

A atividade da empresa de trabalho temporário consiste em colocar à disposição de outras empresas, temporariamente, trabalhadores, devidamente qualificados, por elas remunerados e assistidos, obrigando-se também a registrar na Carteira de Trabalho e Previdência Social (CTPS) do trabalhador sua condição de temporário.

4. REQUISITOS

A empresa não pode contratar um trabalhador temporário quando bem desejar. Para tanto, é necessário a ocorrência dos pressupostos legais para esta contratação que são:

a) necessidade de substituição de seus empregados permanentes; ou
b) demanda complementar de serviços.

Esses dois pressupostos é que caracterizam o trabalho temporário e devem ser comprovados em caso de fiscalização.

> **Exemplos**
>
> Situações que autorizam a contratação de trabalhadores temporários:
>
> a) afastamento ou impedimento de empregado efetivo por motivo de férias, auxílio-doença, licença maternidade, entre outros;
> b) fatores imprevisíveis ou, quando decorrente de fatores previsíveis, tenha natureza intermitente, periódica ou sazonal (pico de produção, por exemplo).

5. RELAÇÃO CONTRATUAL ENTRE A EMPRESA DE TRABALHO TEMPORÁRIO E O TOMADOR DO SERVIÇO

O contrato celebrado pela empresa de trabalho temporário e a tomadora de serviços será necessariamente escrito, ficará à disposição da autoridade fiscalizadora no estabelecimento da tomadora de serviços e poderá abranger qualquer atividade desenvolvida pela tomadora, seja atividade-meio ou atividade-fim. O contrato deverá conter:

a) qualificação das partes;
b) motivo justificador da demanda de trabalho temporário;
c) prazo da prestação de serviços;
c) valor da prestação de serviços;
d) disposições sobre a segurança e a saúde do trabalhador, independentemente do local de realização do trabalho.

6. CONTRATAÇÃO – PRAZO

A contratação do trabalhador temporário se verifica mediante contrato entre a empresa requisitante da mão de obra e a empresa de trabalho temporário que colocará o trabalhador à disposição da primeira.

Com relação a um mesmo empregado, o contrato não poderá exceder de 180 dias, consecutivos ou não, podendo ser prorrogado por mais 90 dias, consecutivos ou não, desde que comprovada a manutenção das condições que ensejaram o contrato.

O trabalhador temporário que cumprir o período de 270 dias (180 + 90) somente poderá ser colocado à disposição da mesma tomadora de serviços em novo contrato temporário, após 90 dias do término do contrato anterior. A contratação anterior ao prazo mencionado caracteriza vínculo empregatício com a tomadora.

É nula de pleno direito qualquer cláusula proibitiva da contratação do trabalhador pela empresa tomadora de serviço ou cliente.

A condição de temporário deve também ser registrada na Carteira de Trabalho e Previdência Social (CTPS) do trabalhador.

7. DIREITOS

O contrato de trabalho celebrado entre empresa de trabalho temporário e cada um dos assalariados colocados à disposição de uma empresa tomadora ou cliente deve ser obrigatoriamente escrito e dele devem constar, expressamente, os direitos conferidos aos trabalhadores.

Aos trabalhadores temporários, são assegurados os seguintes direitos:

a) remuneração equivalente à percebida pelos empregados de mesma categoria da empresa tomadora ou cliente, calculada à base horária, garantido, em qualquer hipótese, a percepção do salário mínimo;

b) jornada normal máxima de 8 horas diárias e 44 semanais, salvo nas atividades em que a lei estabeleça jornada menor, remuneradas as horas extras, não excedentes de 2, com acréscimo mínimo de 50%;
c) PIS (cadastramento do trabalhador temporário e sua inclusão na RAIS de responsabilidade da empresa de trabalho temporário);
d) Repouso Semanal Remunerado (RSR);
e) remuneração adicional por trabalho noturno de, no mínimo, 20% superior em relação à diurna;
f) vale-transporte;
g) férias proporcionais, no caso de despedida sem justa causa ou término normal do contrato, à razão de 1/12 do último salário percebido, acrescido do terço constitucional, por mês trabalhado, considerando-se como mês completo a fração igual ou superior a 15 dias;
h) Fundo de Garantia do Tempo de Serviço (FGTS);
i) 13º salário (Gratificação Natalina) correspondente a 1/12 da última remuneração, por mês trabalhado, ou fração igual ou superior a 15 dias;
j) seguro desemprego.

É responsabilidade da empresa contratante garantir as condições de segurança, higiene e salubridade dos trabalhadores, quando o trabalho for realizado em suas dependências ou em local por ela designado.

A contratante estenderá ao trabalhador da empresa de trabalho temporário o mesmo atendimento médico, ambulatorial e de refeição destinado aos seus empregados, existente nas dependências da contratante, ou local por ela designado.

8. ACIDENTE DO TRABALHO OCORRIDO COM TRABALHADOR TEMPORÁRIO

A empresa tomadora ou cliente deve comunicar à empresa de trabalho temporário a ocorrência de acidente cuja vítima seja um assalariado posto à sua disposição, considerando-se local de trabalho, neste caso, tanto aquele onde se efetua a prestação do trabalho, quanto à sede da empresa de trabalho temporário.

A empresa de trabalho temporário tem o dever de comunicar o acidente ao Instituto Nacional do Seguro Social (INSS) e às pessoas, bem como às demais entidades.

O encaminhamento do acidentado ao INSS, se for o caso, pode ser feito diretamente pela empresa tomadora de serviço, ou cliente, de conformidade com normas expedidas por aquele Instituto.

9. COMPROVANTE DE REGULARIDADE PERANTE O INSS

As empresas de trabalho temporário são obrigadas a fornecer às empresas tomadoras ou clientes, a seu pedido, comprovante da regularidade de sua situação com o INSS.

10. FISCALIZAÇÃO – EXIGÊNCIA

As empresas de trabalho temporário são obrigadas a apresentar à fiscalização do ME:

a) o contrato firmado com o trabalhador temporário;
b) os comprovantes de recolhimento das contribuições previdenciárias.

A empresa tomadora de serviço ou cliente, por sua vez, se obriga a apresentar à fiscalização, quando solicitado, o contrato firmado com a empresa de trabalho temporário.

11. FALÊNCIA

No caso de falência da empresa de trabalho temporário, a empresa tomadora de serviço ou cliente é solidariamente responsável pelo recolhimento das contribuições previdenciárias, no tocante ao tempo em que o trabalhador esteve sob suas ordens, assim como em referência ao mesmo período, pela remuneração e indenização devidas aos trabalhadores.

12. TÉRMINO NORMAL DE CONTRATO DE TRABALHO TEMPORÁRIO OU RESCISÃO

A rescisão do contrato de trabalho temporário acarreta o pagamento de todas as verbas rescisórias, calculadas proporcionalmente à duração do contrato e conforme o tipo de rescisão efetuada.

13. PROIBIÇÕES

É vedado à empresa de trabalho temporário cobrar do trabalhador qualquer importância, mesmo a título de mediação, podendo apenas efetuar os descontos previstos em lei, sob pena de cancelamento de seu registro para funcionamento, sem prejuízo das sanções administrativas e penais cabíveis.

14. PROIBIÇÃO DE CONTRATAÇÃO PARA SUBSTITUIR TRABALHADORES EM GREVE

É proibida a contratação de trabalho temporário para a substituição de trabalhadores em greve, salvo nos casos previstos em lei. Desta forma, a substituição só poderá ocorrer em caso de greve legalmente declarada abusiva ou quando se tratar de greve em atividades essenciais.

15. PREVIDÊNCIA SOCIAL

A empresa de trabalho temporário está sujeita às contribuições previdenciárias, bem como ao cumprimento das obrigações acessórias, da mesma forma que as demais empresas, de acordo com o seu enquadramento no código FPAS.

O trabalhador temporário e os empregados permanentes da empresa de trabalho temporário contribuem, de forma não cumulativa, de acordo com a tabela de descontos dos empregados.

16. RETENÇÃO PREVIDENCIÁRIA

A empresa contratante de serviços sujeitos à retenção previdenciária, prestados mediante cessão de mão de obra ou empreitada, inclusive em regime de trabalho temporário, deverá reter 11%, ou mais conforme o caso, do valor bruto da nota fiscal, fatura ou recibo de prestação de serviços e recolher à Previdência Social a importância retida em documento de arrecadação identificado com a denominação social e o CNPJ da empresa contratada.

O valor retido deve ser compensado pela empresa contratada quando do recolhimento das contribuições devidas à Previdência Social.

17. FOLHA DE PAGAMENTO

A empresa de trabalho temporário é obrigada a elaborar folha de pagamento especial para os trabalhadores temporários.

18. ATIVIDADES EXCLUÍDAS

O trabalho temporário não se aplica às empresas de vigilância e transporte de valores, permanecendo as respectivas relações de trabalho reguladas por legislação especial, e subsidiariamente pela CLT.

CAPÍTULO 12

Responsabilidade Solidária e Subsidiária

Responsabilidade solidária é aquela que obriga, de forma igualitária, as partes integrantes da relação jurídica, o que vale dizer, se todos são igualmente responsáveis, a obrigação pode ser cobrada de forma alternativa, de uma ou outra parte, ou de ambas, inexistindo a obrigação de se observar o benefício de ordem.

Responsabilidade subsidiária é aquela que tem um devedor principal, que deverá sofrer a cobrança em primeiro lugar e só quando este não cumprir a obrigação é que poderá ser efetuada a cobrança do devedor secundário. Portanto, nesta relação, o benefício de ordem deve ser observado.

No âmbito da legislação trabalhista, encontramos os dois tipos de responsabilidade.

Os §§ 2º e 3º do art. 2º da CLT dispõe:

> "§ 2º Sempre que uma ou mais empresas, tendo, embora, cada uma delas, personalidade jurídica própria, estiverem sob a direção, controle ou administração de outra, ou ainda quando, mesmo guardando cada uma sua autonomia, integrem grupo econômico, serão responsáveis solidariamente pelas obrigações decorrentes da relação de emprego.
>
> § 3º Não caracteriza grupo econômico a mera identidade de sócios, sendo necessárias, para a configuração do grupo, a demonstração do interesse integrado, a efetiva comunhão de interesses e a atuação conjunta das empresas dele integrantes".

O art. 10A determina:

> "Art. 10-A. O sócio retirante responde subsidiariamente pelas obrigações trabalhistas da sociedade relativas ao período em que figurou como sócio, somente em ações ajuizadas até dois anos depois de averbada a modificação do contrato, observada a seguinte ordem de preferência:
>
> I – a empresa devedora
>
> II – os sócios atuais;

> III – os sócios retirantes.
>
> Parágrafo único. O sócio retirante responderá solidariamente com os demais quando ficar comprovada fraude na alteração societária decorrente da modificação do contrato.

O art. 455 do mesmo diploma legal reza:

> Nos contratos de subempreitada, responderá o subempreiteiro pelas obrigações derivadas do contrato de trabalho que celebrar, cabendo, todavia, aos empregados, o direito de reclamação contra o empreiteiro principal pelo inadimplemento daquelas obrigações por parte do primeiro.
>
> Parágrafo único. Ao empreiteiro principal fica ressalvada, nos termos da lei civil, ação regressiva contra o subempreiteiro e a retenção de importâncias a este devidas, para a garantia das obrigações previstas neste artigo."

Observe-se que, no primeiro caso (§ 2º do art. 2º), a responsabilidade é solidária, o que implica dizer que qualquer das empresas integrantes do grupo econômico pode ser compelida, em igualdade de condições, ao cumprimento da obrigação. No segundo e terceiro casos (arts. 10A e 455), a responsabilidade principal é da empresa devedora e do contratante direto do trabalhador (subempreiteiro), respectivamente. Somente no caso destes não cumprirem as obrigações trabalhistas é que o devedor secundário será chamado à lide.

Nas relações entre as empresas tomadoras e prestadoras de serviço, no que tange aos direitos trabalhistas dos empregados, observa-se a aplicação da responsabilidade subsidiária, salvo a existência de fraudes. Portanto, a obrigação de observar os direitos trabalhistas é da empresa prestadora dos serviços. Caso esta não as cumpra, os empregados poderão acionar o devedor secundário (tomador dos serviços), o qual responderá pelos direitos correspondentes ao período em que os serviços lhe foram prestados.

Título II
FUNDO DE GARANTIA DO TEMPO DE SERVIÇO

FUNDO DE GARANTIA DO TEMPO DE SERVIÇO

O Fundo de Garantia do Tempo de Serviço (FGTS) foi instituído pela Lei nº 5.107, de 13.09.1966, sendo atualmente regido pela Lei nº 8.036, de 11.05.1990.

1. OPÇÃO

O direito ao regime do Fundo de Garantia do Tempo de Serviço (FGTS) é assegurado aos trabalhadores urbanos e rurais, independentemente de opção, a partir de 5 de outubro de 1988.

Desde outubro/2015, o empregado doméstico passou a ser obrigatoriamente incluído no regime do FGTS, tendo sido disciplinado o regime unificado de pagamento de tributos e contribuições e dos demais encargos do empregador doméstico, sob o título de "Simples Doméstico".

O depósito também é devido para os diretores não empregados, caso as empresas tenham optado por estender a estes o regime do FGTS.

Os empregadores, assim entendidos as pessoas físicas ou jurídicas de direito privado ou público, da Administração Pública direta, indireta ou fundacional de qualquer dos Poderes da União, dos Estados, do Distrito Federal e dos Municípios, que admitirem trabalhadores a seu serviço, bem como aquele que, regido por legislação especial, se encontrar nessa condição ou figurar como fornecedor ou tomador de mão de obra, estão obrigados a proceder ao seu cadastramento, bem como ao cadastramento dos trabalhadores que lhe prestam serviço, no sistema FGTS.

O cadastramento do empregador e do trabalhador no sistema FGTS ocorre com a efetivação do primeiro recolhimento.

A identificação do empregador no sistema FGTS é feita por meio de sua inscrição no CNPJ/CAEPF ou ainda o CPF, na hipótese do empregador doméstico.

O trabalhador é identificado no sistema FGTS por meio do número de inscrição no PIS/Pasep/CI.

2. DEPÓSITO

Os empregadores devem depositar mensalmente em conta bancária vinculada, até o dia 7 do mês subsequente ao da competência da remuneração, importância correspondente a 8% da remuneração paga ou devida no mês anterior, a cada trabalhador, incluídas as parcelas de que tratam os arts. 457 e 458 da CLT e a gratificação de Natal a que se refere a Lei nº 4.090, de 13 de julho de 1962, com as modalidades da Lei nº 4.749, de 12.08.1965. Não sendo dia útil, antecipar o recolhimento.

Os contratos de aprendizagem, nos termos da Lei nº 10.097/2000, sujeitam-se à alíquota do FGTS, devida pelo empregador, reduzida para 2%.

No caso de empregado abrangido pelo contrato de trabalho a prazo determinado, com redução de encargos previstos na Lei nº 9.601, de 21.01.1998, o depósito do FGTS foi calculado pela aplicação da alíquota de 2% de 22.01.1998 a 21.01.2003; atualmente, corresponde a 8%.

2.1 Empregadores não sujeitos FGTS

Não se encontram obrigados a efetuar o depósito do FGTS os seguintes empregadores:

a) os órgãos públicos em relação aos servidores públicos civis ou militares sujeitos a regime jurídico próprio;
b) as empresas em geral, em relação aos valores pagos aos diretores não empregados, trabalhadores eventuais e autônomos.

Em relação aos diretores não empregados, a empresa tem a faculdade de estender a estes o regime do FGTS.

2.2 Recolhimentos rescisórios

Os recolhimentos rescisórios incluem os valores de FGTS relativos ao mês da rescisão, ao aviso prévio indenizado, quando for o caso, e ao mês imediatamente anterior, que ainda não houver sido recolhido.

Contempla, ainda, a multa rescisória, cuja base de cálculo corresponde ao montante de todos os depósitos realizados na conta vinculada durante a vigência do contrato de trabalho, atualizados monetariamente e acrescidos dos respectivos juros, não sendo permitida, para este fim, a dedução dos saques ocorridos. A multa é devida em caso de despedida sem justa causa, despedida por culpa recíproca ou força maior reconhecida pela Justiça do Trabalho e em caso de rescisão por acordo entre as partes.

O valor da multa corresponde à aplicação dos seguintes percentuais sobre a base de cálculo:

a) 40% – nos casos de dispensa sem justa causa, inclusive a indireta;
b) 20% – nos casos de rescisão decorrente de culpa recíproca ou de força maior, reconhecida por sentença da Justiça Trabalhista, transitada em julgado;
c) 20% – nos casos de rescisão por acordo entre empregado e empregador.

Para o diretor não empregado é devido o recolhimento do FGTS rescisório, contemplando os valores de FGTS devidos relativos ao mês da rescisão e ao mês imediatamente anterior, que ainda não houver sido recolhido, não se aplicando o aviso prévio, seja ele indenizado ou trabalhado.

O recolhimento da multa rescisória para diretor não empregado é facultativo para as empresas privadas e, para as empresas públicas, deve ser observado o determinado na legislação pertinente e na Resolução CGPAR nº 14/2016, para os casos de exoneração antecipada de mandato ou quando houver exoneração para as nomeações sem prazo de vigência.

2.2.1 Contribuição social de 10%

A contribuição social instituída pela Lei Complementar nº 110/2001 corresponde à alíquota de 10% sobre o valor base para cálculo do recolhimento rescisório e é devida quando a rescisão tiver ocorrido em data igual ou posterior a 1º.01.2002.

A contribuição social de 10%, não será sacada e nem integrará as contas vinculadas do trabalhador no FGTS; mas suas receitas serão incorporadas ao FGTS.

3. DEPÓSITO DO FGTS DURANTE O AFASTAMENTO – OBRIGATORIEDADE

No caso de afastamento do trabalhador das suas atividades, seja em decorrência de lei ou de acordo, embora muitas vezes a empresa não se encontre obrigada ao pagamento de salários, pode estar sujeita ao depósito do FGTS sobre o valor da remuneração que o empregado estaria recebendo caso não houvesse ocorrido o afastamento. Assim, entre outras hipóteses, o depósito do FGTS é obrigatório nas seguintes situações:

a) licença remunerada;
b) serviço militar obrigatório;
c) primeiros 15 dias de afastamento para tratamento de saúde, exceto no caso de concessão de novo benefício decorrente da mesma doença dentro de 60 dias contados da cessação do benefício anterior;
d) licença por acidente do trabalho, independentemente do período de afastamento;
e) licença maternidade;
f) licença paternidade;
g) gozo de férias;
h) exercício, pelo trabalhador, de cargo de confiança imediata do empregador (diretoria, gerência etc.). Nesta hipótese o valor base para o cálculo do FGTS é a quantia que o trabalhador passar a receber no exercício do cargo de confiança, salvo se a do cargo efetivo for maior; e
i) demais casos de ausências remuneradas.

4. DAS PARCELAS QUE INTEGRAM E NÃO INTEGRAM O SALÁRIO PARA FINS DE RECOLHIMENTO DO FUNDO DE GARANTIA DO TEMPO DE SERVIÇO (FGTS)

Importante

A reforma trabalhista, instituída pela Lei nº 13.467/2017, em vigor desde 11.11.2017, alterou vários artigos da CLT, entre eles os artigos 457 e 458 que tratam do conceito de remuneração, para determinar que, para efeitos trabalhistas, desde a mencionada data, integram o salário:

a) a importância fixa estipulada;
b) as gorjetas;
c) as gratificações legais; e
d) as comissões pagas pelo empregador.

Foi ainda determinado que as verbas elencadas a seguir, mesmo quando pagas com habitualidade, não integram a remuneração do empregado, não se incorporam ao contrato de trabalho e não constituem base de incidência de qualquer encargo trabalhista e previdenciário:

a) ajuda de custo;
b) auxílio-alimentação (vedado o pagamento em dinheiro);
c) diárias para viagem (independentemente do valor);
d) prêmios;
e) abonos;
f) assistência médica ou odontológica (própria ou conveniada);
g) reembolso de despesas médico-hospitalares, com medicamentos, óculos, aparelhos ortopédicos, próteses, órteses e outras similares.

O *caput* do art. 15 da Lei nº 8.036/1990 (Lei do FGTS), determina que: "Para os fins previstos nesta lei, todos os empregadores ficam obrigados a depositar, até o dia 7 (sete) de cada mês, em conta bancária vinculada, a importância correspondente a 8 (oito) por cento da remuneração paga ou devida, no mês anterior, a cada trabalhador, incluídas na remuneração as parcelas de que tratam os arts. 457 e 458 da CLT e a gratificação de Natal a que se refere a Lei nº 4.090, de 13 de julho de 1962, com as modificações da Lei nº 4.749, de 12 de agosto de 1965".

Assim, ocorrendo alteração nos mencionados artigos da CLT (457 e 458), conclui-se que estas modificações alcançam as determinações do mencionado art. 15 da Lei nº 8.036/1990.

Entretanto, em virtude da possibilidade de entendimento contrário, é aconselhável verificar o posicionamento do Ministério da Economia acerca do assunto.

Isto posto, lembramos que a Instrução Normativa SIT nº 144/2018, a qual dispõe sobre a a fiscalização do FGTS, determina em seus arts. 9º e 10:

"Art. 9º Consideram-se de natureza salarial para fins do disposto no art. 6º, as seguintes parcelas, além de outras identificadas pelo caráter de contraprestação do trabalho:

I) o salário base, inclusive as prestações in natura;

II)as horas extras;

III) os adicionais de insalubridade, periculosidade, penosidade e do trabalho noturno;

IV) o adicional por tempo de serviço;

> **Nota das autoras**
>
> No tocante à verba "adicional por tempo de serviço" observa-se que a mesma não se coaduna com o novo conceito trabalhista de remuneração instituído pela "reforma trabalhista". Assim sendo, não deveria ser considerada para efeito de depósitos do FGTS.

V) o adicional por transferência de localidade de trabalho;

VI) o salário família, no que exceder o valor legal obrigatório;

VII) o abono ou gratificação de férias, desde que excedente a 20 (vinte) dias do salário, concedido em virtude de cláusula contratual, de regulamento da empresa, ou de convenção ou acordo coletivo;

VIII) o valor de um terço do abono constitucional das férias;

IX) as comissões;

X) as diárias para viagem, pelo seu valor global, desde que não haja prestação de contas do montante gasto;

XI) as etapas, no caso dos marítimos;

XII) as gorjetas;

XIII) a gratificação de natal, seu valor proporcional e sua parcela devida sobre o aviso prévio indenizado, inclusive na extinção de contrato a prazo certo e de safra, e a gratificação periódica contratual, pelo seu duodécimo;

> **Nota das autoras**
>
> No tocante à verba "gratificação periódica contratual" observa-se que a mesma não se coaduna com o novo conceito trabalhista de remuneração instituído pela "reforma trabalhista", o qual abarca apenas as gratificações legais. Assim sendo, não deveria ser considerada para efeito de depósitos do FGTS.

XIV) as gratificações legais, as de função e as que tiverem natureza de contraprestação pelo trabalho;

> **Nota das autoras**
>
> A reforma trabalhista determina que integram a remuneração as gratificações legais. Assim sendo, demais gratificações não previstas em lei não integram este conceito e, portanto, não deveriam ser consideradas para efeito de depósitos do FGTS.

XV) as gratificações incorporadas em razão do exercício de cargo de confiança, antes de 11 de novembro de 2017, data de início da vigência da Lei nº 13.467/2017;

XVI) as retiradas de diretores não empregados, quando haja deliberação da empresa, garantindo-lhes os direitos decorrentes do contrato de trabalho;

XVII) o valor a título de licença prêmio;

XVIII) o valor pelo repouso semanal remunerado;

XIX) o valor pelos domingos e feriados civis e religiosos trabalhados, bem como o valor relativo à dobra em razão de feriados trabalhados, não compensados;

XX) o valor a título de aviso prévio, trabalhado ou indenizado, proporcional ao tempo de serviço;

XXI) o valor não o pago a título de aviso prévio indenizado, nos casos da extinção de contrato de trabalho por acordo, previsto no art. 484-A da CLT;

> **Nota das autoras**
>
> Em relação ao item XXI, parece-nos, s.m.j. que houve um equívoco da SIT, pois se o valor não foi pago por determinação legal, não poderá ser ele considerado para efeito de depósitos do FGTS.

XXII) o valor a título de quebra de caixa;

> **Nota das autoras**
>
> No tocante à verba "quebra de caixa" observa-se que a mesma não se coaduna com o novo conceito trabalhista de remuneração instituído pela "reforma trabalhista". Assim sendo, não deveria ser considerada para efeito de depósitos do FGTS.

XXIII) o valor do tempo de reserva, nos termos do § 6º do art. 235-E da CLT, originados antes de 11 de novembro de 2017, data de início da vigência da Lei nº 13.467/2017.

XXIV) prêmios concedidos pelo empregador com natureza de contraprestação, originados antes de 11 de novembro de 2017, data de início da vigência da Lei nº 13.467/2017.

XXV) abonos concedidos pelo empregador com natureza de contraprestação, originados antes de 11 de novembro de 2017, data de início da vigência da Lei nº 13.467/2017.

XXVI) valor relativo ao período integral do intervalo intrajornada, quando não concedido em seu período mínimo antes de 11 de novembro de 2017, data de início da vigência da Lei nº 13.467/2017.

XXVII) parcela à qual, por força de convenção ou acordo coletivo de trabalho, for atribuída natureza salarial.

XXVIII) hora ou fração trabalhada durante o intervalo intrajornada.

Art. 10. Não integram a remuneração, para fins do disposto no art. 6º:

I) participação do empregado nos lucros ou resultados da empresa, quando paga ou creditada de acordo com a Lei nº 10.101, de 19 de dezembro de 2000;

II) abono correspondente à conversão de um terço das férias em pecúnia e seu respectivo adicional constitucional;

III) abono ou gratificação de férias, concedido em virtude de contrato de trabalho, de regulamento da empresa, de convenção ou acordo coletivo de trabalho, cujo valor não exceda a 20 (vinte) dias do salário;

IV)o valor correspondente ao pagamento da dobra da remuneração de férias concedidas após o prazo legal;

V) importâncias recebidas a título de férias indenizadas e o respectivo adicional constitucional;

VI) indenização por tempo de serviço anterior a 05 de outubro de 1988, de empregado não-optante pelo FGTS;

VII) indenização relativa à dispensa de empregado no período de 30 (trinta) dias que antecede sua data-base, de acordo com o disposto no art. 9º da Lei nº 7.238, de 29 de outubro de 1984;

VIII) indenização por despedida sem justa causa do empregado nos contratos com termo estipulado de que trata o art. 479 da CLT, bem como na indenização prevista na alínea "f" do art. 12º da Lei nº 6.019, de 03 de janeiro de 1974.

IX) indenização do tempo de serviço do safrista, quando do término normal do contrato de que trata o art. 14 da Lei nº 5.889, de 8 de junho de 1973.

X) indenização recebida a título de incentivo à demissão;

XI) – indenização rescisória do FGTS sobre o montante de todos os depósitos realizados na conta vinculada do trabalhador, de que trata o art. 18º da Lei nº 8.036, de 11 de maio de 1990 .

XII) indenização relativa à licença prêmio;

XIII) ajuda de custo, em parcela única, recebida exclusivamente em decorrência de mudança de localidade de trabalho do empregado, na forma do art. 470 da CLT;

XIV) ajuda de custo, quando paga mensalmente, recebida como verba indenizatória para ressarcir despesa relacionada à prestação de serviços ou à transferência do empregado, nos termos do art. 470 da CLT;

XV) ajuda de custo, em caso de transferência permanente, e o adicional mensal, em caso de transferência provisória, recebidos pelo aeronauta nos termos da Lei nº 5.929, de 30 de outubro de 1973.

XVI – diárias para viagem, desde que comprovada sua natureza indenizatória;

Nota das autoras

Observe-se que a reforma trabalhista determinou que as diárias para viagem não integram a remuneração, independentemente de qualquer comprovação. Portanto, desde que concedidas para os fins a que se destinam, ou seja, ressarcir gastos com serviços externos, não são consideradas como remuneração.

XVII) valor da bolsa de aprendizagem, garantida ao adolescente até quatorze anos de idade, de acordo com o disposto no art. 64º da Lei nº 8.069, de 13 de julho de 1990, vigente até 15 de dezembro de 1998, em face da promulgação da Emenda Constitucional nº 20;

XVIII) valor da bolsa ou outra forma de contraprestação, quando paga ao estagiário nos termos da Lei nº 11.788, de 25 de setembro de 2008;

XIX) cotas do salário família e demais benefícios pagos pela Previdência Social, nos termos e limites legais, salvo o salário maternidade e o auxílio doença decorrente de acidente do trabalho;

XX) parcela in natura recebida de acordo com o Programa de Alimentação do Trabalhador – PAT, instituído pela Lei nº 6.321, de 14 de abril de 1976.

> **Nota das autoras**
>
> Lembre-se que, conforme a reforma trabalhista o auxílio-alimentação (vedado o seu pagamento em dinheiro) não integra a remuneração. Desta forma, seja a alimentação fornecida por meio ou fora do PAT não integra a remuneração do trabalhador.

XXI) vale-transporte, nos termos e limites legais, bem como transporte fornecido pelo empregador para deslocamento ao trabalho e retorno, em percurso servido ou não por transporte público;

XXII) valor da multa paga ao trabalhador em decorrência do atraso na quitação das parcelas rescisórias;

XXIII) importâncias recebidas a título de ganhos eventuais e abonos expressamente desvinculados do salário por força de lei;

> **Nota das autoras**
>
> No tocante à verba "abono" observa-se que a mesma não se coaduna com o novo conceito trabalhista de remuneração instituído pela "reforma trabalhista". Assim sendo, não deveria ser considerada para efeito de depósitos do FGTS, independentemente de estar expressamente desvinculados do salário por força de lei.

XXIV) abono do Programa de Integração Social – PIS e do Programa de Assistência ao Servidor Público – PASEP;

XXV) valores correspondentes a transporte, alimentação e habitação fornecidos pelo empregador ao empregado contratado para trabalhar em localidade distante de sua residência, em canteiro de obras ou local que, por força da atividade, exija deslocamento e estada, observadas as normas de proteção estabelecidas pelo Ministério do Trabalho;

XXVI)importância paga ao empregado a título de complementação ao valor do auxílio-doença, desde que este direito seja extensivo à totalidade dos empregados da empresa;

> **Nota das autoras**
>
> Esta verba "complementação de auxílio-doença" não se coaduna com o novo conceito trabalhista de remuneração instituído pela "reforma trabalhista". Assim sendo, não deveria ser considerada para efeito de depósitos do FGTS, independentemente de ser extensiva ou não à totalidade dos empregados da empresa.

XXVII) parcelas destinadas à assistência ao empregado da agroindústria canavieira, de que tratava o art. 36 da Lei nº 4.870, de 1º de dezembro de 1965;

XXVIII) prêmios compreendidos como parcelas pagas por liberalidade e em razão de desempenho superior ao ordinariamente esperado no exercício das atividades do empregado, originados a partir de 11 de novembro de 2017, data de início da vigência da Lei nº 13.467/2017;

XXIX) abonos originados a partir de 11 de novembro de 2017, data de início da vigência da Lei nº 13.467/2017, desde que não sejam pagos como contraprestação pelo trabalho;

Nota das autoras

No tocante à verba "abono" observa-se que a mesma não se coaduna com o novo conceito trabalhista de remuneração instituído pela "reforma trabalhista". Assim sendo, não deveria ser considerada para efeito de depósitos do FGTS.

XXX) indenização devida pelo período parcial ou integral de intervalo intrajornada suprimido, quando o fato gerador for originado a partir de 11 de novembro de 2017, data de início da vigência da Lei nº 13.467/2017 .

XXXI) valor das contribuições efetivamente pagas pelo empregador a título de previdência privada;

XXXII) valor relativo a assistência médica, hospitalar e odontológica, prestada diretamente pelo empregador ou mediante seguro – saúde;

XXXIII) valor correspondente a vestuários, equipamentos e outros acessórios fornecidos ao empregado e utilizados no local de trabalho para prestação dos serviços;

XXXIV) ressarcimento de despesas pelo uso de veículo do empregado, quando devidamente comprovadas;

XXXV) valor relativo à concessão de educação, em estabelecimento de ensino do empregador ou de terceiros, compreendendo valores relativos a matrícula, mensalidade, anuidade, livros e material didático;

XXXVI) valores recebidos em decorrência da cessão de direitos autorais;

XXXVII) auxílio-creche pago em conformidade com a legislação trabalhista, para ressarcimento de despesas devidamente comprovadas com crianças de até 6 (seis) anos de idade;

XXXVIII) auxílio-babá, limitado ao salário mínimo, pago em conformidade com a legislação trabalhista e condicionado a comprovação do registro na Carteira de Trabalho e Previdência Social - CTPS, para ressarcimento de despesas de remuneração e contribuição previdenciária de empregado que cuide de crianças de até 6 (seis) anos de idade;

Nota das autoras

No tocante às verbas "auxílio-babá e auxílio-creche" observa-se que as mesmas não se coadunam com o novo conceito trabalhista de remuneração instituído pela "reforma trabalhista". Assim sendo, independentemente do valor pago e da idade da criança, não deveriam ser consideradas para efeito de depósitos do FGTS.

XXXIX) valor das contribuições efetivamente pagas pelo empregador a título de prêmio de seguro de vida e de acidentes pessoais;

XL) o valor do tempo de espera, nos termos do § 9º do art. 235-C da CLT ; e

5. LOCAL DE RECOLHIMENTO

Os recolhimentos ao FGTS mensal, rescisório e recursal, exceto o recolhimento via DAE, são realizados em agências da Caixa ou bancos conveniados de livre escolha do empregador no âmbito da circunscrição regional onde está sediado o estabelecimento, à exceção dos empregadores optantes pela centralização dos recolhimentos.

O DAE é quitado nas agências da Caixa e dos demais bancos arrecadadores conveniados com a RFB, bem como em lotéricas, no *internet banking* ou autoatendimento, observada a data de validade expressa no documento e desde que seja aproveitado o código de barras ou a sua representação numérica. Independente da UF onde ocorre a quitação do DAE os recolhimentos do FGTS são processados de forma centralizada na base Rio Grande do Sul, sob administração da GIFUG/PO.

A disponibilização do serviço de arrecadação nos canais alternativos como lotéricos, autoatendimento e *internet banking* é liberalidade da rede arrecadadora conveniada.

6. PRAZOS DE RECOLHIMENTO

O recolhimento mensal é efetuado até o dia 7 de cada mês, em relação à remuneração do mês anterior.

Para efeito de vencimento, considera-se como dia não útil, o sábado, o domingo e todo aquele constante do calendário nacional de feriados bancários divulgados pelo Banco Central do Brasil (Bacen).

Caso o dia de vencimento seja coincidente com dia não útil ou com o último dia útil do ano, o recolhimento é antecipado para o primeiro dia útil imediatamente anterior.

Caso a quitação seja realizada em canais alternativos no sábado, domingo, feriado nacional ou último dia útil do ano, é considerado como data de recolhimento o primeiro dia útil imediatamente posterior.

O descumprimento do prazo de recolhimento sujeita o empregador às cominações previstas na Lei nº 8.036/1990, art. 22, com redação da Lei nº 9.964/2000, art. 6º.

O prazo de vencimento da multa rescisória, do aviso prévio indenizado e do mês da rescisão é até o 10º dia corrido a contar do dia imediatamente posterior ao desligamento. Caso o 10º dia corrido seja posterior ao dia 7 do mês subsequente, o vencimento do mês da rescisão e do aviso prévio indenizado ocorre no dia 7.

Para o recolhimento deve ser observada a data de validade expressa na guia.

7. CENTRALIZAÇÃO DO RECOLHIMENTO

O empregador que possua mais de um estabelecimento, sem necessidade de autorização prévia da Caixa, poderá optar pela centralização dos depósitos do FGTS, abarcando todos os seus estabelecimentos.

Nota

A Guia de Recolhimento do Fundo de Garantia do Tempo de Serviço e Informações à Previdência Social (GFIP), será substituída, como instrumento de confissão de dívida e de constituição do crédito previdenciário, pela Declaração de Débitos e Créditos Tributários Federais Previdenciários e de Outras Entidades e Fundos (DCTFWeb), nos termos da Instrução Normativa RFB nº 1.787/2018, art. 13.

A GFIP passa a ser substituída pelos eventos do eSocial, nos seguintes prazos:

a) 1º grupo (entidades empresariais com faturamento no ano de 2016 acima de 78 milhões):
   - agosto/2018 para efeitos previdenciários
   - agosto/2019 para fins de FGTS

b) 2º grupo (entidades empresariais com faturamento no ano de 2017 acima de R$ 4.800.00,00:
   - abril/2019 para fins previdenciários;
   - agosto/2019 para fins de FGTS;

c) 3º grupo (entidades empresarias com faturamento no ano de 2017 de até R$ 4.800.00,00, empresas optantes pelo Simples Nacional, empregadores pessoa física (exceto doméstico), produtor rural PF e entidades sem fins lucrativos), a partir de outubro/2019;

d) 4º grupo (entes públicos e organizações internacionais) no prazo a ser fixado pela RFB.

Título III
LEGISLAÇÃO PREVIDENCIÁRIA

CAPÍTULO 1
Legislação Previdenciária

INTRODUÇÃO

Quando da abertura, encerramento ou qualquer alteração na estrutura jurídica ou propriedade da empresa, devem ser observados alguns procedimentos abordados a seguir.

CAPÍTULO 2
Empresa

1. CONCEITO DE EMPRESA

Considera-se empresa, para fins previdenciários, o empresário ou a sociedade que assume o risco da atividade econômica urbana ou rural, com fins lucrativos ou não, bem como os órgãos e as entidades da administração pública direta, indireta e fundacional.

2. ENTIDADES EQUIPARADAS À EMPRESA

Equiparam-se à empresa para efeitos previdenciários:

a) o contribuinte individual, em relação aos segurados que lhe prestam serviço;
b) a cooperativa;
c) a associação ou a entidade de qualquer natureza ou finalidade;
d) a missão diplomática e a repartição consular de carreiras estrangeiras;
e) o operador portuário e o órgão gestor de mão de obra de que trata a Lei nº 8.630, de 25.02.1993;
f) o proprietário do imóvel, o incorporador ou o dono de obra de construção civil, quando pessoa física, em relação ao segurado que lhe presta serviço; e
g) o condomínio.

3. GRUPO ECONÔMICO

No âmbito da legislação previdenciária, o grupo econômico é caracterizado quando duas ou mais empresas estiverem sob a direção, o controle ou a administração de uma delas, formando grupo industrial, comercial ou de qualquer atividade econômica, ainda que cada uma delas tenha personalidade jurídica própria.

4. CONSÓRCIO

É a associação de empresas, que podem estar submetidas a um mesmo controle ou não, sem personalidade jurídica própria, cujo contrato de constituição e respectivas alterações devem ser registrados em Junta Comercial, formado com o objetivo de executar determinado empreendimento.

CAPÍTULO 3
Cadastramento

1. CADASTRO NO INSS

Todas as empresas e equiparados, independentemente do ramo de atividade desenvolvido, inclusive as obras de construção civil (consideradas como estabelecimentos), estão obrigadas a proceder ao seu cadastro no INSS.

Equiparam-se à empresa para efeito de cadastro:

a) o contribuinte individual, em relação ao segurado que lhe presta serviço;
b) o profissional liberal (contribuinte individual) responsável por mais de um estabelecimento deverá cadastrar uma matrícula Cadastro de Atividade Econômica de Pessoa Física (CAEPF) para cada estabelecimento em que tenha segurados empregados a seu serviço;
c) a cooperativa, associação ou entidade de qualquer natureza ou finalidade;
d) a missão diplomática e a repartição consular de carreira estrangeiras;
e) o segurado especial;
f) o executor de obra de construção civil, pessoa física;
g) o condomínio;
h) o produtor rural, pessoa física.

Cada propriedade rural de produtor rural pessoa física, deverá ter o seu próprio cadastro. Portanto, se o mesmo produtor possuir mais de uma propriedade, ainda que situadas no mesmo município, cada uma delas deverá ser cadastrada distintamente, não sendo admitido um só cadastro para mais de uma propriedade. Entretanto, caso tenha escritório administrativo para prestação de serviços somente à propriedade rural de empregador pessoa física, deverá utilizar uma só matrícula.

Cada contrato com produtor rural, parceiro, meeiro, arrendatário ou comandatário terá a sua própria matrícula independente da matrícula do proprietário da terra.

No caso de os produtores rurais explorarem em conjunto uma única propriedade rural, com auxílio de empregados, dividindo os riscos e os produtos havidos, será emitida uma só matrícula CAEPF em nome do produtor indicado na inscrição estadual, seguida da expressão "e outros", devendo ser cadastrados como corresponsáveis todos os produtores rurais que participarem da exploração conjunta da propriedade.

Ocorrendo a venda da propriedade rural, deverá ser emitida outra matrícula para o adquirente. O antigo proprietário deverá providenciar o encerramento da matrícula sob sua responsabilidade, relativa à propriedade vendida, mediante solicitação de alteração cadastral.

2. CADASTRO GERAL

O cadastro é constituído dos dados de contribuintes inscritos no Cadastro Nacional de Pessoa Jurídica (CNPJ) e de contribuintes inscritos no Cadastro de Atividade Econômica de Pessoa Física (CAEPF).

3. EMPRESAS INSCRITAS NO CNPJ

O cadastro da empresa será feito, simultaneamente, com a inscrição no Cadastro Nacional da Pessoa Jurídica (CNPJ). Assim, ao proceder à inscrição no CNPJ, a empresa estará automaticamente cadastrada no INSS e será identificada pelo CNPJ.

4. EMPRESAS INSCRITAS NO CADASTRO DE ATIVIDADE ECONÔMICA DE PESSOA FÍSICA (CAEPF)

As empresas e equiparados que não estejam sujeitos à inscrição no CNPJ, produtores rurais pessoas físicas, segurado especial, profissional liberal com empregados etc. deverão proceder ao seu cadastro no INSS, no prazo de 30 dias contados da data do início das suas atividades, da comercialização da produção rural ou da contratação de trabalhador, conforme o caso.

As obras de construção civil serão cadastradas no Cadastro Nacional de Obras (CNO). Assim, os proprietários ou donos de obras de construção civil, a pessoa física ou pessoa jurídica construtora, deverão proceder o cadastro no prazo de 30 dias a contar do início da obra.

Por ocasião do cadastramento, em geral, não é exigida qualquer documentação. O cadastro, via de regra, é formalizado com base nas informações necessárias, prestadas pelo sujeito passivo.

As informações prestadas têm caráter declaratório e são de inteira responsabilidade do declarante. O INSS ou a RFB podem, conforme o caso, a qualquer tempo, exigir a comprovação dos dados declarados.

O contribuinte poderá se valer de uma das seguintes formas para proceder ao seu cadastro:

a) verbalmente, pelo sujeito passivo, no Centro de Atendimento ao Contribuinte (CAC) ou na Agência da Receita Federal do Brasil, independentemente da jurisdição, exceto no caso de matrícula de obra de construção civil por empreitada total a ser realizada por empresas em consórcio;
b) pela *Internet*, por meio do *site* www.receita.fazenda.gov.br;
c) de ofício por servidor da RFB.

A comprovação das informações, quando exigidas, poderá ser efetuada mediante a apresentação dos seguintes documentos:

a) instrumento de constituição da empresa e respectivas alterações ou atas de eleição da diretoria, registrados no órgão competente;
b) comprovante de inscrição no CNPJ;
c) contrato de empreitada total celebrado com proprietário, dono da obra ou incorporador, no caso de empresa construtora responsável pela matrícula;
d) carteira de identidade, número de inscrição no Cadastro de Pessoas Físicas (CPF) e comprovante de residência do responsável pessoa física;
e) projeto aprovado da obra a ser executada ou Anotações de Responsabilidade Técnica (ART), no CREA, ou Registro de

Responsabilidade Técnica (RRT) no CAU, ou sempre que exigível pelos órgãos competentes, alvará de concessão de licença para a construção;

f) contrato com a Administração Pública e edital para obras vinculadas a procedimentos licitatórios;

4.1 Matrícula na Construção Civil

Toda obra de construção civil deve ser matriculada no prazo de 30 dias contados do seu início e deve ser efetuada por projeto, devendo incluir todas as obras nele previstas.

Os responsáveis pela matrícula da obra, conforme o caso, são: o proprietário, o dono da obra, o incorporador de construção civil, a empresa construtora, quando contratada para execução da obra por empreitada total, a empresa líder do consórcio, na contratação de consórcio por empreitada total celebrado em nome das empresas consorciadas.

Havendo contratação de cooperativa de trabalho para a execução de toda a obra, o responsável pela matrícula será o contratante da cooperativa.

Se a execução da obra ocorrer em outro Estado da Federação, a matrícula deverá ficar vinculada ao CNPJ do estabelecimento da empresa localizado naquele Estado. Inexistindo estabelecimento na localidade, a vinculação será feita ao CNPJ do estabelecimento centralizador.

4.1.1 Cadastramento – Campo nome do cadastro

No ato do cadastramento da obra, no campo "nome" do cadastro, será inserida a denominação social ou o nome do proprietário do imóvel, do dono da obra ou do incorporador, devendo ser observado que:

a) contratada, na contratação de empreitada total, observando que no campo nome do cadastro constará a razão social da empresa construtora contratada, seguido da razão social ou do nome do contratante proprietário, dono da obra ou incorporador;

b) contratante, na contratação de empreitada parcial ou nos casos em que a empresa contratada não seja construtora, ainda que forneça todo o material e mão de obra. Nos dois casos, no campo nome do cadastro constará a razão social ou o nome do proprietário, dono da obra ou incorporador;

c) para a edificação de construção civil em condomínio na forma da Lei nº 4.591, de 16.12.1964, no campo nome do cadastro constará a razão social ou nome de um dos condôminos seguido da expressão "e outros" e a denominação atribuída ao condomínio;

d) para a obra objeto de incorporação imobiliária, na forma da Lei nº 4.591, de 16.12.1964, no campo nome do cadastro constará a razão social ou o nome do incorporador, seguido da denominação atribuída ao condomínio;

e) para a construção em nome coletivo, no campo nome do cadastro deverá constar a razão social ou o nome de um dos proprietários ou donos da obra, seguido da expressão "e outros".

4.1.2 Obras executadas no exterior

As obras executadas no exterior por empresas nacionais, das quais participem trabalhadores brasileiros vinculados ao Regime Geral de Previdência Social (RGPS), serão matriculadas na RFB de acordo com o anteriormente exposto, e no campo *endereço* do cadastro da obra será informado o endereço completo da empresa construtora, acrescido do nome do país e da cidade de localização da obra.

4.1.3 Serviços de construção civil dispensados de matrícula no INSS

A legislação dispensa da matrícula alguns serviços de construção civil, tais como os destacados com a expressão "serviço" ou "serviços" no Anexo VII da Instrução Normativa RFB nº 971/2009, independentemente da forma de contratação. Entre eles destacamos:

Exemplos:

- Pintura para sinalização em pistas rodoviárias e aeroportos (serviço)
- Manutenção de redes de distribuição de energia elétrica (serviço)
- Manutenção de estações e redes de telecomunicações (serviço)

- A manutenção de redes de abastecimento de água tratada (serviço)
- A manutenção de redes de coleta e de sistemas de tratamento de esgoto (serviço)
- Obras de irrigação (serviço)
- Enrocamentos (serviço)
- Obras de dragagem (serviço)
- Aterro hidráulico (serviço)
- A instalação de cabos submarinos (serviço)
- Montagem de estruturas metálicas (serviço)
- Obras de montagem industrial (serviço)
- Preparação de canteiro e limpeza de terreno (serviço)
- Perfurações e sondagens (serviço)
- Obras de terraplenagem (serviço)
- Serviços de preparação do terreno não especificados anteriormente (serviço)
- Instalação e manutenção elétrica (serviço)
- Instalações hidráulicas, sanitárias e de gás (serviço)
- Instalação e manutenção de sistemas centrais de ar condicionado, de ventilação e refrigeração (serviço)
- Instalações de sistema de prevenção contra incêndio (serviço)
- Instalação de painéis publicitários (serviço)
- Instalação de equipamentos para orientação à navegação marítima fluvial e lacustre (serviço)
- Instalação, manutenção e reparação de elevadores, escadas e esteiras rolantes, exceto de fabricação própria (serviço)
- Montagem e instalação de sistemas e equipamentos de iluminação e sinalização em vias públicas, portos e aeroportos (serviço)
- Tratamentos térmicos, acústicos ou de vibração (serviço)
- Outras obras de instalações em construções não especificadas anteriormente (serviço)
- Impermeabilização em obras de engenharia civil (serviço)

- Instalação de portas, janelas, tetos, divisórias e armários embutidos de qualquer material (serviço)
- Obras de acabamento em gesso e estuque (serviço)
- Serviços de pintura de edifícios em geral (serviço)
- Aplicação de revestimentos e de resinas em interiores e exteriores (serviço)
- Outras obras de acabamento da construção (serviço)
- O aluguel, com operador, de equipamentos para execução de fundações (serviço)
- Administração de obras (serviço)
- Montagem e desmontagem de andaimes e outras estruturas temporárias (serviço)
- Serviços de operação e fornecimento de equipamentos para transporte e elevação de cargas e pessoas para uso em obras (serviço)
- Os serviços de limpeza de fachadas, com jateamento de areia, vapor e semelhantes (serviço).

A construção executada sem mão de obra remunerada, desde que o proprietário ou dono da obra seja pessoa física e não tenha outro imóvel, e que a construção seja residencial, unifamiliar com área total não superior a 70 metros quadrados, destinada a uso próprio, do tipo econômico ou popular, está dispensada da matrícula.

Está também dispensada da matrícula a reforma de pequeno valor (aquela de responsabilidade de pessoa jurídica, com contabilidade regular, sem alteração de área construída, cujo custo estimado total, incluindo material e mão de obra, seja igual ou inferior à quantia equivalente a 20 vezes o limite máximo do salário de contribuição vigente na data de início da obra).

Caso o responsável por obra de construção civil tenha recebido da RFB comunicação informando o cadastramento automático de sua obra de construção civil efetuado a partir das informações enviadas pelo órgão competente do município de sua jurisdição estará dispensado de efetuar a matrícula.

4.2 Consórcio de Empresas Construtoras

No caso de contrato de empreitada total de obra a ser realizada por empresas em consórcio, a matrícula da obra será efetuada na Agência da Receita Federal do Brasil (ARF) ou no CAC jurisdicionante do estabelecimento matriz da empresa líder ou do endereço do consócio e será expedida com a identificação de todas as empresas consorciadas e do próprio consórcio, observado:

I – a matrícula de obra executada por empresas em consórcio será feita mediante a apresentação de requerimento subscrito pelo seu representante legal, em que constem:

a) os dados cadastrais de todas as empresas consorciadas;

b) a indicação da empresa responsável ou da administradora do consórcio, denominada empresa líder ou do próprio consórcio, no caso deste ser o responsável pela matrícula da obra;

c) a designação e o objeto do consórcio;

d) a duração e o endereço do consórcio e o foro eleito para dirimir questões legais;

e) as obrigações, as responsabilidades e as prestações específicas de cada uma das empresas consorciadas;

f) as disposições sobre o recebimento de receitas, a partilha de resultados, a administração do consórcio, os procedimentos contábeis e a representação legal das empresas consorciadas;

g) a identificação da obra.

II – o requerimento deverá vir acompanhado de cópia dos seguintes documentos:

a) compromisso público ou particular de constituição do consórcio, arquivado no Registro do Comércio;

b) instrumento de constituição de todas as empresas consorciadas e respectivas alterações;

c) instrumento que identifique o representante legal de cada uma das empresas consorciadas;

d) comprovante de inscrição no CNPJ do consórcio e das empresas consorciadas;
e) contrato celebrado com a contratante;
f) projeto da obra a ser executada;
g) ART no CREA ou RRT no CAU;
h) alvará de concessão de licença para construção, sempre que exigível pelos órgãos competentes.

No campo *nome* do cadastro da matrícula, deverão constar a razão social da empresa líder, seguida da expressão "e outros em CONSÓRCIO", ou o nome do consórcio, seguido da expressão "consórcio", caso este seja o contratante da mão de obra, assim como o respectivo número de inscrição no CNPJ.

Quando houver alteração de um ou mais participantes do consórcio, este fato deverá ser comunicado à RFB no prazo de 30 dias.

5. CONSÓRCIO SIMPLIFICADO DE PRODUTORES RURAIS

O consórcio simplificado de produtores rurais é formado pela união de produtores rurais pessoas físicas, que outorgar a um deles poderes para contratar, gerir e demitir trabalhadores para a prestação de serviços, exclusivamente, aos seus integrantes.

Conforme estabelece a Instrução Normativa RFB nº 1.634/2016, o consórcio simplificado de produtores rurais é obrigado a se inscrever no Cadastro Nacional da Pessoa Jurídica (CNPJ).

6. MATRÍCULA DE OFÍCIO

Caso o contribuinte não proceda ao seu cadastramento no INSS, regularizando a sua situação, a matrícula poderá ser efetuada de ofício.

As Juntas Comerciais, bem como os Cartórios de Registro Civil de Pessoas Jurídicas, estão obrigados a prestar à RFB todas as informações referentes aos atos constitutivos e alterações posteriores relativos a empresas neles registradas.

7. ALTERAÇÃO NO CAEPF OU NO CNO

As alterações no CAEPF e no CNO serão efetuadas:

a) por meio da *internet*, no *site* www.receita.fazenda.gov.br, no prazo de 24 horas após o seu cadastramento;
b) nas ARF ou nos CAC, mediante documentação;
c) de ofício.

O sujeito passivo tem a responsabilidade de prestar as informações sobre as alterações cadastrais ocorridas, no prazo de 30 dias após o fato.

8. MATRÍCULA INDEVIDAMENTE CADASTRADA EM NOME DO CONTRATANTE

A empresa construtora contratada mediante empreitada total tem o prazo de 30 dias contados do início da execução da obra, para providenciar a alteração da matrícula cadastrada indevidamente em nome do contratante, transferindo para si a responsabilidade pela execução total da obra ou, então, solicitar o cancelamento da matrícula indevida e efetuar nova matrícula sob sua responsabilidade, mediante apresentação do contrato de empreitada total.

9. ENCERRAMENTO DE EMPRESA

As empresas e equiparadas deverão requerer o encerramento das suas atividades pela *Internet* ou nas ARF ou no CAC competente, o qual será efetivado após os procedimentos relativos à confirmação da regularidade de sua situação.

No caso de matrícula indevida, deverá ser providenciado seu cancelamento na ARF ou no CAC jurisdicionante da localidade da obra de responsabilidade de pessoa física ou do estabelecimento matriz da pessoa jurídica responsável pela obra, por meio de requerimento do interessado.

10. INSCRIÇÃO DOS SEGURADOS CONTRIBUINTE INDIVIDUAL, EMPREGADO DOMÉSTICO, ESPECIAL E FACULTATIVO

A inscrição dos segurados contribuinte individual, empregado doméstico, segurado especial e facultativo será feita uma única vez, perante o INSS.

11. COMPROVAÇÃO DE INEXISTÊNCIA DE DÉBITOS PREVIDENCIÁRIOS

A comprovação da inexistência de débitos previdenciários é exigida, entre outros, no registro ou arquivamento, em órgão próprio, de atos relativos à baixa ou redução de capital de firma individual ou de empresário individual, redução de capital social, cisão total ou parcial, transformação ou extinção de entidade ou sociedade comercial ou civil e transferência de controle de cotas de sociedades de responsabilidade limitada.

O contribuinte, portanto, para proceder a alterações ou extinção da empresa, deverá apresentar aos órgãos competentes a Certidão Negativa de Débitos (CND).

11.1 Pedido de Certidão Negativa de Débito

A prova de regularidade fiscal perante a Fazenda Nacional será efetuada mediante apresentação de certidão expedida conjuntamente pela Secretaria da Receita Federal do Brasil (RFB) e pela Procuradoria-Geral da Fazenda Nacional (PGFN), referente a todos os créditos tributários federais e à Dívida Ativa da União (DAU) por elas administrados.

A certidão será solicitada e emitida por meio da Internet, nos endereços http://www.receita.fazenda.gov.br ou http://www.pgfn.fazenda.gov.br.

Quando as informações constantes das bases de dados da RFB ou da PGFN forem insuficientes para a emissão da certidão, o sujeito passivo poderá consultar sua situação fiscal no Centro Virtual de Atendimento (e-Cac), mediante utilização de código de acesso ou certificado digital.

Regularizadas as pendências que impedem a emissão da certidão, esta poderá ser emitida por meio da Internet.

11.2 Obra de construção civil – Regularização

Para regularizar a obra de construção civil, o responsável ou ao interessado deverá apresentar a DISO e quando solicitado, os documentos a seguir relacionados, conforme o caso:

a) alvará de concessão de licença para construção ou projeto aprovado pela prefeitura municipal, este último quando exigido pela prefeitura ou, na hipótese de obra contratada com a administração pública, não sujeita à fiscalização municipal, o contrato e a ordem de serviço ou a autorização para o início de execução da obra;

b) habite-se, certidão da prefeitura municipal ou projeto aprovado ou, na hipótese de obra contratada com a administração pública, termo de recebimento da obra ou outro documento oficial expedido por órgão competente, para fins de verificação da área a regularizar;
c) quando houver mão de obra própria, documento de arrecadação comprovando o recolhimento de contribuições sociais, com vinculação inequívoca à matrícula CNO da obra, a respectiva GFIP relativa à matrícula CNO da obra e, quando não houver mão de obra própria, a GFIP com declaração de ausência de fato gerador (GFIP sem movimento);
d) a nota fiscal, a fatura ou o recibo de prestação de serviços em que conste o destaque da retenção de 11% ou de 3,5%, conforme o caso, sobre o valor dos serviços, emitido por empreiteira ou subempreiteira que tiverem sido contratadas, com vinculação inequívoca à matrícula CNO da obra, e a GFIP relativa à matrícula CNO da obra.

O responsável, pessoa física deverá apresentar, também, documento de identificação.

O responsável pessoa jurídica, deverá, conforme o caso, apresentar cópia do último balanço patrimonial, quando exigido pela RFB.

Depois da confirmação dos dados declarados referentes à área, à destinação e à categoria da obra, os documentos serão devolvidos ao sujeito passivo exceto a cópia do último balanço patrimonial.

11.3 Liberação da CND com prova de contabilidade regular

A Certidão Negativa de Débitos (CND) ou a Certidão Positiva com Efeitos de Negativa de Débitos (CPD-EN) de obra de construção civil, sob a responsabilidade de pessoa jurídica, será liberada, desde que a empresa:

a) apresente a DISO, com todas as informações necessárias, inclusive com a declaração de contabilidade regular;

b) apresente a prova de contabilidade, com a cópia do último balanço patrimonial; e

c) ainda que em relação somente a essa obra, entregue as GFIP devidas, efetue os recolhimentos dos valores declarados e não possua outros débitos que impeçam a emissão da CND ou da CPEND.

Independentemente da expedição da CND, fica ressalvado à RFB o direito de cobrar qualquer importância que venha a ser considerada devida em futura Auditoria Fiscal.

A DISO relativa à obra cuja CND seja liberada na forma em comento ficará disponível para verificação pela unidade da RFB competente para o planejamento da ação fiscal.

Nota

A GFIP passa a ser substituída pelos eventos do eSocial, nos seguintes prazos:

a) 1º grupo (entidades empresariais com faturamento no ano de 2016 acima de 78 milhões):
   - agosto/2018 para efeitos previdenciários
   - agosto/2019 para fins de FGTS

b) 2º grupo (entidades empresariais com faturamento no ano de 2017 acima de R$ 4.800.00,00:
   - abril/2019 para fins previdenciários;
   - agosto/2019 para fins de FGTS;

c) 3º grupo (entidades empresarias com faturamento no ano de 2017 de até R$ 4.800.00,00, empresas optantes pelo Simples Nacional, empregadores pessoa física (exceto doméstico), produtor rural PF e entidades sem fins lucrativos), a partir de outubro/2019;

d) 4º grupo (entes públicos e organizações internacionais) no prazo a ser fixado pela RFB.

A partir das datas em que a entrega da declaração de Débitos e Créditos Tributários Federais Previdenciários e de Outras Entidades e Fundos (DCTFWeb) se tornar obrigatória para os contribuintes, as referências à GFIP devem ser entendidas como:

a) DCTFWeb, quando se tratar de instrumento de confissão de dívida ou de informações sobre os valores devidos de contribuições previdenciárias; e

b) eventos pertinentes do Sistema de Escrituração Digital das Obrigações Fiscais, Previdenciárias e Trabalhistas (eSocial) ou da Escrituração Fiscal Digital de Retenções e Outras Informações Fiscais (EFD-Reinf), quando se tratar das demais informações.

CAPÍTULO 4
Obrigações Previdenciárias

Os procedimentos abaixo relacionados relativos à contribuição previdenciária devida pelos segurados empregados, contribuintes individuais e pelas empresas, inclusive da retenção, tais como valor a ser retido, seu recolhimento, compensação e restituição, foram elaborados com base nas Instruções Normativas RFB nºs 1.717/2017 e 971/2009, que dispõem entre outros, sobre a restituição e compensação de valores retidos para a Previdência Social e sobre normas gerais de tributação previdenciária e de arrecadação das contribuições sociais administradas pela Secretaria da Receita Federal do Brasil (RFB).

Os procedimentos a seguir devem ser observados pelas empresas em geral, pelas empresas contratantes dos serviços e pelas prestadoras de serviço, inclusive de construção civil, de trabalho temporário e rural.

Importante observar que, sempre que houver procedimentos específicos com relação à contribuição, retenção, compensação ou restituição na prestação de serviço na construção civil, nas empresas de trabalho temporário e rural, os mesmos estarão destacados; não havendo, devem-se seguir as orientações gerais.

Importante

Após a implementação do eSocial as empresas poderão efetuar a compensação previdenciária com quaisquer tributos federais. É a chamada "compensação cruzada".

Desta forma, as empresas poderão proceder a compensação entre créditos e débitos previdenciários ou fazendários, observadas as determinações da RFB.

---

1. FOLHA DE PAGAMENTO

A empresa é obrigada a elaborar folha de pagamento da remuneração paga, devida ou creditada a todos os segurados a seu serviço, de forma coletiva por estabelecimento, obra de construção civil e por tomador de serviços, devendo manter, em cada estabelecimento, uma via da respectiva folha e recibos de pagamentos.

A folha de pagamento, elaborada mensalmente, deverá discriminar:

a) nomes dos segurados empregados, trabalhador avulso, contribuinte individual;
b) agrupados, por categoria, os segurados empregado, trabalhador avulso e contribuinte individual;
c) cargo, função ou serviço prestado pelo segurado;
d) parcelas integrantes da remuneração;
e) destacar o nome das seguradas em gozo de salário maternidade;
f) indicar o número de cotas de salário família atribuídas a cada segurado empregado ou trabalhador avulso;
g) parcelas não integrantes da remuneração; e
h) descontos efetuados.

A contratada deverá elaborar folha de pagamento distinta para cada estabelecimento da contratante, relacionando todos os segurados envolvidos na prestação de serviços, contendo os mesmos itens da folha de pagamento normal da empresa, anteriormente relacionados.

Importante

Após a implementação do eSocial, a obrigação da elaboração da folha de pagamento será cumprida mediante o envio com sucesso dos eventos S-1200 e S-1210 do eSocial, quando o envio destes se tornar obrigatório.

---

2. GUIA DA PREVIDÊNCIA SOCIAL (GPS)

A empresa deve encaminhar ao sindicato representativo da categoria profissional mais numerosa entre seus empregados, até o dia 10 de cada mês, cópia do documento de arrecadação das contribuições recolhidas ao INSS, relativamente à competência anterior.

A empresa que recolher suas contribuições em mais de um documento de arrecadação deve encaminhar cópia de todos os documentos, sob pena de multa.

Lembra-se também que é proibido a utilização de documento de arrecadação previdenciária de valor inferior a R$ 10,00. Se o valor a recolher na competência for inferior ao valor mínimo estabelecido (R$

10,00), deverá ser adicionado ao devido na competência seguinte, e assim sucessivamente, até atingir o valor mínimo permitido para recolhimento.

Nos termos da Resolução CNPS nº 1.196, de 08.11.2000, é recomendado às empresas que encaminhem, mensalmente, ao sindicato representativo da categoria profissional mais numerosa entre seus empregados, relação dos trabalhadores expostos a agentes nocivos prejudiciais à saúde ou integridade física, em condições que ensejam a concessão de aposentadoria especial. A resolução também recomenda que essa relação deve constar do quadro de horário de trabalho, afixado em local visível, organizado conforme modelo expedido pelo ME.

Importante

Lembrar que para as empresas que passaram a substituir a GFIP pela DCTFWeb, para efeitos previdenciários, o recolhimento das contribuições previdenciárias passou a ser efetuado por meio do DARF emitido pelo próprio aplicativo.

---

3. CONTRIBUIÇÕES PREVIDENCIÁRIAS – PRAZO DE RECOLHIMENTO

As empresas deverão recolher as contribuições previdenciárias, bem como os valores retidos sobre o valor dos serviços prestados mediante cessão de mão de obra e empreitada, sujeitos à retenção, por meio do documento de arrecadação, até o dia 20 do mês seguinte àquele a que se referirem as remunerações, emissão da nota fiscal ou fatura conforme o caso, antecipando o vencimento para o dia útil imediatamente anterior, quando não houver expediente bancário no dia 20.

4. CONTRIBUIÇÃO PREVIDENCIÁRIA PATRONAL BÁSICA

As empresas em geral devem recolher, além de outras contribuições de sua competência, a contribuição previdenciária patronal básica equivalente a 20% sobre o total das remunerações ou retribuições pagas, devidas ou creditadas a qualquer título no decorrer do mês ao segurado contribuinte individual, segurado empregado e trabalhador avulso que lhe preste serviço.

No caso de banco comercial, banco de investimento, banco de desenvolvimento, caixas econômicas, sociedades de crédito, de financiamento ou de investimento, sociedades de crédito imobiliário, sociedades corretoras, distribuidoras de títulos ou de valores mobiliários, inclusive bolsas de mercadorias e de valores, empresas de arrendamento mercantil, empresas de seguros privados ou de capitalização, agentes autônomos de seguros privados ou de crédito e entidades de previdência privada, abertas ou fechadas, é devida a contribuição adicional de 2,5% sobre a base de cálculo acima definida, totalizando uma contribuição de 22,5%.

5. DESONERAÇÃO DA FOLHA DE PAGAMENTO

Com o fim de fortalecer a economia brasileira, melhorando a competitividade das nossas empresas tanto no mercado interno como no mercado internacional, o Governo Federal tomou várias medidas buscando desonerar investimentos e exportações, aumentar recursos, ampliar financiamentos, estimular pequenos negócios, desenvolver tecnologia nos setores produtivos, ampliar a defesa comercial e aumentar a qualificação profissional dos trabalhadores.

No âmbito previdenciário, a medida tomada consistiu na desoneração da folha de pagamento, que, como é sabido, representa um significativo custo para as empresas, especialmente as que precisam de um volume maior de mão de obra.

A desoneração da folha de pagamento das empresas beneficiadas consiste, exclusivamente, na substituição da base de cálculo da contribuição previdenciária patronal básica de 20% sobre o total da folha de pagamento de empregados, trabalhadores avulsos e contribuintes individuais, pela contribuição sobre a receita bruta, ou seja, a base de cálculo da contribuição previdenciária patronal básica passa a ser a receita bruta e não a folha de pagamento.

A adoção do sistema de desoneração da folha de pagamento é temporária (podendo ocorrer até 31.12.2020) e opcional . Portanto, antes de adotar o sistema da desoneração da folha de pagamento, a empresa poderá verificar se a mudança lhe será ou não favorável, ou seja, irá comparar se a contribuição previdenciária patronal básica (20%) sobre a folha de pagamento dos empregados trabalhadores avulsos e contribuintes individuais lhe acarretará aumento ou diminuição do encargo previdenciário se comparado com a contribuição calculada sobre a sua receita bruta. As demais contribuições previdenciárias a cargo da empresa, tais como: contribuição para o financiamento do benefício de aposentadoria especial e aqueles concedidos em razão do grau de incidência de incapacidade laborativa decorrente dos riscos ambientais do trabalho (GIIL-RAT) e as contribuições devidas a outras entidades e fundos (terceiros), permanecem inalteradas.

Importante

O inciso IV do art. 22 da Lei nº 8.212/1991 determinava que as empresas tomadoras de serviços de cooperados intermediados por cooperativas de trabalho ficavam obrigadas a recolher a contribuição previdenciária correspondente à aplicação da alíquota de 15% sobre o valor bruto da nota fiscal, fatura ou recibo de prestação de serviços.

Ocorre que, em decisão prolatada com a repercussão geral reconhecida, nos autos do Recurso Extraordinário (RE) nº 595.838, o Supremo Tribunal Federal (STF) declarou a inconstitucionalidade do mencionado inciso IV do art. 22 da Lei nº 8.212/1991.

Por meio das Soluções de Consulta Cosit nºs 152/2015 e 99.012/2015, a Receita Federal do Brasil (RFB) esclareceu que diante da declaração de inconstitucionalidade do inciso IV do art. 22 da Lei nº 8.212/1991, deixa de ser devida pela empresa tomadora de serviços a contribuição de 15% sobre o valor da nota fiscal ou fatura de prestação de serviços por intermédio de cooperativa de trabalho.

Por fim, o Senado Federal por meio da Resolução SF nº 10/2016, suspendeu a execução do inciso IV do art. 22 da Lei nº 8.212/1991, em observância ao art. 52, X da Constituição Federal, o qual determina que compete privativamente ao Senado Federal suspender a execução, no todo ou em parte, de lei declarada inconstitucional por decisão definitiva do STF.

5.1 Empresas abrangidas pela desoneração da folha de pagamento

A contribuição previdenciária patronal básica de 20%, calculada sobre o total da folha de pagamento de empregados, trabalhadores avulsos e contribuintes individuais das empresas a seguir relacionadas, pode ser substituída até 31.12.2020 (mediante opção) pela aplicação de alíquotas variáveis de 1% a 4,5%, conforme o caso, sobre o valor da receita bruta, excluídas as vendas canceladas e os descontos incondicionais concedidos.

Para tanto, considera-se empresa a sociedade empresária, a sociedade simples, a cooperativa, a Empresa Individual de Responsabilidade Limitada e o empresário a que se refere o art. 966 da Lei nº 10.406/2002 (Código Civil), devidamente registrados no Registro de Empresas Mercantis ou no Registro Civil de Pessoas Jurídicas, conforme o caso.

5.2 Opção

A opção pela tributação substitutiva será manifestada mediante o pagamento da contribuição incidente sobre a receita bruta relativa a janeiro de cada ano, ou à primeira competência subsequente para a qual haja receita bruta apurada, e será irretratável para todo o ano-calendário.

Assim, feita a opção no mês de janeiro, durante todo o ano, o cálculo da contribuição previdenciária patronal básica será efetuado sobre o valor da receita bruta, somente podendo haver alteração no ano seguinte.

Na hipótese de empresas que contribuam simultaneamente com base no exercício de atividade desonerada e fabricação de produtos desonerados, a opção valerá para ambas as contribuições, sendo vedada a opção por apenas uma delas.

Caso a empresa abrangida pela desoneração não faça a opção ficará sujeita à contribuição previdenciária patronal básica sobre a folha de pagamento durante todo o ano-calendário.

Para as empresas do setor da construção civil, enquadradas nos grupos 412 (construção de edifícios), 432 (instalações elétricas, hidráulicas e outras instalações em construções) 433 (obras de acabamento) e 439 (outros serviços especializados para construção) da CNAE 2.0, a opção será efetuada por obra de construção civil e será manifestada mediante o pagamento da contribuição incidente sobre a receita bruta relativa à competência de cadastro no CNO ou à primeira competência subsequente para a qual haja receita bruta apurada para a obra, e será irretratável até o seu encerramento.

5.3 Alíquotas

A contribuição previdenciária patronal básica sobre a receita bruta observa a aplicação de 6 diferentes alíquotas (4,5%, 3%, 2,5%, 2%, 1,5% ou 1%), conforme a atividade da empresa.

5.3.1 Alíquota de 4,5%

Até 31.12.2020, podem contribuir com a alíquota de 4,5% as empresas:

a) que prestam os serviços de Tecnologia da Informação (TI) e Tecnologia da Informação e Comunicação (TIC);

Nota

São considerados serviços de TI e TIC:

a) análise e desenvolvimento de sistemas;
b) programação;
c) processamento de dados e congêneres;
d) elaboração de programas de computadores, inclusive de jogos eletrônicos;
e) licenciamento ou cessão de direito de uso de programas de computação;
f) assessoria e consultoria em informática;
g) suporte técnico em informática, inclusive instalação, configuração e manutenção de programas de computação e bancos de dados, bem como serviços de suporte técnico em equipamentos de informática em geral;
h) planejamento, confecção, manutenção e atualização de páginas eletrônicas;
i) a atividade de execução continuada de procedimentos de preparação ou processamento de dados de gestão empresarial, pública ou privada, e gerenciamento de processos de clientes, com o uso combinado de mão de obra e sistemas computacionais.

---

b) que exercem atividades de concepção, desenvolvimento ou projeto de circuitos integrados;
c) do setor da construção civil enquadradas nos grupos 412, 432, 433 e 439 da Classificação Nacional de Atividades Econômicas (CNAE) 2.0;
d) de construção de obras de infraestrutura, enquadradas nos grupos 421, 422, 429 e 431 da CNAE 2.0.

Nota

As empresas para as quais a substituição da contribuição previdenciária sobre a folha de pagamento pela Contribuição Previdenciária sobre a Receita Bruta (CPRB) estiver vinculada ao seu enquadramento no CNAE deverão considerar apenas o CNAE principal, observando:

a) o enquadramento no CNAE principal será efetuado pela atividade econômica principal da empresa, assim considerada, dentre as atividades constantes no ato constitutivo ou alterador, aquela de maior receita auferida ou esperada;
b) a "receita auferida" será apurada com base no ano-calendário anterior, que poderá ser inferior a 12 meses, quando se referir ao ano de início ou de reinício de atividades da empresa;

c) a "receita esperada" é uma previsão da receita do período considerado e será utilizada no ano-calendário de início ou de reinício de atividades da empresa.

5.3.1.1 *Construção civil – Regras especiais*

As empresas de construção civil, enquadradas nos grupos 412, 432, 433 e 439 da CNAE 2.0, responsáveis pela matrícula da obra, observam para as obras matriculadas no CEI (hoje CNO):

a) até 31.03.2013, o recolhimento da contribuição previdenciária patronal básica sobre a folha de pagamento, até o seu término;
b) no período compreendido entre 1º.04 e 31.05.2013, a contribuição previdenciária patronal básica incidirá sobre a receita bruta, até o seu término;
c) no período compreendido entre 1º.06 a 31.10.2013, a contribuição previdenciária patronal básica poderá incidir mediante opção, sobre a receita bruta ou sobre a folha de pagamento;
d) no período compreendido entre 1º.11.2013 e 30.11.2015, a contribuição previdenciária patronal básica incidirá sobre a receita bruta, até o seu término; e
e) a partir de 1º.12.2015, a contribuição previdenciária patronal básica poderá incidir sobre a receita bruta ou sobre a folha de pagamento, de acordo com a opção.

Nas situações mencionadas nas letras "b", "c" e "d", a contribuição previdenciária patronal básica sobre a receita bruta permanecerá com alíquota de 2% até o final da obra.

5.3.2 *Alíquota de 3%*

Até 31.12.2020, podem contribuir com a alíquota de 3% sobre a receita bruta as empresas que prestam serviços de *call center*.

5.3.3 *Alíquota de 2,5%*

Até 31.12.2020, podem contribuir com a alíquota de 2,5% as empresas que fabricam os produtos classificados na TIPI nos códigos relacionados com tal alíquota, no Anexo V da Instrução Normativa RFB nº 1.812/2018, reproduzido adiante.

Nota

A substituição aplica-se apenas em relação aos produtos industrializados pela empresa. Para tanto, devem ser considerados os conceitos de industrialização e de industrialização por encomenda previstos na legislação do Imposto sobre Produtos Industrializados (IPI).

A desoneração aplica-se às empresas que produzam no território nacional os itens mencionados, inclusive em relação aos itens produzidos por um estabelecimento e comercializados por outro da mesma pessoa jurídica.

Caso a produção seja efetuada por encomenda, a desoneração será aplicada:

a) somente à empresa executora, caso esta execute todo o processo de produção; ou

b) tanto à empresa executora, quanto à encomendante, na hipótese de produção parcial por encomenda, desde que resulte das respectivas operações, tomadas separadamente, item desonerado.

5.3.4 *Alíquota de 2%*

Até 31.12.2020, podem contribuir com alíquota de 2% as empresas:

a) de transporte rodoviário coletivo de passageiros, com itinerário fixo, municipal, intermunicipal em região metropolitana, intermunicipal, interestadual e internacional enquadradas nas classes 4921-3 e 4922-1 da CNAE 2.0;

b) de transporte ferroviário de passageiros, enquadradas nas subclasses 4912-4/01 e 4912-4/02 da CNAE 2.0;

c) de transporte metroferroviário de passageiros, enquadradas na subclasse 4912-4/03 da CNAE 2.0;

5.3.5 *Alíquota de 1,5%*

Até 31.12.2020, podem contribuir com alíquota de 1,5% empresas que fabricam os produtos classificados na TIPI nos códigos relacionados com tal alíquota, no Anexo V da Instrução Normativa RFB nº 1.812/2018, reproduzido adiante, bem como as seguintes empresas:

a) jornalísticas e de radiodifusão sonora e de sons e imagens de que trata a Lei nº 10.610/2002, enquadradas nas classes 1811-3, 5811-5, 5812-3, 5813-1, 5822-1, 5823-9, 6010-1, 6021-7 e 6319-4 da CNAE 2.0;

b) de transporte rodoviário de cargas, enquadradas na classe 4930-2 da CNAE 2.0.

Nota

As empresas que têm como atividade econômica principal a edição de livros classificada na classe 5811-5/00 da CNAE 2.0, por não serem empresas jornalísticas e de radiodifusão, não estão sujeitas à contribuição previdenciária substitutiva devendo recolher as contribuições previdenciárias sobre a folha de pagamento.

As empresas que têm como atividade econômica principal, nos termos da legislação, a edição de revistas e periódicos classificada na classe 5813-1/00 da CNAE 2.0, por serem empresas jornalísticas, estão sujeitas à contribuição previdenciária substitutiva.

5.3.6 *Alíquota de 1%*

Até 31.12.2020, podem contribuir com alíquota de 1% as empresas que fabricam os produtos classificados na TIPI nos códigos relacionados com tal alíquota, no Anexo V da Instrução Normativa RFB nº 1.812/2018, reproduzido adiante.

5.3.7 *Atividades com alíquotas diferenciadas*

As empresas que se dedicam a atividades ou fabriquem produtos sujeitos a diferentes alíquotas sobre a receita bruta irão calcular a contribuição mediante a aplicação da respectiva alíquota sobre a receita bruta correspondente a cada atividade ou produto.

5.4 Receita bruta

A receita bruta compreende a receita decorrente da venda de bens nas operações de conta própria e da prestação de serviços em geral, e o resultado auferido nas operações de conta alheia.

Para a apuração da contribuição previdenciária substitutiva, deve-se observar que:

a) a receita bruta deve ser considerada sem o ajuste de que trata o inciso VIII do art. 183 da Lei nº 6.404/1976 (Lei de Sociedade por Ações);

b) na determinação da base de cálculo da contribuição previdenciária sobre a receita (CPRB), serão excluídos:

- A receita bruta decorrente de exportações;
- A receita bruta decorrente de transporte internacional de carga;
- As vendas canceladas e os descontos incondicionais concedidos;
- O IPI, se incluído na receita bruta;
- O ICMS, quando cobrado pelo vendedor dos bens ou prestador dos serviços na condição de substituto tributário;
- A receita bruta reconhecida pela construção, recuperação, reforma, ampliação ou melhoramento da infraestrutura, cuja contrapartida seja ativo intangível representativo de direito de exploração, no caso de contratos de concessão de serviços públicos; e
- O valor do aporte de recursos realizado nos termos do § 2º do art. 6º da lei nº 11.079/2004 (Que institui normas gerais para licitação e contratação de parceria público-privada no âmbito da administração pública).

As contribuições sobre a receita bruta deverão ser apuradas e pagas de forma centralizada, pelo estabelecimento matriz da pessoa jurídica.

Nota

A CPRB pode ser apurada utilizando-se os mesmos critérios adotados na legislação da contribuição para o PIS/Pasep e da Cofins para o reconhecimento no tempo de receitas e para o diferimento do pagamento dessas contribuições.

A receita bruta proveniente de vendas a empresas comerciais exportadoras compõe a base de cálculo da CPRB.

No caso de contrato de concessão de serviços públicos, a receita decorrente da construção, recuperação, reforma, ampliação ou melhoramento da infraestrutura, cuja contrapartida seja ativo financeiro representativo de direito contratual incondicional de receber caixa ou outro ativo financeiro, integrará a base de cálculo da contribuição à medida do efetivo recebimento.

A parcela excluída a título de valor do aporte de recursos realizados nos termos do § 2º do art. 6º da Lei nº 11.079/2004 deverá ser computada na determinação da base de cálculo da CPRB em cada período de apuração durante o prazo restante previsto no contrato para construção, recuperação, reforma, ampliação ou melhoramento da infraestrutura que será utilizada na prestação de serviços públicos.

5.5 Simples Nacional – Desoneração

A empresa optante pelo Simples Nacional também poderá optar pela desoneração da folha de pagamento desde que sua atividade principal, assim considerada aquela de maior receita auferida ou esperada, esteja:

a) entre as atividades de prestação de serviços de: construção de imóveis e obras de engenharia em geral, inclusive sob a forma de subempreitada, execução de projetos e serviços de paisagismo; e
b) enquadrada nos grupos 412, 421, 422, 429, 431, 432, 433 ou 439 da CNAE 2.0 (construção civil).

A Microempresa (ME) ou Empresa de Pequeno Porte (EPP) que esteja de acordo com as condições mencionadas e exerça, concomitantemente, atividade enquadrada no Anexo IV em conjunto com outra atividade enquadrada em um dos Anexos I a III e V, da Lei Complementar nº 123/2006, contribuirá:

a) com base na contribuição substitutiva (desoneração), com relação à parcela da receita bruta auferida nas atividades enquadradas no Anexo IV da Lei Complementar nº 123/2006; e
b) na forma prevista nos demais Anexos da Lei Complementar nº 123/2006, com relação às demais parcelas da receita bruta.

Observar, ainda, que:

a) para efeito de receita bruta, será considerada a receita recebida no mês, no caso de empresas optantes pelo Simples Nacional que tenham optado, na forma regulamentada pelo Comitê Gestor do Simples Nacional (CGSN), pelo regime de caixa de apuração de receitas;
b) CPRB relativa ao período de apuração (PA) compreendido entre janeiro/2014 e novembro/2015, deverá ser informada, pelo Programa Gerador do Documento de Arrecadação do Simples Nacional – Declaratório (PGDAS-D), disponível no Portal do Simples Nacional na internet, no endereço eletrônico www.receita.fazenda.gov.br/simplesnacional;
c) o recolhimento da CPRB deverá ser realizado mediante DARF.

Importante

Desde 1º.01.2018, o Anexo IV da Lei Complementar nº 123/2006 passou a vigorar com a redação da Lei Complementar nº 155/2016.

5.6 Cooperativas de produção

As cooperativas de produção que fabricam os produtos classificados na TIPI, nos códigos do art. 8º da Lei nº 12.546/2011, na redação da Lei nº 13.670/2018, reproduzidos adiante, são abrangidas pela desoneração da folha de pagamento.

5.7 Atividades desoneradas e não desoneradas exercidas concomitantemente

No caso de empresas que se dedicam a outras atividades, além das abrangidas pela desoneração, o cálculo da CPRB obedecerá:

a) à aplicação da alíquota correspondente à desoneração, conforme o caso, quanto à parcela da receita bruta correspondente às atividades abrangidas pela substituição da base de cálculo; e
b) quanto à parcela da receita bruta relativa a atividades não sujeitas à CPRB, a 20%, sobre a remuneração de empregados, trabalhadores avulsos e contribuintes individuais, reduzindo-se o valor da contribuição a recolher ao percentual resultante da razão entre a receita bruta de atividades não relacionadas aos serviços ou à fabricação dos produtos abrangidos pela substituição e a receita bruta total.

A regra de proporcionalidade aplica-se somente às empresas que se dediquem às atividades desoneradas, se a receita bruta decorrente dessas atividades for inferior a 95% da receita bruta total. Caso seja ultrapassado esse limite, a CPRB será calculada sobre a receita bruta total auferida no mês.

Nota

A proporcionalidade, não se aplica às empresas para as quais a substituição da contribuição previdenciária sobre a folha de pagamento pela contribuição sobre a receita bruta estiver vinculada ao seu enquadramento no CNAE.

Nos meses em que não auferirem receita relativa às atividades desoneradas, ou seja, auferirem apenas receitas relativas às atividades não desoneradas, as empresas deverão recolher as contribuições de 20% sobre a totalidade da folha de pagamentos, não sendo aplicada a proporcionalidade.

Nos meses em que não auferirem receita relativa a atividades não abrangidas pela desoneração, ou seja, auferirem apenas receitas relativas às atividades desoneradas, as empresas deverão recolher a contribuição sobre a receita bruta total, não sendo aplicada a proporcionalidade.

As empresas que se dedicam exclusivamente às atividades desoneradas, nos meses em que não auferirem receita, não recolherão as contribuições relativas a 20% sobre a folha de pagamento.

Elaboramos dois exemplos relativos à apuração do valor da contribuição previdenciária básica de empresas que exercem atividade de TI/ TIC, conforme a seguir.

a) empresas que exploram somente a atividade de TI e TIC:

   Considerando que em novembro/2017 a empresa contasse com:

   Folha de pagamento = R$ 40.000,00

   Receita bruta com as exclusões permitidas = R$ 100.000,00

   Contribuição substitutiva sobre a receita – alíquota = 4,5%

   Assim, temos:

   4,5% de R$ 100.000,00 = R$ 4.500,00

   Nesta hipótese, não há a contribuição de 20% sobre a folha de pagamento, posto que a empresa exerce tão somente atividades de TI/TIC.

   Antes da desoneração, esta empresa observava a contribuição previdenciária básica sobre folha de pagamento equivalente a:

   20% de R$ 40.000,00 = R$ 8.000,00

   Neste caso, a desoneração foi positiva pois acarretou significativa diminuição da carga tributária.

b) empresas que exploram a atividade de TI/TIC e outras atividades não relacionadas à TI/TIC:

Considerando que, em novembro/2017, a empresa contasse com:

Folha de pagamento = R$ 40.000,00

Receita bruta total = R$ 180.000,00

Receita bruta de atividades de TI/TIC = R$ 110.000,00

Receita bruta de atividades não relacionadas TI/TIC = R$ 70.000,00

Cálculo:

Contribuição sobre a receita bruta TI/TIC

4,5% de R$ 110.000,00 = R$ 4.950,00

Apuração da contribuição sobre a folha:

$$\frac{\text{Receita bruta de atividades não relacionadas à TI/TIC}}{\text{Receita bruta total}} \times 100$$

$$\frac{\text{R\$ 70.000,00}}{\text{R\$ 180.000,00l}} \times 100$$

0,3889 × 100 = 38,89%

Contribuição previdenciária normal sobre a folha de pagamento

20% de R$ 40.000,00 = R$ 8.000,00

Contribuição devida

38,89% de R$ 8.000,00 = R$ 3.111,20

Contribuição previdenciária total:

a) sobre a receita bruta = R$ 4.950,00;
b) contribuição sobre a folha de pagamento = R$ 3.111,20.

Antes da desoneração, esta empresa teria sobre a folha de pagamento a contribuição previdenciária básica de R$ 8.000,00 (20% de R$ 40.000,00).

Depois da desoneração, a contribuição previdenciária básica da empresa, considerando a incidente sobre a folha de pagamento e a incidente sobre a receita, é de R$ 8.061,20 (R$ 4.950,00 + R$ 3.111,20). Portanto, neste caso, a desoneração acarretou acréscimo da carga tributária.

Lembre-se de que as demais contribuições previdenciárias sobre a folha de pagamento (GIIL-RAT, terceiros, etc.) continuam inalteradas. A substituição atinge tão somente a contribuição previdenciária básica de 20%.

5.8 Não aplicação da substituição da base de cálculo

A substituição da base de cálculo da contribuição previdenciária não será aplicada:

a) às empresas de TI e TIC que exerçam as atividades de representação, distribuição ou revenda de programas de computador, cuja receita bruta decorrente dessas atividades seja igual ou superior a 95% da receita bruta total;

b) às empresas do setor industrial que produzam itens não desonerados cuja receita bruta decorrente da produção desses itens seja igual ou superior a 95% da receita bruta total.

A data de recolhimento das contribuições previdenciárias obedecerá ao disposto na alínea "b" do inciso I do art. 30 da Lei nº 8.212/1991, ou seja, até o dia 20 do mês subsequente ao da competência.

As empresas em gozo da desoneração continuam sujeitas ao cumprimento das demais obrigações previstas na legislação previdenciária.

5.9 13º salário

As empresas cujas atividades se encontram totalmente abrangidas pela desoneração da folha de pagamento não terão a aplicação da contribuição previdenciária patronal básica (20%) sobre a folha de pagamento relativa ao 13º salário, posto que esta contribuição foi substituída pela contribuição sobre a receita bruta.

Aquelas empresas que, concomitantemente, exercem atividades abrangidas e não abrangidas pela desoneração efetuarão o cálculo proporcional, observando:

a) aplica-se 20% sobre o total da folha de pagamento de empregados, avulsos e contribuintes individuais, reduzindo-se o valor da contribuição a recolher ao percentual resultante da razão entre a receita bruta de atividades não relacionadas aos serviços desonerados e a receita bruta total;

b) para fins de cálculo da mencionada razão aplicada ao 13º salário, será considerada a receita bruta acumulada nos 12 meses anteriores ao mês de dezembro de cada ano-calendário, portanto, no período de novembro do ano em curso a dezembro do ano anterior;

c) no caso de empresa em início de atividades ou que ingressar no regime de tributação CPRB, no decurso do ano, a apuração mencionada na letra "b" será realizada de forma proporcional à data do início de atividades ou da entrada da empresa no regime de substituição.

Exemplos

Considerando uma empresa que explora a atividade abrangida e outras atividades não abrangidas pela desoneração:

Considerando que, no ano de 2017, a empresa contou com:

Receita bruta total = R$ 1.000.000,00 – (período de dezembro/2016 a novembro/2017)

Receita bruta de atividades abrangidas pela desoneração = R$ 750.000,00 – (período de dezembro/2016 a novembro/2017)

Receita bruta de atividades não abrangidas pela desoneração = R$ 250.000,00 – (período de dezembro/2016 a novembro/2017)

Folha de 13º salário = R$ 10.500,00

Cálculo:

Valor da contribuição previdenciária básica: R$ 2.100,00 (20% de R$ 10.500,00)

Apurado o valor da contribuição, aplica-se sobre ele o percentual resultante da razão da receita bruta anual das atividades não relacionadas com a desoneração e a receita bruta total (R$ 250.000,00 ÷ R$ 1.000.000,00 = 0,25). Assim, temos:

R$ 2.100,00 × 0,25 = R$ 525,00

R$ 525,00 – valor da contribuição previdenciária sobre a folha de 13º salário.

Lembramos que o cálculo proporcional não será aplicado às empresas para as quais a substituição da contribuição previdenciária patronal básica sobre a folha de pagamento pela contribuição sobre a receita bruta estiver vinculada ao seu enquadramento na Classificação Nacional de Atividades Econômicas (CNAE), posto que estas deverão considerar apenas a CNAE relativa à sua atividade principal, assim considerada aquela de maior receita auferida ou esperada, não lhe sendo aplicada, portanto, a proporcionalidade. Nesta hipótese, a base de cálculo da contribuição será a receita bruta da empresa relativa a todas as suas atividades.

5.10 Relação de Atividades sujeitas à incidência da CPRB

Reproduzimos a seguir as relações de atividades sujeitas à incidência da Contribuição Previdenciária sobre a Receita Bruta (CPRB) constante do Anexo IV da Instrução Normativa RFB nº 1.436/2013, na redação da Instrução Normativa RFB nº 1.812/2018.

Relação de Atividades Sujeitas à CPRB desde 1º.09.2018

Setor	Alíquota
1. Serviços de Tecnologia da Informação (TI) e de Tecnologia da Informação e Comunicação (TIC)	4,5%
Análise e desenvolvimento de sistemas	
Programação	
Processamento de dados e congêneres	
Elaboração de programas de computadores, inclusive de jogos eletrônicos	
Licenciamento ou cessão de direito de uso de programas de computação	
Assessoria e consultoria em informática	
Suporte técnico em informática, inclusive instalação, configuração e manutenção de programas de computação e bancos de dados	

Setor	Alíquota
Planejamento, confecção, manutenção e atualização de páginas eletrônicas	4,5%
Atividades de concepção, desenvolvimento ou projeto de circuitos integrados	
Suporte técnico em informática, inclusive instalação, configuração e manutenção de programas de computação e bancos de dados, bem como serviços de suporte técnico em equipamentos de informática em geral.	
Execução continuada de procedimentos de preparação ou processamento de dados de gestão empresarial, pública ou privada, e gerenciamento de processos de clientes, com o uso combinado de mão de obra e sistemas computacionais (BPO)	
2. Teleatendimento	
Call center	3%
3. Setor de Transportes e Serviços Relacionados	
Transporte rodoviário coletivo de passageiros, com itinerário fixo, municipal, intermunicipal em região metropolitana, intermunicipal, interestadual e internacional enquadradas nas classes 4921-3 e 4922-1 da CNAE 2.0	2%
Transporte ferroviário de passageiros, enquadradas nas subclasses 4912-4/01 e 4912-4/02 da CNAE 2.0	
Transporte metroferroviário de passageiros, enquadradas na subclasse 4912-4/03 da CNAE 2.0	
Transporte rodoviário de cargas, enquadradas na classe 4930-2 da CNAE 2.0	1,5%
4. Construção Civil	
Empresas do setor de construção civil, enquadradas nos grupos 412, 432, 433 e 439 da CNAE 2.01	4,5%
Empresas de construção civil de obras de infraestrutura, enquadradas nos grupos 421, 422, 429 e 431 da CNAE 2.0	
5. Jornalismo	
Empresas jornalísticas e de radiodifusão sonora e de sons e imagens de que trata a Lei nº 10.610, de 20 de dezembro de 2002, enquadradas nas classes 1811-3, 5811-5, 5812-3, 5813-1, 5822-1, 5823-9, 6010-1, 6021-7 e 6319-4 da CNAE 2.0.	1,5%

Setor	Alíquota
6. Setor Industrial (Enquadradas na Tabela de Incidência do Imposto sobreIndustrializados – TIPI, aprovada pelo Decreto nº 7.660, de 23 de dezembro de 2011)	
Empresas que produzem os itens classificados na TIPI nos códigos referidos no Anexo V	Ver Anexo V

Relação de itens cuja fabricação faculta a CPRB a contar de 1º.09.2018

Reproduzimos a seguir as relações de itens cuja fabricação faculta a CPRB a partir de 1º.09.2018, conforme o Anexo V da Instrução Normativa RFB nº 1.436/2013, na redação da Instrução Normativa RFB nº 1.812/2018.

NCM	Alíquota
02.03	1%
0206.30.00	1%
0206.4	1%
02.07	1%
02.09	1%
0210.1	1%
0210.99.00	1%
03.02 (exceto 03.02.90.00)	2,5%
03.03	1%
03.04	1%
1601.00.00	1%
1602.3	1%
1602.4	1%
3926.20.00	2,5%
40.15	2,5%
4016.93.00	2,5%
41.04	2,5%

NCM	Alíquota
41.05	2,5%
41.06	2,5%
41.07	2,5%
41.14	2,5%
42.03	2,5%
43.03	2,5%
4818.50.00	2,5%
5004.00.00	2,5%
5005.00.00	2,5%
5006.00.00	2,5%
50.07	2,5%
5104.00.00	2,5%
51.05	2,5%
51.06	2,5%
51.07	2,5%
51.08	2,5%
51.09	2,5%
5110.00.00	2,5%
51.11	2,5%
51.12	2,5%
5113.00	2,5%
5203.00.00	2,5%
52.04	2,5%
52.05	2,5%
52.06	2,5%
52.07	2,5%
52.08	2,5%

NCM	Alíquota
52.09	2,5%
52.10	2,5%
52.11	2,5%
52.12	2,5%
53.06	2,5%
53.07	2,5%
53.08	2,5%
53.09	2,5%
53.10	2,5%
5311.00.00	2,5%
Capítulo 54 (exceto 5402.46.00; 5402.47.00; e 5402.33.10)	2,5%
Capítulo 55	2,5%
Capítulo 56	2,5%
Capítulo 57	2,5%
Capítulo 58	2,5%
Capítulo 59	2,5%
Capítulo 60	2,5%
Capítulo 61	2,5%
Capítulo 62	2,5%
Capítulo 63	2,5% (exceto 6309.00, que contribui com 1,5%)
64.01	1,5%
64.02	1,5%
64.03	1,5%
64.04	1,5%
64.05	1,5%
64.06	1,5%

NCM	Alíquota
6505.00	2,5%
6812.91.00	2,5%
7303.00.00	2,5%
7304.11.00	2,5%
7304.19.00	2,5%
7304.22.00	2,5%
7304.23.10	2,5%
7304.23.90	2,5%
7304.24.00	2,5%
7304.29.10	2,5%
7304.29.31	2,5%
7304.29.39	2,5%
7304.29.90	2,5%
7305.11.00	2,5%
7305.12.00	2,5%
7305.19.00	2,5%
7305.20.00	2,5%
7306.11.00	2,5%
7306.19.00	2,5%
7306.21.00	2,5%
7306.29.00	2,5%
7308.20.00	2,5%
7308.40.00	2,5%
7309.00.10	2,5%
7309.00.90	2,5%
7311.00.00	2,5%
7315.11.00	2,5%

NCM	Alíquota
7315.12.10	2,5%
7315.12.90	2,5%
7315.19.00	2,5%
7315.20.00	2,5%
7315.81.00	2,5%
7315.82.00	2,5%
7315.89.00	2,5%
7315.90.00	2,5%
8307.10.10	2,5%
8308.10.00	2,5%
8308.20.00	2,5%
8401	2,5%
8402	2,5%
8403	2,5%
8404	2,5%
8405	2,5%
8406	2,5%
8407	2,5%
8408	2,5%
8410	2,5%
8412 (exceto 8412.2, 8412.30.00, 8412.40 e 8412.50)	2,5%
8413	2,5%
8414	2,5%
8415	2,5%
8416	2,5%
8417	2,5%

NCM	Alíquota
8418 (exceto 8418.69.30, 8418.69.40)	2,5%
8419	2,5%
8420	2,5%
8421	2,5%
8422 (exceto 8422.11.90 e 8422.19.00)	2,5%
8423	2,5%
8424	2,5%
8425	2,5%
8426	2,5%
8427	2,5%
8428	2,5%
8429	2,5%
8430	2,5%
8431	2,5%
8432	2,5%
8433	2,5%
8434	2,5%
8435	2,5%
8436	2,5%
8437	2,5%
8438	2,5%
8439	2,5%
8440	2,5%
8441	2,5%
8442	2,5%
8443	2,5%

NCM	Alíquota
8444	2,5%
8445	2,5%
8446	2,5%
8447	2,5%
8448	2,5%
8449	2,5%
8452	2,5%
8453	2,5%
8454	2,5%
8455	2,5%
8456	2,5%
8457	2,5%
8458	2,5%
8459	2,5%
8460	2,5%
8461	2,5%
8462	2,5%
8463	2,5%
8464	2,5%
8465	2,5%
8466	2,5%
8467	2,5%
8468	2,5%
8470.50.90	2,5%
8470.90.10	2,5%
8470.90.90	2,5%
8472	2,5%

NCM	Alíquota
8474	2,5%
8475	2,5%
8476	2,5%
8477	2,5%
8478	2,5%
8479	2,5%
8480	2,5%
8481	2,5%
8482	2,5%
8483	2,5%
8484	2,5%
8485	2,5%
8486	2,5%
8487	2,5%
8501	2,5%
8502	2,5%
8503	2,5%
8505	2,5%
8514	2,5%
8515	2,5%
8543	2,5%
8701.10.00	2,5%
8701.30.00	2,5%
8701.94.10	2,5%
8701.95.10	2,5%
87.02 (exceto 8702.90.10)	1,5%
8704.10.10	2,5%

NCM	Alíquota
8704.10.90	2,5%
8705.10.10	2,5%
8705.10.90	2,5%
8705.20.00	2,5%
8705.30.00	2,5%
8705.40.00	2,5%
8705.90.10	2,5%
8705.90.90	2,5%
8706.00.20	2,5%
87.07	2,5%
8707.90.10	2,5%
8708.29.11	2,5%
8708.29.12	2,5%
8708.29.13	2,5%
8708.29.14	2,5%
8708.29.19	2,5%
8708.30.11	2,5%
8708.40.11	2,5%
8708.40.19	2,5%
8708.50.11	2,5%
8708.50.12	2,5%
8708.50.19	2,5%
8708.50.91	2,5%
8708.70.10	2,5%
8708.94.11	2,5%
8708.94.12	2,5%
8708.94.13	2,5%

NCM	Alíquota
8709.11.00	2,5%
8709.19.00	2,5%
8709.90.00	2,5%
8716.20.00	2,5%
8716.31.00	2,5%
8716.39.00	2,5%
8804.00.00	2,5%
9015	2,5%
9016	2,5%
9017	2,5%
9022	2,5%
9024	2,5%
9025	2,5%
9026	2,5%
9027	2,5%
9028	2,5%
9029	2,5%
9031	2,5%
9032	2,5%
9506.91.00	2,5%
96.06	2,5%
96.07	2,5%
9620.00.00	2,5%

6. FINANCIAMENTO DOS BENEFÍCIOS POR INCAPACIDADE LABORATIVA E APOSENTADORIA ESPECIAL

A contribuição da empresa destinada ao financiamento dos benefícios concedidos em razão do grau de incidência de incapacidade laborativa decorrente dos riscos ambientais do trabalho (GIILRAT), e para financiamento da aposentadoria especial em cuja atividade preponderante o risco de acidente do trabalho seja considerado leve, médio ou grave, é de 1%, 2% ou 3%, respectivamente e incidente sobre o total da remuneração paga, devida ou creditada, a qualquer título durante o mês, aos segurados empregados e trabalhadores avulsos.

A Lei nº 8.212/1991, art. 22, e o Regulamento da Previdência Social (RPS), aprovado pelo Decreto nº 3.048/1999 em seu art. 202, § 3º, determina que considera-se preponderante a atividade econômica que ocupa, na empresa, o maior número de segurados empregados e trabalhadores avulsos.

Entretanto, a Receita Federal do Brasil (RFB) por meio da Instrução Normativa RFB nº 971/2009, art. 72, § 1º, II, determina ser preponderante a atividade que ocupa no estabelecimento o maior número de empregados e trabalhadores avulsos, observado que, na ocorrência de mesmo número de empregados e avulsos em atividades distintas, será considerado preponderante aquela que corresponder ao maior grau de risco.

O enquadramento da atividade nos correspondentes graus de risco é de responsabilidade da empresa, e deve ser feito mensalmente, com base em sua atividade econômica preponderante, observados o código na Classificação Nacional de Atividades Econômicas (CNAE) da atividade e a alíquota correspondente ao grau de risco, constantes do Anexo I da Instrução Normativa RFB nº 971/2009, e, segundo a Receita Federal do Brasil, deve obedecer às seguintes disposições:

a) empresa com um estabelecimento e uma única atividade econômica será enquadrada na respectiva atividade;
b) a empresa com estabelecimento único e mais de uma atividade econômica, simulará o enquadramento em cada atividade e prevalecerá, como preponderante, aquela que tem o maior número de segurados empregados e trabalhadores avulsos;
c) a empresa com mais de um estabelecimento e com mais de uma atividade econômica deverá apurar a atividade preponderante em cada estabelecimento, simulando o enquadramento em cada atividade, prevalecendo como preponderante aquela que ocupar o maior número de segurados empregados e trabalhadores avulsos, exceto com relação à obra de construção civil.

Nota

A Súmula STJ nº 351 dispõe:

"A alíquota de contribuição para o Seguro de Acidente do Trabalho (SAT) é aferida pelo grau de risco desenvolvido em cada empresa, individualizada pelo seu CNPJ, ou pelo grau de risco da atividade preponderante quando houver apenas um registro."

Observa-se que, conforme determinam a Lei nº 8.212/1991 e o Regulamento da Previdência Social, aprovado pelo Decreto nº 3.048/1999 (normas hierarquicamente superiores), o enquadramento na atividade preponderante é feito por empresa. Contudo, a RFB por meio de Instrução Normativa determina que o enquadramento seja feito por estabelecimento.

---

d) os órgãos da Administração Pública Direta, tais como Prefeituras, Câmaras, Assembleias Legislativas, Secretarias e Tribunais, identificados com inscrição no Cadastro Nacional da Pessoa Jurídica (CNPJ) serão enquadrados na respectiva atividade;

e) a empresa de trabalho temporário será enquadrada na atividade com a descrição "7820-5/00 Locação de Mão de Obra Temporária".

6.1 Obra de construção civil

A obra de construção civil edificada por empresa cujo objeto social não se constitua na construção ou na prestação de serviços à construção civil será enquadrada no Código CNAE e grau de risco próprios da construção civil e não na atividade econômica desenvolvida pela empresa.

Os empregados que trabalham na obra não serão considerados para o enquadramento da empresa no grau de risco.

6.2 Erro no autoenquadramento

Verificado erro no autoenquadramento, a Receita Federal do Brasil (RFB) adotará as medidas necessárias à sua correção, e, se for o caso, constituirá o crédito tributário decorrente.

6.3 Redução ou majoração

Estes percentuais (1%, 2% ou 3%) poderão ser reduzidos em até 50% ou aumentados em até 100%, em razão do desempenho da empresa em relação à respectiva atividade econômica, mediante aplicação do Fator Acidentário de Prevenção (FAP).

O FAP consiste num multiplicador variável num intervalo contínuo de cinco décimos (0,5000) a dois inteiros (2,0000), aplicado com quatro casas decimais, considerado o critério de arredondamento na quarta casa decimal, a ser aplicado à respectiva alíquota.

O Regulamento da Previdência Social (RPS) determina que para fins da redução ou majoração em comento, proceder-se-á à discriminação do desempenho da empresa, dentro da respectiva atividade econômica, a partir da criação de um índice composto pelos índices de gravidade, de frequência e de custo que pondera os respectivos percentis com pesos de 50%, de 35% e de 15%, respectivamente.

Entretanto, a Resolução CNPS nº 1.327/2015 determina que o FAP da empresa com mais de um estabelecimento será calculado para cada estabelecimento, identificado pelo seu CNPJ completo.

A matriz para os cálculos da frequência, gravidade e custo, e para o cálculo do FAP, será composta pelos registros de Comunicação de Acidentes de Trabalho (CAT) de óbito e de benefícios de natureza acidentária, excetuados os decorrentes de trajeto, assim identificados por meio da CAT ou por meio de outro instrumento que vier a substituí-la. Os benefícios de natureza acidentária serão contabilizados no CNPJ completo (14 dígitos) ao qual ficou vinculado quando da sua concessão.

A geração do índice de frequência, do índice de gravidade e do índice de custo para cada um dos estabelecimentos se faz conforme o disposto a seguir.

O índice de frequência indica o quantitativo de benefícios e mortes por acidente de trabalho no estabelecimento. Para tanto são computados os registros de benefícios das espécies B91 – Auxílio-doença por acidente de trabalho, B92 – Aposentadoria por invalidez por acidente de trabalho, B93 – Pensão por morte por acidente de trabalho e B94 – Auxílio-acidente por acidente de trabalho, assim como as CAT de óbito para as quais não houve a concessão de B93 – Pensão por morte por acidente de trabalho.

Fórmula do índice de frequência

Índice de frequência = [(número de benefícios acidentários (B91, B92, B93 e B94) + acrescido do número de CATs de óbito para as quais não houve a concessão de B93 – Pensão por morte por acidente de trabalho, por estabelecimento, excetuados os decorrentes de trajeto, assim identificados por meio da CAT ou por meio de outro instrumento que vier a substituí-la) ÷ número médio de vínculos] × 1.000.

O índice de gravidade indica a gravidade das ocorrências acidentárias em cada estabelecimento. Para tanto são computados todos os casos de B91 – Auxílio-doença por acidente de trabalho, B92 – Aposentadoria por invalidez por acidente de trabalho, B93 – Pensão por morte por acidente de trabalho e B94 – Auxílio-acidente por acidente de trabalho, assim como as CATs de óbito para as quais não houve a concessão de B93 – Pensão por morte por acidente de trabalho, excetuados os decorrentes de trajeto, assim identificados por meio da CAT ou por meio de outro instrumento que vier a substituí-la. É atribuído peso diferente para cada tipo de afastamento em função da gravidade.

Fórmula do índice de gravidade

Índice de gravidade = ((número de auxílios-doença por acidente de trabalho (B91) × 0,10 + número de aposentadorias por invalidez (B92) x 0,30 + número de pensões por morte por acidente de trabalho (B93) + CATs de óbito para as quais não houve a concessão de B93 – Pensão por morte por acidente de trabalho × 0,50 + o número de auxílios-acidente por acidente de trabalho (B94) × 0,10, excetuados os decorrentes de trajeto, assim identificados por meio da CAT ou por meio de outro instrumento que vier a substituí-la) ÷ número médio de vínculos) x 1.000).

O índice de custo representa as despesas da Previdência Social com pagamento de benefícios de natureza acidentária e sua relação com as contribuições das empresas. Para tanto são computados os valores pagos pela Previdência Social em rendas mensais de benefícios, excetuados os decorrentes de trajeto.

No caso do auxílio-doença por acidente de trabalho (B91), o custo é calculado pelo tempo de afastamento, em meses e fração de mês, do segurado dentro do Período-Base de cálculo do FAP. Nos casos da aposentadoria por invalidez por acidente de trabalho (B92) e do auxílio-acidente por acidente de trabalho (B94), os custos são calculados fazendo uma projeção da expectativa de sobrevida do beneficiário a partir da tábua completa de mortalidade construída pela Fundação Instituto Brasileiro de Geografia e Estatística – IBGE, para toda a população brasileira, considerando-se a média nacional única para ambos os sexos. No caso da pensão por morte por acidente de trabalho (B93) os custos serão calculados considerando as regras vigentes para duração do benefício.

Fórmula do índice de custo

Índice de custo = ((valor total pago pela Previdência Social pelos benefícios de auxílio-doença por acidente de trabalho (B91), aposentadoria por invalidez por acidente de trabalho (B92), pensão por morte por acidente de trabalho (B93) e auxílio-acidente por acidente de trabalho (B94), excetuados os decorrentes de trajeto, assim identificados por meio da CAT ou por meio de outro instrumento que vier a substituí-la) ÷ valor total de remuneração paga pelo estabelecimento aos segurados) × 1.000).

O Ministério da Economia publica anualmente, sempre no mês de setembro, no Diário Oficial da União (DOU), os róis dos percentis de frequência, gravidade e custo por Subclasse da CNAE e divulga na rede mundial de computadores o FAP de cada empresa, com as respectivas ordens de frequência, gravidade, custo e demais elementos que possibilitem a esta verificar o respectivo desempenho dentro da sua CNAE-Subclasse.

6.4 Aplicação do FAP no ano de 2019

O FAP produz efeitos tributários a partir do 1º dia do 4º mês subsequente ao de sua divulgação. Em virtude da Portaria MF nº 409/2018, o FAP calculado em 2018 (calculado considerando informações dos bancos de dados da Previdência Social relativas aos anos de 2016 e 2017) e vigente para o ano de 2019, juntamente com as respectivas ordens de frequência, gravidade, custo e demais elementos que possibilitam ao estabelecimento (CNPJ completo) verificar o respectivo desempenho dentro da sua Subclasse da CNAE, foram disponibilizados pelo Ministério da Fazenda no dia 30.09.2018, podendo ser acessados nos sites da Previdência (http://www.previdencia.gov.br) e da RFB (http://www.receita.fazenda.gov.br). Esses dados são de conhecimento restrito do estabelecimento mediante acesso por senha pessoal.

O FAP atribuído aos estabelecimentos poderá ser contestado na Subsecretaria do Regime Geral de Previdência Social (SRGPS) da Secretaria de Previdência (SPREV) do MF, no prazo de 30 dias da sua divulgação oficial exclusivamente por meio eletrônico. A contestação deverá versar, exclusivamente, sobre razões relativas a divergências quanto aos elementos previdenciários que compõem o cálculo do FAP.

6.5 Complementação

Para a complementação das prestações por acidente do trabalho e aposentadoria especial, as empresas cujos empregados estejam sujeitos à exposição aos agentes nocivos químicos, físicos, biológicos ou associação de agentes que enseja a concessão de aposentadoria especial, deverão efetuar uma contribuição adicional, de 12%, 9% ou 6%, respectivamente, se a atividade exercida pelo segurado a serviço da empresa der direito à concessão de aposentadoria especial após 15, 20 ou 25 anos de contribuição, incidente exclusivamente sobre a remuneração desses segurados sujeitos às condições especiais que prejudiquem a saúde ou a integridade física, devendo tais contribuições ser recolhidas obrigatoriamente no mesmo documento de arrecadação das demais contribuições devidas pela empresa.

6.6 Contratação de cooperativa de trabalho

O inciso IV do art. 22 da Lei nº 8.212/1991 (ainda não expressamente revogado) determinava que as empresas tomadoras de serviço de cooperados intermediados por cooperativas de trabalho ficavam obrigadas a recolher a contribuição previdenciária correspondente à aplicação da alíquota de 15% sobre o valor bruto da nota fiscal, fatura ou recibo de prestação de serviços.

Desde 1º.04.2003, esta alíquota havia sido acrescida de 9%, 7% ou 5%, se o exercício de atividade na empresa tomadora sujeitasse os cooperados a condições especiais que prejudicassem a sua saúde ou a sua integridade física e permitisse a concessão de aposentadoria especial depois de 15, 20 ou 25 anos de contribuição, respectivamente.

Ocorre que, em decisão prolatada com a repercussão geral reconhecida, nos autos do Recurso Extraordinário (RE) nº 595.838, o Supremo

Tribunal Federal (STF) declarou a inconstitucionalidade do mencionado inciso IV do art. 22 da Lei 8.212/1991.

Pelo Ato Declaratório Interpretativo RFB nº 5/2015, o Secretário da Receita Federal do Brasil esclareceu que a RFB não constituiria crédito tributário decorrente da contribuição adicional de 9%, 7% ou 5%, a cargo da empresa tomadora de serviços de cooperado filiado à cooperativa de trabalho, incidente sobre o valor bruto da nota fiscal ou fatura de prestação de serviços, conforme a atividade exercida pelo cooperado permita a concessão de aposentadoria especial depois de 15, 20 ou 25 anos de contribuição, respectivamente. O entendimento foi exarado, considerando a mencionada decisão prolatada pelo STF.

Pelas Soluções de Consulta Cosit nºs 152/2015 e 99.012/2015, a RFB esclareceu que, diante da declaração de inconstitucionalidade do inciso IV do art. 22 da Lei nº 8.212/1991, deixa de ser devida pela empresa tomadora de serviços a contribuição de 15% sobre o valor da nota fiscal ou fatura de prestação de serviços por intermédio de cooperativa de trabalho.

Por fim, o Senado Federal, por meio da Resolução SF nº 10/2016, suspendeu a execução do inciso IV do art. 22 da Lei nº 8.212/1991, em observância ao art. 52, X da Constituição Federal, o qual determina que compete privativamente ao Senado Federal suspender a execução, no todo ou em parte, de lei declarada inconstitucional por decisão definitiva do STF.

6.7 Relação de atividades preponderantes e correspondentes graus de riscos conforme a Classificação Nacional de Atividades Econômicas (CNAE)

A tabela da Classificação Nacional de Atividade Econômica (CNAE) e correspondente grau de risco consta no Anexo I da Instrução Normativa RFB nº 1.867/2019, e do Anexo V do Regulamento da Previdência Social (RPS), aprovado pelo Decreto nº 3.048/1999.

7. CONTRIBUIÇÕES PARA TERCEIROS (ENTIDADES E FUNDOS)

Essas contribuições não se enquadram como previdenciárias. São valores pertencentes a outras entidades ou fundos (Senai, Sesc, Senat, Sesi, Sebrae, Salário Educação etc.), que são fiscalizadas e arrecadadas pela RFB e, posteriormente, repassadas às entidades respectivas. As alíquotas das contribuições relativas a terceiros variam de acordo com o enquadramento do estabelecimento no Fundo de Previdência e Assistência Social (FPAS).

Terceiros são as entidades privadas de serviço social e de formação profissional vinculadas ao sistema sindical, criadas por lei e mantidas por meio de contribuições compulsoriamente cobradas dos empregadores sobre a folha de pagamento. São eles:

a) Serviço Nacional de Aprendizagem do Comércio (Senac);
b) Serviço Social do Comércio (Sesc);
c) Serviço Nacional de Aprendizagem Industrial (Senai);
d) Serviço Social da Indústria (Sesi);
e) Serviço Nacional de Aprendizagem do Transporte (Senat);
f) Serviço Social de Transporte (Sest);
g) Serviço Nacional de Aprendizagem Rural (Senar);
h) Serviço Nacional de Aprendizagem do Cooperativismo (Sescoop);
i) Serviço Brasileiro de Apoio às Micro e Pequenas Empresas (Sebrae);
j) Diretoria de Portos e Costas (DPC);
k) Fundo Aeroviário;
l) Instituto Nacional de Colonização e Reforma Agrária (Incra);
m) Fundo Nacional de Desenvolvimento da Educação (FNDE).

A Secretaria da Receita Federal do Brasil (RFB) é que tem a competência para exercer as atividades relativas à tributação, fiscalização, arrecadação e cobrança da contribuição devida por lei a terceiros, ressalvada a hipótese de recolhimento direto da contribuição à entidade correspondente mediante convênio celebrado entre esta e a empresa.

A contribuição a terceiros está sujeita aos mesmos prazos, condições, sanções e privilégios das contribuições sociais destinadas ao financiamento da seguridade social, inclusive no que diz respeito à cobrança judicial.

Entretanto, tais regras são aplicadas, exclusivamente, à contribuição cuja base de cálculo seja a mesma das que incidem sobre a remuneração paga, devida ou creditada a segurados do Regime Geral da Previdência Social (RGPS) ou instituídas sobre outras bases a título de substituição.

7.1 Base de cálculo

A contribuição devida a terceiros é calculada sobre o total da remuneração paga, devida ou creditada a empregados e trabalhadores avulsos.

7.2 Entidades não sujeitas à contribuição para terceiros

Não estão sujeitos à contribuição para terceiros:

a) os órgãos e as entidades do Poder Público, inclusive as agências reguladoras de atividade econômica (Agência Nacional de Petróleo – ANP, Agência Nacional de Vigilância Sanitária – Anvisa, Agência Nacional de Saúde – ANS etc.);
b) os organismos internacionais, as missões diplomáticas, as repartições consulares e as entidades congêneres;
c) o Conselho Federal da Ordem dos Advogados do Brasil e as Seccionais da OAB;
d) os conselhos de profissões regulamentadas;
e) as instituições públicas de ensino de qualquer grau;
f) as serventias notariais e de registro, exceto quanto à contribuição social do salário educação;
g) as entidades privadas de serviço social e de formação profissional (Senac, Sesc, Senai, Sesi, Senat, Sest, Senar, Sescoop e Sebrae – Sistema S), constituídas sob a forma de serviço social autônomo, exceto quanto à contribuição social do salário educação e à contribuição adicional devida ao Incra;
h) entidades beneficentes de assistência social certificadas na forma da Lei nº 12.101/2009 e que cumpram os requisitos legais.

7.3 Empresa brasileira de navegação

Sobre a remuneração paga por empresa brasileira de navegação a tripulantes de embarcação inscrita no Registro Especial Brasileiro (REB) não incide a contribuição destinada ao Fundo de Desenvolvimento do Ensino Profissional Marítimo, conforme determina a Lei nº 9.432/1997.

Nesta hipótese, a empresa de navegação apresentará a Guia de Recolhimento do FGTS e de Informações à Previdência Social (GFIP) específica para os trabalhadores (tripulantes) da embarcação inscrita no REB, na qual informará o código FPAS 523 e o código de terceiros 0003, e, para as demais embarcações, apresentará GFIP com o código FPAS 540 e o código de terceiros 0131.

7.4 Brasileiro contratado no Brasil para prestar serviços no exterior

A contribuição para terceiros não incide sobre a remuneração paga, devida ou creditada ao brasileiro contratado no Brasil para prestar serviços no exterior, ou para lá transferido, nos termos do artigo 11 da Lei nº 7.064/1982.

Nota

A partir das datas em que a entrega da declaração de Débitos e Créditos Tributários Federais Previdenciários e de Outras Entidades e Fundos (DCTFWeb) se tornar obrigatória para os contribuintes, as referências à GFIP devem ser entendidas como:

a) DCTFWeb, quando se tratar de instrumento de confissão de dívida ou de informações sobre os valores devidos de contribuições previdenciárias; e

b) eventos pertinentes do Sistema de Escrituração Digital das Obrigações Fiscais, Previdenciárias e Trabalhistas (eSocial) ou da Escrituração Fiscal Digital de Retenções e Outras Informações Fiscais (EFD-Reinf), quando se tratar das demais informações.

A não incidência terá vigência apenas no período em que o trabalhador permanecer no exterior a serviço da empresa que o contratou no Brasil, durante o qual a empresa contratante apresentará GFIP específica para o trabalhador, na qual informará o código FPAS 590 e o código de terceiros 0000.

7.5 Empresas sujeitas à contribuição

Para fins de recolhimento da contribuição devida a terceiros, a pessoa jurídica deverá classificar a atividade por ela desenvolvida e atribuir-lhe o código FPAS correspondente.

A classificação terá por base a principal atividade desenvolvida pela empresa, assim considerada a que constitui seu objeto social, conforme declarado nos atos constitutivos e no Cadastro Nacional da Pessoa Jurídica (CNPJ), observadas as regras a seguir, na ordem em que apresentadas:

a) a classificação será feita de acordo com o Quadro de Atividades e Profissões a que se refere o artigo 577 da CLT, ressalvadas as atividades industriais e comerciais adiante tratadas e aquelas em relação às quais a lei estabeleça forma diversa de contribuição;
b) a atividade declarada como principal no CNPJ deverá corresponder à classificação feita na forma da letra "a", prevalecendo esta em caso de divergência;
c) na hipótese de a pessoa jurídica desenvolver mais de uma atividade, prevalecerá, para fins de classificação, a atividade preponderante, assim considerada a que representa o objeto social da empresa, ou a unidade de produto, para a qual convergem as demais em regime de conexão funcional;
d) se nenhuma das atividades desenvolvidas pela pessoa jurídica se caracterizar como preponderante, aplica-se a cada atividade o respectivo código FPAS.

Considera-se regime de conexão funcional, para fins de definição da atividade preponderante, a finalidade comum em função da qual duas ou mais atividades se interagem, sem descaracterizar sua natureza individual, a fim de realizar o objeto social da pessoa jurídica.

Classificada a atividade, ser-lhe-á atribuído o código FPAS e as alíquotas de contribuição correspondentes, de acordo com as tabelas (Quadros 1 a 6), considerado o grupo econômico como indicativo das diversas atividades em que se decompõe.

QUADRO 1 – Confederação Nacional da Indústria

Grupo de atividade	Código FPAS	Alíquota total – terceiros
1º Alimentação;	507	5,8%
2º Vestuário;	507	5,8%
3º Construção e mobiliário;	507	5,8%
4º Urbanas (saneamento, coleta e tratamento de resíduos, energia, gás, água e esgoto);	507	5,8%
5º Extrativas;	507	5,8
6º Fiação e tecelagem;	507	5,8%

Grupo de atividade	Código FPAS	Alíquota total – terceiros
7º Artefatos de couro;	507	5,8%
8º Artefatos de borracha;	507	5,8%
9º Joalheiras, lapidação de pedras preciosas;	507	5,8%
10º Químicas e farmacêuticas;	507	5,8%
11º Papel, papelão, cortiça;	507	5,8%
12º Gráficas;	507	5,8%
13º Vidros, cristais, espelhos, cerâmicas, louças, porcelanas;	507	5,8%
15º Instrumentos musicais, brinquedos;	507	5,8%
16º Cinematográficas;	507	5,8%
17º Beneficiamentos;	507	5,8%
18º Artesanatos (pessoa jurídica);	507	5,8%
19º Metalúrgicas, mecânicas, materiais elétricos.	507	5,8%

QUADRO 2 – Confederação Nacional do Comércio

Grupo de atividade	Código FPAS	Alíquota total – terceiros
1º Comércio atacadista;	515	5,8%
2º Comércio varejista;	515	5,8%
3º Agentes autônomos do comércio;	515	5,8%
4º Comércio armazenador;	515	5,8%
5º Turismo e hospitalidade;	515	5,8%
6º Serviços de saúde.	515	5,8%

QUADRO 3 – Confederação Nacional dos Transportes Marítimos, Fluviais e Aéreos

Grupo de atividade	Código FPAS	Alíquota total – terceiros
1º Empresas de navegação marítima e fluvial;	540	5,2%
2º Empresas aeroviárias;	558	5,2%
3º Empresários e administradores de portos;	540	5,2%
4º Empresas prestadoras de serviços portuários;	540	5,2%
5º Empresas de pesca.	540	5,2%
6º Empresas de dragagem.	540	5,2%

QUADRO 4 – Confederação Nacional dos Transportes Terrestres

Grupo de atividade	Código FPAS	Alíquota total – terceiros
1º Empresas ferroviárias;	507	5,8%
2º Empresas de transportes rodoviários;	612	5,8%
3º Empresas de carris urbanos (inclusive cabos aéreos);	507	5,8%
4º Empresas metroviárias.	507	5,8%
5º Empresas de transporte de valores	612	5,8%
6º Empresas de locação de veículos	612	5,8%
7º Empresas de distribuição de petróleo	612	5,8%

QUADRO 5 – Confederação Nacional de Comunicações e Publicidades

Grupo de atividade	Código FPAS	Alíquota total – terceiros
1º Empresas de comunicações (telegráficas, empresa de correios, inclusive franqueadas e telefônicas);	507	5,8%
2º Empresas de publicidade;	566	4,5%
3º Empresas jornalísticas.	566	4,5%

QUADRO 6 – Confederação Nacional de Educação e Cultura

Grupo de atividade	Código FPAS	Alíquota total – terceiros
1º Estabelecimentos de ensino;	574	4,5%
2º Empresas de difusão cultural e artística;	566	4,5%
3º Estabelecimentos de cultura física;	566	4,5%
4º Estabelecimentos hípicos.	566	4,5%

Nota

As empresas, inclusive as constituídas na forma de cooperativa, que desenvolvam as atividades referidas no § 5º do art. 72 da Instrução Normativa RFB nº 971/2009, enquadram-se no código FPAS 736 e contribuirão com as alíquotas previstas para este código no Anexo II da Instrução Normativa RFB nº 971/2009, substituído pelo Anexo I da Instrução Normativa RFB nº 1.867/2019, observando, que as cooperativas de crédito, enquadram-se no código FPAS 787, observado o disposto no § 12 do art. 72.

As Entidades Beneficentes de Assistência Social (EBAS) certificadas e em gozo da isenção enquadram-se no código FPAS 639 e os organismos internacionais com acordo recíproco de isenção enquadram-se no código FPAS 876, observando-se que ambos contribuirão com as alíquotas previstas para os respectivos códigos no Anexo II da Instrução Normativa RFB nº 971/2009, substituído pelo Anexo I da Instrução Normativa RFB nº 1.867/2019.

7.6 Atividades industriais

São industriais, não exclusivamente, as atividades a seguir enumeradas, desenvolvidas em conjunto ou isoladamente, sobre as quais se aplicam as alíquotas previstas no Anexo II da Instrução Normativa nº 971/2009, substituído pelo Anexo I da Instrução Normativa RFB nº 1.867/2019, de acordo com o código FPAS 507:

I) fabricação, manutenção e reparação de veículos automotores e embarcações de qualquer espécie, inclusive de peças e componentes necessários ao seu funcionamento;

II) fabricação, instalação, manutenção e reparação de máquinas e equipamentos industriais de grande porte;

III) fabricação de equipamento bélico pesado, armas e munições;

IV) fabricação de elevadores, escadas e esteiras rolantes;

V) fabricação de bicicletas e outros veículos não motorizados, eletrodomésticos, acessórios e equipamentos;

VI) instalação, manutenção, assistência técnica e reparação de máquinas e equipamentos de qualquer porte, bicicletas e eletrodomésticos, quando prestados pelo próprio fabricante, em dependência deste ou em estabelecimento da mesma pessoa jurídica;

VII) construção, ampliação e manutenção de vias públicas;

VIII) construção, ampliação e manutenção de estações e redes de distribuição de energia elétrica e telecomunicações;

IX) construção, ampliação e manutenção de estações e redes de abastecimento de água, coleta de esgoto, transportes por dutos e construções correlatas;

X) construção, ampliação e manutenção de rodovias e ferrovias;

XI) reciclagem de resíduos, inclusive de obras de construção civil;

XII) geração, transmissão, transformação e distribuição de energia elétrica, independentemente da forma de organização societária, inclusive *holding* mista, em que há participação desta na exploração conjunta da atividade econômica;

XIII) lojas de fábrica, assim consideradas as atividades de comercialização de produtos oriundos da unidade de fabricação, realizadas por estabelecimentos ou dependências desta, vinculados à mesma pessoa jurídica, independentemente de sua localização;

XIV) cozinha industrial, assim considerada a pessoa jurídica cuja atividade consista na fabricação e acondicionamento de alimentos congelados, fornecimento de pratos prontos ou preparação, em qualquer local, de refeições para empresas ou instituições de internação ou atendimento coletivo;

XV) extração de minério de ferro, refino de petróleo e fabricação de produtos e subprodutos, inclusive atividades de apoio e as relacionadas a pesquisas e testes experimentais;

XVI) engenharia consultiva, assim considerada a pessoa jurídica cuja atividade se destine a viabilizar a realização de obras de construção civil, de construção de usinas e de implantação e instalação de linhas de transmissão e plataformas de qualquer espécie;

XVII) fabricação, instalação, manutenção e locação de *containers*, betoneiras, andaimes, cavaletes e outros equipamentos para obras de construção civil;

XVIII) instalação e manutenção industrial de elevadores, ar condicionado, redes hidráulica, elétrica e de telecomunicação e de outros equipamentos integrantes de obra de construção civil;

XIX) centros de distribuição, depósitos e escritórios administrativos de empresa industrial, independentemente do local onde estiverem instalados;

XX) obras de construção civil e de restauração de prédios e monumentos;

XXI) correios, inclusive agências franqueadas ou permissionárias;

XXII) telecomunicações, incluídas telefonia fixa, móvel e por satélite;

XXIII) provedores de acesso às redes de comunicação e de voz sobre protocolo Internet (VOIP);

XXIV) desenvolvimento e licenciamento, em série ou larga escala, de programas de computador;

XXV) panificação, quando constituir atividade econômica autônoma, assim considerada a que não constitua parte de atividade econômica mais abrangente, ainda que sejam comercializados outros produtos no mesmo estabelecimento;

XXVI) administração, conservação e manutenção de rodovias, pontes e túneis sob regime de concessão ou parceria com o poder público, inclusive serviços relacionados; e

XXVII) tinturarias, quando constituir atividade acessória de atividade industrial ou fase de industrialização do produto;

XXVIII) reciclagem, tratamento ou industrialização de resíduos, com ou sem coleta.

Na hipótese de a pessoa jurídica desenvolver mais de uma atividade, prevalecerá, para fins de classificação, a atividade preponderante, assim considerada a que representa o objeto social da empresa, ou a unidade de produto, para a qual convergem as demais em regime de conexão funcional).

Se nenhuma das atividades desenvolvidas pela pessoa jurídica se caracterizar como preponderante, aplicar-se-á a cada atividade o respectivo código FPAS.

7.7 Atividades comerciais

São comerciais ou de serviços, não exclusivamente, as atividades a seguir relacionadas, desenvolvidas em conjunto ou individualmente, sobre as quais se aplicam as alíquotas previstas no Anexo II da Instrução

Normativa RFB nº 971/2009, substituído pelo Anexo I da Instrução Normativa RFB nº 1.867/2019, de acordo com os códigos FPAS 515, 566, 574 ou 647:

a) empresas de *call center* (FPAS 515);
b) panificação, quando realizada em hipermercado, supermercado, minimercado, mercearia ou armazém, com a finalidade de ampliar a oferta de produtos (FPAS 515);
c) televisão aberta e por assinatura (FPAS 566);
d) limpeza e conservação de prédios (FPAS 515);
e) comércio (revendedor) de programas de computador (FPAS 515);
f) serviços de tecnologia da informação, inclusive desenvolvimento de programas de computador sob encomenda (ou customizáveis) e seu licenciamento, instalação, manutenção e atualização, à distância ou nas dependências do cliente (FPAS 515);
g) serviços de instalação, manutenção, assistência técnica e reparação de máquinas e equipamentos, inclusive de informática, móveis, eletrodomésticos e bicicletas, exceto se prestados pelo próprio fabricante (FPAS 515);
h) serviços de restaurante e bufete, inclusive os prestados a instituições hospitalares e de atendimento coletivo (FPAS 515);
i) instituições de ensino, exceto as de direito público (FPAS 574);
j) associações desportivas que mantenham equipes de futebol profissional (FPAS 647);
k) tinturarias, quando constituir atividade acessória de serviços pessoais ou fase de atividade comercial (FPAS 515);
l) serviços de engenharia consultiva não enquadrados no inciso XVI das atividades industriais (FPAS 515, se pessoa jurídica, e 566, se pessoa física);
m) coleta de resíduos, sem atividade de tratamento, reciclagem ou industrialização (FPAS 515);
n) sociedades corretoras de seguro (FPAS 515).

7.8 Cooperativas

As atividades, se desenvolvidas por pessoa jurídica constituída sob a forma de cooperativa, sujeitam-se à contribuição devida ao Serviço Nacional de Aprendizagem do Cooperativismo (Sescoop), calculada mediante aplicação das alíquotas previstas no mencionado Anexo II da Instrução Normativa RFB nº 971/2009, substituído pelo Anexo I da Instrução Normativa RFB nº 1.867/2019, de acordo com o código FPAS da atividade e o código de terceiros 4163.

A contribuição devida ao Sescoop não se acumula com as devidas ao Serviço Social da Indústria (Sesi) e ao Serviço Nacional de Aprendizagem Industrial (Senai), ou ao Serviço Social do Comércio (Sesc) e ao Serviço Nacional de Aprendizagem Comercial (Senac), conforme a atividade.

A cooperativa de crédito sujeita-se à contribuição devida ao Sescoop, calculada mediante aplicação das alíquotas previstas no Anexo II, mencionado, de acordo com o código FPAS 787 e o código de terceiros 4099, observado o disposto no § 12 do artigo 72 da Instrução Normativa RFB nº 971/2009.

7.9 Empresas com mais de um estabelecimento

O código FPAS e as alíquotas correspondentes atribuídos à atividade serão aplicados a todos os estabelecimentos da mesma pessoa jurídica, assim considerados os cadastrados sob a mesma raiz de CNPJ, independentemente de sua localização.

7.10 Atividade rural

A contribuição devida ao Incra, identificada pelo código FPAS 531 e código de terceiros 0003, incide sobre a folha de salários das empresas que atuam nas seguintes atividades:

a) indústria de cana-de-açúcar;
b) indústria de laticínios;
c) indústria de beneficiamento de cereais, café, chá e mate;
d) indústria da uva;
e) indústria de extração e beneficiamento de fibras vegetais e de descaroçamento de algodão;
f) indústria de extração de madeira para serraria, de resina, lenha e carvão vegetal; e

g) matadouros ou abatedouros de animais de quaisquer espécies, inclusive atividades de preparo de charques.

Incra

A contribuição adicional devida ao Serviço Social Rural, devida ao Incra, é calculada mediante aplicação da alíquota de 0,2% sobre a folha de salários das empresas em geral e equiparados, vinculados ao RGPS, assim considerados o empresário individual, a sociedade empresária, a sociedade de economia mista e a empresa pública, inclusive das empresas de atividade rural anteriormente mencionadas, ressalvadas as entidades não sujeitas à contribuição para terceiros.

7.11 Salário educação

São contribuintes do salário educação as empresas em geral e equiparados, vinculados ao RGPS, assim considerados o empresário individual, a sociedade empresária, a sociedade de economia mista e a empresa pública, ressalvadas as entidades não sujeitas à contribuição para terceiros.

7.12 Arrecadação

A arrecadação da contribuição destinada a terceiros compete à RFB e é efetuada juntamente com as devidas à Previdência Social.

Entretanto, o recolhimento pode ser feito diretamente à entidade ou fundo, se houver previsão legal, mediante convênio celebrado entre um ou outro e a empresa contribuinte.

7.13 Empresa prestadora de serviços mediante cessão de mão de obra

Cabe à empresa prestadora de serviços mediante cessão de mão de obra calcular e recolher a contribuição devida a terceiros, de acordo com o código FPAS correspondente à atividade, mediante aplicação das alíquotas correspondentes.

7.14 Trabalhador avulso não portuário

Cabe ao tomador de serviço ou ao sindicato que intermediar a contratação de trabalhador avulso não portuário elaborar folha de pagamento por contratante e prestar as informações a que se refere o inciso IV do artigo 32 da Lei nº 8.212/1991, relativas ao contrato.

O cálculo da contribuição devida a terceiros será feito mediante aplicação das alíquotas previstas no Anexo II da Instrução Normativa RFB nº 971/2009, substituído pelo Anexo I da Instrução Normativa RFB nº 1.867/2019, de acordo com o código FPAS do contratante.

7.15 Atividades vinculadas à Confederação Nacional de Transportes Marítimos, Fluviais e Aéreos

As pessoas jurídicas cujas atividades sejam vinculadas à Confederação Nacional dos Transportes Marítimos, Fluviais e Aéreos, conforme Quadro 3, observarão as seguintes regras:

a) relativamente às atividades compreendidas no 1º, 3º, 4º ou 5º Grupo, contribuirão para o Fundo de Desenvolvimento do Ensino Profissional Marítimo, de acordo com o código FPAS 540, mediante aplicação das alíquotas previstas no Anexo II da Instrução Normativa RFB nº 971/2009, substituído pelo Anexo I da Instrução Normativa RFB nº 1.867/2019;

b) para efeito da contribuição ao Fundo Aeroviário, de acordo com o código FPAS 558, estão compreendidas no grupo empresas aeroviárias as empresas privadas, públicas, de economia mista e autárquicas, quer federais, estaduais ou municipais, de transporte aéreo regular, não regular, de táxi-aéreo e de serviços aéreos especializados, de telecomunicações aeronáuticas, de implantação, administração, operação e exploração da infraestrutura aeroportuária, e de serviços auxiliares, de fabricação, reparos e manutenção, ou de representação, de aeronaves, suas peças e acessórios, e de equipamentos aeronáuticos, conforme o art. 1º da Lei nº 1.305/1974.

7.16 Atividades vinculadas à Confederação Nacional de Transportes Terrestres

As pessoas jurídicas cujas atividades sejam vinculadas à Confederação Nacional dos Transportes Terrestres, conforme Quadro 4, observarão as seguintes regras:

a) relativamente às atividades compreendidas no 1º, 3º ou 4º Grupo (empresas ferroviárias, de carris urbanos e metroviárias), contribuirão para o Sesi e para o Senai de acordo com o código FPAS 507, mediante aplicação das alíquotas previstas no Anexo II, da Instrução Normativa RFB nº 971/2009, substituído pelo Anexo I da Instrução Normativa RFB nº 1.867/2019, reproduzido adiante;

b) relativamente às atividades compreendidas no 2º Grupo (empresas de transporte rodoviário de cargas ou passageiros), contribuirão para o Serviço Social do Transporte (Sest) e para o Serviço Nacional de Aprendizagem do Transporte (Senat), de acordo com o código FPAS 612, mediante aplicação das alíquotas previstas no mencionado Anexo II.

Nota

A GFIP passará a ser substituída pelos eventos do eSocial, nos seguintes prazos:

a) 1º grupo (entidades empresariais com faturamento no ano de 2016 acima de 78 milhões):
   - agosto/2018 para efeitos previdenciários;
   - agosto/2019 para fins de FGTS;

b) 2º grupo (entidades empresariais com faturamento no ano de 2017 acima de R$ 4.800.00,00:
   - abril/2019 para fins previdenciários;
   - agosto/2019 para fins de FGTS;

c) 3º grupo (entidades empresarias com faturamento no ano de 2017 de até R$ 4.800.00,00, empresas optantes pelo Simples Nacional, empregadores pessoa física (exceto doméstico), produtor rural PF e entidades sem fins lucrativos), a partir de outubro/2019;

d) 4º grupo (entes públicos e organizações internacionais) no prazo a ser fixado pela RFB.

7.17 Atividades vinculadas à Confederação Nacional de Comunicações e Publicações

As pessoas jurídicas cujas atividades sejam vinculadas à Confederação Nacional de Comunicações e Publicidades, conforme Quadro 5, observarão as seguintes regras:

a) relativamente às atividades compreendidas no 1º Grupo (empresas telegráficas, correios, mensageiras e telefônicas), contribuirão para o Sesi e para o Senai, de acordo com o código FPAS 507, mediante aplicação das alíquotas previstas no Anexo II da Instrução Normativa RFB nº 971/2009, substituído pelo Anexo I da Instrução Normativa RFB nº 1.867/2019;

b) relativamente às atividades compreendidas no 2º ou 3º Grupo (empresas de publicidade e jornalísticas, agências de propaganda, de radiodifusão, televisão aberta e por assinatura, agências noticiosas, jornais e revistas), contribuirão para o Serviço Social do Comércio (Sesc), de acordo com o código FPAS 566, mediante aplicação das alíquotas previstas no mencionado Anexo II.

7.18 Agroindústria de piscicultura, carcinicultura, suinocultura ou avicultura

A agroindústria de piscicultura, carcinicultura, suinocultura ou avicultura preencherá uma GFIP para o setor de criação e outra para o setor de abate e industrialização, nas quais informará o valor total da remuneração paga, devida ou creditada a empregados e trabalhadores avulsos do setor, sobre o qual calculará a contribuição devida, mediante aplicação das alíquotas previstas no Anexo II da Instrução Normativa RFB nº 971/2009, substituído pelo Anexo I da Instrução Normativa RFB nº 1.867/2019, de acordo com os seguintes códigos FPAS e de terceiros:

Base de cálculo da contribuição	Código FPAS	Código de terceiros	Total terceiros (%)
Valor da mão de obra empregada no setor de criação	787	0515	5,20
Valor da mão de obra empregada no abate e industrialização	507	0079	5,80

7.19 Agroindústria de florestamento e reflorestamento

A agroindústria de florestamento e reflorestamento não sujeita à contribuição substitutiva, nos termos do inciso II, do § 5º, do art. 175 da Instrução Normativa RFB nº 971/2009, preencherá uma GFIP para o setor rural e outra para o setor industrial, nas quais informará o valor total da remuneração paga, devida ou creditada a empregados e trabalhadores avulsos do setor, sobre o qual calculará a contribuição devida, mediante aplicação das alíquotas previstas no Anexo II da Instrução Normativa RFB nº 971/2009, substituído pelo Anexo I da Instrução Normativa RFB nº 1.867/2019, de acordo com os seguintes códigos FPAS e de terceiros:

Base de cálculo da contribuição por setor	Código FPAS	Código de terceiros	Total terceiros (%)
Rural	787	0515	5,2
Industrial	507	0079	5,8

7.20 Agroindústrias sujeitas à contribuição substitutiva

As contribuições devidas a terceiros pela agroindústria sujeita à contribuição substitutiva instituída pela Lei nº 10.256/2001 incidem sobre a receita bruta da comercialização da produção e sobre as folhas de salários dos setores rural e industrial, as quais devem ser declaradas separadamente, de acordo com o seguinte quadro:

Base de cálculo da contribuição	Código FPAS	Código de terceiros	Total terceiros
Receita bruta da comercialização da produção	744	–	0,25%
Folha de salários do setor rural	604	0003	2,7%
Folha de salários do setor industrial	833	0079	5,8%

Aplica-se a substituição mencionada ainda que a agroindústria explore, também, outra atividade econômica autônoma, no mesmo ou em estabelecimento distinto, hipótese em que a contribuição incidirá sobre o valor da receita bruta decorrente da comercialização em todas as atividades, ressalvado o disposto no inciso I do art. 180 e observado o disposto nos arts. 170 e 171, todos da Instrução Normativa RFB nº 971/2009.

Na hipótese de recolhimento efetuado diretamente à entidade ou fundo, mediante convênio, aplica-se o código de terceiros compatível com o convênio celebrado.

7.21 Agroindústrias sujeitas à contribuição substitutiva

Tratando-se de agroindústria sujeita à contribuição substitutiva estabelecida pelo art. 22-A da Lei nº 8.212/1991, com redação dada pela Lei nº 10.256/2001, que desenvolva atividade enumerada no art. 110 da Instrução Normativa RFB nº 971/2009, exercida nas condições estabelecidas no mencionado art. 110, as contribuições serão calculadas de acordo com o seguinte quadro:

Base de cálculo da contribuição	Código FPAS	Código de terceiros	Total terceiros
Receita bruta da comercialização da produção	744	–	0,25%
Folha de salários (rural e industrial)	825	0003	5,2%

7.22 Produtor rural pessoa jurídica

A contribuição devida a terceiros pela pessoa jurídica que tenha como fim apenas a atividade de produção rural incide sobre a receita bruta da comercialização da produção rural, em substituição às instituídas pelos incisos I e II do artigo 22, da Lei nº 8.212/1991, e é calculada de acordo com a seguinte tabela:

Base de cálculo da contribuição	Código FPAS	Código de terceiros	Total (%)
Receita bruta da comercialização da produção	744	–	0,25
Valor total da folha de salários	604	0003	2,70

7.23 Produtor rural pessoa jurídica que explora simultaneamente outra atividade

Não se aplica a substituição se a pessoa jurídica, exceto a agroindústria, explorar, além da atividade de produção rural, outra atividade econômica autônoma comercial, industrial ou de serviços, no mesmo ou em estabelecimento distinto, independentemente de qual seja a atividade preponderante, ou se fizer a opção de que trata o art. 175, § 2º,

V da Instrução Normativa RFB nº 971/2009, na redação da Instrução Normativa RFB nº 1.867/2019, hipótese em que a empresa fica obrigada às contribuições a seguir, em relação a todas as atividades:

a) 20% sobre o total da remuneração paga, devida ou creditada a empregados e trabalhadores avulsos a seu serviço;
b) 20% sobre a remuneração de contribuintes individuais a seu serviço;
c) contribuição destinada ao financiamento da aposentadoria especial e dos benefícios concedidos em razão do grau de incidência de incapacidade laborativa decorrente dos riscos ambientais do trabalho, incidente sobre a remuneração de empregados e trabalhadores avulsos.

A substituição também não será aplicada às operações relativas à prestação de serviços a terceiros, sobre as quais incidem as mencionadas contribuições.

7.24 Cooperativa de produção

Para fins de recolhimento das contribuições devidas à Previdência Social e a terceiros, a cooperativa de produção, que atua nas atividades de piscicultura, carcinicultura, suinocultura ou avicultura, florestamento e reflorestamento, produção rural e produção rural que explora simultaneamente outra atividade, informará o código de terceiros 4099 e a que atua nas demais atividades informará o código de terceiros 4163.

Sobre a remuneração de trabalhadores contratados exclusivamente para a colheita da produção dos cooperados, a cooperativa fica obrigada ao pagamento da contribuição devida ao FNDE e ao Incra, calculada mediante aplicação das alíquotas previstas no mencionado Anexo II substituído pelo Anexo I da Instrução Normativa RFB nº 1.867/2019, de acordo com o código FPAS 604 e o código terceiros 0003, bem assim à retenção e ao recolhimento das contribuições devidas pelo segurado.

7.25 Transportador autônomo

A empresa tomadora de serviços de transportador autônomo, de condutor autônomo de veículo (taxista) ou de auxiliar de condutor autônomo, deverá reter e recolher a contribuição devida ao Sest e ao Senat, observadas as seguintes regras:

a) a base de cálculo da contribuição corresponde a 20% do valor bruto do frete, carreto ou transporte, vedada qualquer dedução, ainda que figure discriminadamente na nota fiscal, fatura ou recibo;
b) o cálculo da contribuição é feito mediante aplicação das alíquotas previstas no Anexo II da Instrução Normativa RFB nº 971/2009, substituído pelo Anexo I da Instrução Normativa RFB nº 1.867/2019, de acordo com o código FPAS 620 e o código de terceiros 3072;
c) não se aplica à base de cálculo o limite máximo do salário de contribuição;
d) na hipótese de serviço prestado por cooperado filiado à cooperativa de transportadores autônomos, a contribuição deste será descontada e recolhida pela cooperativa;
e) na hipótese de serviço prestado à pessoa física, ainda que equiparada à empresa, a contribuição será recolhida pelo próprio transportador autônomo, diretamente ao Sest e ao Senat, observado o disposto na letra "b".

7.26 Cooperativa de transportadores autônomos

Sobre o total da remuneração paga, devida ou creditada a empregados e trabalhadores avulsos, a cooperativa de transportadores autônomos contribui para a Previdência Social e terceiros, mediante aplicação das alíquotas previstas no Anexo II da Instrução Normativa RFB nº 971/2009, substituído pelo Anexo I da Instrução Normativa RFB nº 1.867/2019, de acordo com o código FPAS 612 e o código de terceiros 4163.

7.27 Associação desportiva e sociedade empresária que mantêm equipe de futebol profissional

Para a associação desportiva e a sociedade empresária que mantêm equipe de futebol profissional, a contribuição incide sobre o total da remuneração paga, devida ou creditada a empregados (atletas e não atletas) e trabalhadores avulsos. O cálculo da contribuição é feito mediante aplicação das alíquotas previstas no Anexo II da Instrução Normativa RFB nº 971/2009, substituído pelo Anexo I da Instrução Normativa RFB nº 1.867/2019, de acordo com o código FPAS 647 e o código de terceiros 0099.

7.28 Empresa de trabalho temporário

A contribuição da empresa de trabalho temporário incide sobre a remuneração dos trabalhadores temporários, e observa a aplicação das alíquotas previstas no Anexo II da Instrução Normativa RFB nº 971/2009, substituído pelo Anexo I da Instrução Normativa RFB nº 1.867/2019, de acordo com o código FPAS 655 e o código de terceiros 0001. Sobre a remuneração dos trabalhadores permanentes, contribuirá mediante aplicação das alíquotas previstas no mencionado Anexo II, de acordo com o código FPAS 515 e o código de terceiros 0115.

7.29 Órgão Gestor de Mão de Obra (OGMO) e o operador portuário

Para fins de recolhimento das contribuições devidas à Previdência Social e a terceiros, o Órgão Gestor de Mão de Obra (OGMO) e o operador portuário observarão as seguintes regras:

a) o OGMO desenvolve atividade de organização associativa profissional (código CNAE 9412-0/00) e se equipara à empresa, na forma do artigo 15 da Lei nº 8.212/1991;

b) o OGMO contribuirá sobre a remuneração de seus empregados permanentes e trabalhadores autônomos (contribuintes individuais), mediante aplicação das alíquotas previstas no Anexo II, da Instrução Normativa RFB nº 971/2009, substituído pelo Anexo I da Instrução Normativa RFB nº 1.867/2019, de acordo com o código FPAS 523 e o código de terceiros 0003;

c) cabe ao OGMO recolher as contribuições destinadas à Previdência Social e a terceiros, incidentes sobre a remuneração (inclusive férias e décimo terceiro salário) do trabalhador avulso portuário, devidas por este e pelo operador portuário;

d) o operador portuário repassará ao OGMO o valor da remuneração dos trabalhadores avulsos portuários a seu serviço e das contribuições sociais correspondentes, devidas à Previdência Social e a terceiros;

e) o OGMO apresentará uma GFIP para cada operador portuário, com as informações relativas aos trabalhadores avulsos portuários contratados por este;
f) as contribuições devidas pelo operador portuário (inclusive as destinadas a terceiros), incidentes sobre a remuneração dos trabalhadores avulsos portuários, serão calculadas mediante aplicação das alíquotas previstas no Anexo II, da Instrução Normativa RFB nº 971/2009, substituído pelo Anexo I da Instrução Normativa RFB nº 1.867/2019, de acordo com o código FPAS 680 e o código de terceiros 0131;
g) a contribuição do trabalhador avulso portuário será descontada de sua remuneração, pelo OGMO, observados os limites mínimo e máximo do salário de contribuição;
h) a alíquota de contribuição para GIIL-RAT é a do operador portuário ou do titular de instalação de uso privativo;
i) o OGMO informará, na guia de recolhimento das contribuições devidas pelo operador portuário e pelo trabalhador avulso portuário, o próprio CNPJ;
j) o operador portuário sujeito à Contribuição Previdenciária Incidente Sobre a Receita Bruta (CPRB), deverá efetuar o recolhimento em nome próprio e não repassará ao Ogmo a contribuição prevista no inciso I do caput do art. 22 da Lei nº 8.212/1991.

Aplica-se à empresa tomadora de serviços de trabalhador avulso portuário, e ao OGMO que o contratar diretamente, o disposto nas letras de "c" a "i", exceto quanto ao código FPAS, que para o OGMO é o 540.

Nota

A partir das datas em que a entrega da declaração de Débitos e Créditos Tributários Federais Previdenciários e de Outras Entidades e Fundos (DCTFWeb) se tornar obrigatória para os contribuintes, as referências à GFIP devem ser entendidas como:

a) DCTFWeb, quando se tratar de instrumento de confissão de dívida ou de informações sobre os valores devidos de contribuições previdenciárias; e

b) eventos pertinentes do Sistema de Escrituração Digital das Obrigações Fiscais, Previdenciárias e Trabalhistas (eSocial) ou da Escrituração Fiscal Digital de Retenções e Outras Informações Fiscais (EFD-Reinf), quando se tratar das demais informações.

TABELA DE ALÍQUOTAS POR CÓDIGOS FPAS
(veja anotação "Importante" após a tabela)

A tabela adiante foi reproduzida conforme o Anexo II da Instrução Normativa RFB nº 971/2009, na redação da Instrução Normativa RFB nº 1.867/2019, a qual dispõe sobre normas gerais de tributação previdenciária e de arrecadação das contribuições sociais destinadas à Previdência Social e as destinadas a outras entidades ou fundos, administradas pela Secretaria da Receita Federal do Brasil (RFB). Antes da utilização da citada tabela, alertamos para o fato de que a exatidão do enquadramento, conforme cada caso específico de recolhimento previdenciário, dependerá da respectiva confirmação, pelo interessado, no órgão competente.

CÓDIGO DO FPAS	ALÍQUOTAS (%)															
	Prev. Social	GILRAT	Salário Educação	INCRA	SENAI	SESI	SENAC	SESC	SEBRAE	DPC	Fundo Aeroviário	SENAR	SEST	SENAT	SESCOOP	Total Outras Ent. Ou Fundos
	---	---	0001	0002	0004	0008	0016	0032	0064	0128	0256	0512	1024	2048	4096	
507	20	Variável	2,5	0,2	1,0	1,5	---	---	0,6	---	---	---	---	---	---	5,8
507 Cooperativa	20	Variável	2,5	0,2	---	---	---	---	0,6	---	---	---	---	---	2,5	5,8
515	20	Variável	2,5	0,2	---	---	1,0	1,5	0,6	---	---	---	---	---	---	5,8
515 Cooperativa	20	Variável	2,5	0,2	---	---	---	---	0,6	---	---	---	---	---	2,5	5,8
523	20	Variável	2,5	0,2	---	---	---	---	---	---	---	---	---	---	---	2,7
531	20	Variável	2,5	2,7	---	---	---	---	---	---	---	---	---	---	---	5,2
540	20	Variável	2,5	0,2	---	---	---	---	---	2,5	---	---	---	---	---	5,2
558	20	Variável	2,5	0,2	---	---	---	---	---	---	2,5	---	---	---	---	5,2
566	20	Variável	2,5	0,2	---	---	---	1,5	0,3	---	---	---	---	---	---	4,5
566 Cooperativa	20	Variável	2,5	0,2	---	---	---	---	0,3	---	---	---	---	---	2,5	5,5
574	20	Variável	2,5	0,2	---	---	---	1,5	0,3	---	---	---	---	---	---	4,5
574 Cooperativa	20	Variável	2,5	0,2	---	---	---	---	0,3	---	---	---	---	---	2,5	5,5
582	20	Variável	---	---	---	---	---	---	---	---	---	---	---	---	---	---
590	20	Variável	2,5	---	---	---	---	---	---	---	---	---	---	---	---	2,5
604	---	---	2,5	0,2	---	---	---	---	---	---	---	---	---	---	---	2,7
612	20	Variável	2,5	0,2	---	---	---	---	0,6	---	---	---	1,5	1,0	---	5,8
612 Cooperativa	20	Variável	2,5	0,2	---	---	---	---	0,6	---	---	---	---	---	2,5	5,8
620	20	---	---	---	---	---	---	---	---	---	---	---	1,5	1,0	---	2,5
639	---	---	---	---	---	---	---	---	---	---	---	---	---	---	---	---
647	---	---	2,5	0,2	---	---	---	1,5	0,3	---	---	---	---	---	---	4,5

CÓDIGO DO FPAS	ALÍQUOTAS (%)															
	Prev. Social	GILRAT	Salário Educação	INCRA	SENAI	SESI	SENAC	SESC	SEBRAE	DPC	Fundo Aeroviário	SENAR	SEST	SENAT	SESCOOP	Total Outras Ent. Ou Fundos
	---	---	0001	0002	0004	0008	0016	0032	0064	0128	0256	0512	1024	2048	4096	
655	20	Variável	2,5	---	---	---	---	---	---	---	---	---	---	---	---	2,5
680	20	Variável	2,5	0,2	---	---	---	---	---	2,5	---	---	---	---	---	5,2
680 Operador portuário sujeito à CPRB	---	Variável	2,5	0,2	---	---	---	---	---	2,5	---	---	---	---	---	5,2
736	22,5	Variável	2,5	0,2	---	---	---	---	---	---	---	---	---	---	---	2,7
736 Cooperativa(1)	22,5	Variável	2,5	0,2	---	---	---	---	---	---	---	---	---	---	---	2,7
744 Seg. Especial(2)	1,2	0,1	---	---	---	---	---	---	---	---	---	0,2	---	---	---	0,2
744 Pessoa Física(2)	1,2	0,1	---	---	---	---	---	---	---	---	---	0,2	---	---	---	0,2
744 Pes. Jurídica(3)	1,7	0,1	---	---	---	---	---	---	---	---	---	0,25	---	---	---	0,25
744 Agroindústria	2,5	0,1	---	---	---	---	---	---	---	---	---	0,25	---	---	---	0,25
779	5,0	---	---	---	---	---	---	---	---	---	---	---	---	---	---	---
787	20	Variável	2,5	0,2	---	---	---	---	---	---	---	2,5	---	---	---	5,2
787 Cooperativa(1)	20	Variável	2,5	0,2	---	---	---	---	---	---	---	---	---	---	2,5	5,2
795 Cooperativa	20	Variável	2,5	2,7	---	---	---	---	---	---	---	---	---	---	2,5	7,7
825	---	---	2,5	2,7	---	---	---	---	---	---	---	---	---	---	---	5,2
833	---	---	2,5	0,2	1,0	1,5	---	---	0,6	---	---	---	---	---	---	5,8
876	20	Variável	---	---	---	---	---	---	---	---	---	---	---	---	---	---

Notas

(1): Até 24.09.2007 as cooperativas de crédito enquadravam-se no código FPAS 736. (§ 11 do art. 72 da Instrução Normativa RFB nº 971 de 13 de novembro de 2009) e, a partir de 01.01.2008, por força do disposto no art. 10 da Lei nº 11.524, de 24 de setembro de 2007, e do princípio da anualidade, passaram a contribuir para o SESCOOP, em substituição à contribuição patronal adicional de 2,5%, com enquadramento no código FPAS 787 (§ 12 do art. 72 e § 2º do art. 109-F da Instrução Normativa RFB nº 971, de 2009). As demais cooperativas que desenvolvam atividades do código FPAS 736, sujeitam-se à contribuição patronal adicional devida à Seguridade Social de 2,5%, sem contribuição para o SESCOOP, por não estarem abrangidas pelo inciso I do caput e pelo § 2º do art. 10 da Medida Provisória nº 2.168-40, de 24 de agosto de 2001.

(2): Até 31 de dezembro de 2017, a alíquota da contribuição previdenciária do produtor rural pessoa física e do segurado especial incidente sobre a receita bruta do produtor rural pessoa física e do segurado especial é de 2%.

(3): Até 17 de abril de 2018, a alíquota da contribuição previdenciária do produtor rural pessoa jurídica incidente sobre a receita bruta é de 2,5%.

Importante

Não integra a base de cálculo da contribuição do empregador rural, pessoa física e jurídica e do segurado especial, a produção rural destinada ao plantio ou reflorestamento, nem o produto animal destinado à reprodução ou criação pecuária ou granjeira e à utilização como cobaia para fins de pesquisas científicas, quando vendido pelo próprio produtor e por quem a utilize diretamente com essas finalidades e, no caso do produto vegetal, por pessoa ou entidade registrada no Ministério da Agricultura, Pecuária e Abastecimento que se dedique ao comércio de sementes e mudas no País.

Desde 1º.01.2019, o empregador rural pessoa física ou o empregador pessoa jurídica que se dedique à produção rural, poderá optar por contribuir sobre o valor da comercialização da produção rural ou na forma dos incisos I e II do caput do art. 22 da Lei nº 8.212/1991 (20% sobre a folha bruta de salários dos empregados e trabalhadores avulsos e contribuição sobre a folha bruta de salários, para o financiamento do seguro de acidentes do trabalho à alíquota de 1% ou 2% ou 3%, conforme o grau de risco de acidente seja leve, médio ou grave, respectivamente), manifestando sua opção mediante o pagamento da contribuição incidente sobre a folha de salários relativa a janeiro de cada ano, ou à primeira competência subsequente ao início da atividade rural, e será irretratável para todo o ano-calendário (§ 13 do art. 25 da Lei nº 8.212/1991 e § 7º do art. 25 da Lei nº 8.870/1994, na redação da Lei nº 13.606/2018).

Desde 10.01.2018, a contribuição para o Senar, do produtor rural pessoa física e do segurado especial correspondente a 0,2% sobre a receita bruta da comercialização da produção rural, é recolhida:

a) pelo adquirente, consignatário ou cooperativa, que ficam sub-rogados, para esse fim, nas obrigações do produtor rural pessoa física e do segurado especial, independentemente das operações de venda e consignação terem sido realizadas diretamente com produtor ou com intermediário pessoa física; ou
b) pelo próprio produtor pessoa física e pelo segurado especial, quando comercializarem sua produção:
   b.1) com adquirente no exterior;
   b.2) com outro produtor pessoa física; ou
   b.3) diretamente no varejo, com o consumidor pessoa física

Observar que, por meio da Lei nº 12.546/2011, observadas as alterações posteriores, várias empresas abrangidas pelo sistema da desoneração da folha de pagamento, mediante opção, tiveram a contribuição previdenciária prevista nos incisos I e III do art. 22 da Lei nº 8.212/1991 (20% sobre o total da folha de pagamento dos empregados e dos trabalhadores avulsos, e 20% sobre o total das remunerações pagas ou creditadas aos contribuintes individuais), substituída pela aplicação de alíquotas variáveis, conforme o caso, sobre o valor da receita bruta, excluídas as vendas canceladas e os descontos incondicionais concedidos.

CONTRIBUIÇÃO SOBRE A PRODUÇÃO RURAL A PARTIR DE 1º.11.1991

O Anexo adiante foi reproduzido conforme o Anexo III da Instrução Normativa RFB nº 971/2009, na redação da Instrução Normativa RFB nº 1.687/2019, a qual dispõe sobre normas gerais de tributação previdenciária e de arrecadação das contribuições sociais destinadas à Previdência Social e as destinadas a outras entidades ou fundos, administradas pela Secretaria da Receita Federal do Brasil (RFB). Antes da utilização do citado anexo, alertamos para o fato de que a exatidão do enquadramento, conforme cada caso específico de recolhimento previdenciário, dependerá da respectiva confirmação, pelo interessado, no órgão competente.

CONTRIBUINTE	FUNDAMENTAÇÃO	PERÍODO	ALÍQUOTAS				FPAS
			PREVIDÊNCIA	GILRAT	SENAR	TOTAL	
Produtor Rural Pessoa Jurídica (5)	Art. 25 da Lei nº 8.870, de 1994 (1) (2)	01.08.1994 a 31.12.2001	2,5%	0,1%	0,1%	2,7%	744
	Art. 25 Lei nº 8.870, de 1994 com a redação dada pela Lei nº 10.256, de 2001	01.01.2002 a 17.04.2018	2,5%	0,1%	0,25%	2,85%	744
	Art. 25 Lei nº 8.870, de 1994 com a redação dada pela Lei nº 13.606, de 2018 (8)	18.04.2018 a	1,7%	0,1%	0,25%	2,05%	744
Produtor Rural Pessoa Física – Equiparado a Trabalhador Autônomo (contribuinte individual a partir de 29.11.1999)	Art. 1º da Lei nº 8.540, de 1992 (3)	01.04.1993 a 11.01.1997	2,0%	0,1%	0,1%	2,2%	744
	Art. 25 da Lei nº 8.212, de 1991 e MP nº 1.523, de 1996 (4)	12.01.1997 a 10.12.1997	2,5%	0,1%	0,1%	2,7%	744
	Art. 25 da Lei nº 8.212, de 1991 e Lei nº 9.528, de 1997	11.12.1997 a 31.12.2001	2,0%	0,1%	0,1%	2,2%	744
Produtor Rural Pessoa Física – Equiparado a Trabalhador Autônomo (contribuinte individual a partir de 29.11.1999)	Art. 25 da Lei nº 8.212, de 1991,Art. 6º da Lei nº 9.528, de 1997 com a redação dada pela Lei nº 10.256/01	01.01.2002 a 31.12.2017	2,0%	0,1%	0,2%	2,3%	744
	Art. 25 da Lei nº 8.212, de 1991, com a redação dada pela Lei nº 13.606, de 2018;Art. 6º da Lei nº 9.528, de 1997 com a redação dada pela Lei nº 10.256/2001 (9)	01.01.2018 a	1,2%	0,1%	0,2%	1,5%	744
Produtor Rural Pessoa Física – Segurado Especial	Art. 25 da Lei nº 8.212, de 1991	01.11.1991 a 31.03.1993	3,0%			3,0%	744
	Art. 1º da Lei nº 8.540, de 1992	01.04.1993 a 30.06.1994	2,0%	0,1%		2,1%	744
	Art. 2º da Lei nº 8.861, de 1994	01.07.1994 a 11.01.1997	2,2%	0,1%		2,3%	744
	Art. 25 da Lei nº 8.212, de 1991 e MP nº 1.523, de 1996 (4)	12.01.1997 a 10.12.1997	2,5%	0,1%	0,1%	2,7%	744

CONTRIBUINTE	FUNDAMENTAÇÃO	PERÍODO	ALÍQUOTAS				FPAS
			PREVIDÊNCIA	GILRAT	SENAR	TOTAL	
Produtor Rural Pessoa Física – Segurado Especial	Art. 25 da Lei nº 8.212, de 1991 e Lei nº 9.528, de 1997	11.12.1997 a 31.12.2001	2,0%	0,1%	0,1%	2,2%	744
	Art. 25 da Lei nº 8.212, de 1991,Art. 6º da Lei nº 9.528, de 1997 com a redação dada pela Lei nº 10.256, de 2001	01.01.2002 a 31.12.2017	2,0%	0,1%	0,2%	2,3%	744
	Art. 25 da Lei nº 8.212, de 1991, com a redação dada pela Lei nº 13.606, de 2018;Art. 6º da Lei nº 9.528, de 1997 com a redação dada pela Lei nº 10.256/2001 (9)	01.01.2018 a	1,2%	0,1%	0,2%	1,5%	744
Agroindústria (5)	Art. 22 A da Lei nº 8.212, de 1991 acrescentado pela Lei nº 10.256, de 2001 (6)	01.11.2001 a 31.12.2001	2,5%	0,1%	-	2,6%	744
		01.01.2002 a 31.08.2003	2,5%	0,1%	0,25%	2,85%	744
Agroindústria (5)	Art. 22 A da Lei nº 8.212, de 1991 acrescentado pela Lei nº 10.256, de 2001, alterado pela Lei nº 10.684, de 2003 (7)	01.09.2003 a	2,5%	0,1%	0,25%	2,85%	744

Notas

(1) Excluídas as agroindústrias (Decisão do STF na ADIN 1.103-1/6000).

(2) De 01.11.1991 a 31.07.1994, a contribuição do produtor rural pessoa jurídica era apenas sobre a folha de pagamento.

(3) De 01.11.1991 a 31.03.1993, a contribuição do produtor rural pessoa física – equiparado a autônomo era apenas sobre a folha de pagamento.

(4) Art. 25 da Lei nº 8.212, de 1991 com a redação dada pelo art. 1º da Medida Provisória nº 1.523, de 1996, publicada no DOU de 14.10.1996, c/c art. 4º da Medida Provisória nº 1.596-14, de 10 de novembro de 1997, convertida na Lei nº 9.528, de 1997, com alteração para 2,0% (dois por cento) da alíquota do produtor rural pessoa física e do segurado especial.

(5) A prestação de serviços a terceiros pelas agroindústrias e pelos produtores rurais pessoas jurídicas está sujeita às contribuições sociais calculadas sobre a remuneração dos segurados, sendo que a receita bruta correspondente aos serviços prestados a terceiros é excluída da base de cálculo da contribuição sobre a comercialização da produção. Fica excluído da substituição, devendo contribuir sobre a remuneração dos segurados, o produtor rural pessoa jurídica que tem outra atividade econômica.

(6) O fato gerador das contribuições ocorre na comercialização da produção própria e da adquirida de terceiros, industrializada ou não, pela agroindústria, a partir de 1º de novembro de 2001; a contribuição

para o Senar, todavia, em face do princípio da anualidade, é devida a partir de 1º de janeiro de 2002. Excluídas as agroindústrias, inclusive sob a forma de cooperativa, de piscicultura, carcinicultura, suinocultura e avicultura, que permanecem com a obrigação do recolhimento sobre a folha de pagamento, setor agrário e industrial (§ 4º, do art. 22-A, da Lei nº 8.212, de 1991, acrescentado pela Lei nº 10.256, de 2001).

(7) A Lei nº 10.684, de 2003, alterou o art. 22-A da Lei nº 8.212, de 1991, na redação da Lei nº 10.256, de 2001, para excluir, a partir de 1º de setembro de 2003, as pessoas jurídicas que se dediquem apenas ao florestamento e reflorestamento como fonte de matéria-prima para industrialização própria mediante a utilização de processo industrial que modifique a natureza química da madeira ou a transforme em pasta celulósica, ainda que comercialize resíduos vegetais ou sobras ou partes da produção rural (exceto se a receita bruta decorrente desta comercialização represente 1% (um por cento) ou mais de sua receita bruta proveniente da comercialização da produção).

(8) A Lei nº 13.606, de 2018, reduziu a alíquota da contribuição do produtor rural pessoa jurídica, prevista no art. 25 da Lei nº 8.870, de 1994, de 2,5% (dois inteiros e cinco décimos por cento) para 1,7% (um inteiro e sete décimos por cento), no entanto, essa alteração decorreu da rejeição do veto pelo Congresso Nacional ao inciso I do art. 25 da Lei nº 8.870, de 1994, de forma que o dispositivo originalmente vetado foi promulgado, juntamente com as demais partes vetadas, em 17 de abril de 2018 e publicado no DOU, em 18 de abril de 2018, data a partir da qual os dispositivos passaram a viger.

(9) A Lei nº 13.606, de 2018, reduziu a alíquota da contribuição do produtor rural pessoa física e do segurado especial, prevista no art. 25 da Lei nº 8.212, de 1991, de 2,0% (dois por cento) para 1,2% (um inteiro e dois décimos por cento), com vigência a partir de 1º de janeiro de 2017.

Importante

(1) Não integra a base de cálculo da contribuição do empregador rural, pessoa física e jurídica e do segurado especial, a produção rural destinada ao plantio ou reflorestamento, nem o produto animal destinado à reprodução ou criação pecuária ou granjeira e à utilização como cobaia para fins de pesquisas científicas, quando vendido pelo próprio produtor e por quem a utilize diretamente com essas finalidades e, no caso do produto vegetal, por pessoa ou entidade registrada no Ministério da Agricultura, Pecuária e Abastecimento que se dedique ao comércio de sementes e mudas no País.

((2) Desde 1º .01.2019, o empregador rural pessoa física ou o empregador pessoa jurídica que se dedique à produção rural, poderá optar por contribuir sobre o valor da comercialização da produção rural ou na forma dos incisos I e II do caput do art. 22 da Lei no 8.212/1991 (20% sobre a folha bruta de salários dos empregados e trabalhadores avulsos e contribuição sobre a folha bruta de salários, para o financiamento do seguro de acidentes do trabalho à alíquota de 1% ou 2% ou 3%, conforme o grau de risco de acidente seja leve, médio ou grave, respectivamente), manifestando sua opção mediante o pagamento da contribuição incidente sobre a folha de salários relativa a janeiro de cada ano, ou à primeira competência subsequente ao início da atividade rural, e será irretratável para todo o ano-calendário (§ 13 do art. 25 da Lei nº 8.212/1991 e § 7º do art. 25 da Lei nº 8.870/1994, na redação da Lei nº 13.606/2018).

(3) Desde 10.01.2018, a contribuição para o Senar, do produtor rural pessoa física e do segurado especial correspondente a 0,2% sobre a receita bruta da comercialização da produção rural, é recolhida:

a) pelo adquirente, consignatário ou cooperativa, que ficam sub-rogados, para esse fim, nas obrigações do produtor rural pessoa física e do segurado especial, independentemente das operações de venda e consignação terem sido realizadas diretamente com produtor ou com intermediário pessoa física; ou

b) pelo próprio produtor pessoa física e pelo segurado especial, quando comercializarem sua produção:

b.1) com adquirente no exterior;

b.2) com outro produtor pessoa física; ou

b.3) diretamente no varejo, com o consumidor pessoa física.

CONTRIBUIÇÕES DEVIDAS PELA AGROINDÚSTRIA, PRODUTORES RURAIS (PESSOA JURÍDICA E FÍSICA), CONSÓRCIO DE PRODUTORES, GARIMPEIROS, EMPRESAS DE CAPTURA DE PESCADO (Anexo IV à INSTRUÇÃO NORMATIVA RFB nº 971, de 2009)

O Anexo adiante foi reproduzido conforme o Anexo IV da Instrução Normativa RFB nº 971/2009, na redação da Instrução Normativa RFB nº 1.867/2019, a qual dispõe sobre normas gerais de tributação previdenciária e de arrecadação das contribuições sociais destinadas à Previdência Social e as destinadas a outras entidades ou fundos, administradas pela Secretaria da Receita Federal do Brasil (RFB). Antes da utilização do citado anexo, alertamos para o fato de que a exatidão do enquadramento, conforme cada caso específico de recolhimento previdenciário, dependerá da respectiva confirmação, pelo interessado, no órgão competente.

Dispositivo IN 971	Contribuinte	Base	FPAS	Previdência Social			Terceiros								
				segurado	empresa	GILRAT	Fnde 0001	Incra 0002	Senai 0004	Sesi 0008	Sebrae 0064	DPC 0128	Senar 0512	Sescoop 4096	Total terceiros
174	Agroindústria de piscicultura, carcinicultura, suinocultura ou avicultura.	Mão de obra setor criação	787	8% a 11%	20%	1% a 3%	2,5%	0,2%	-	-	-	-	2,5%	-	5,2%
		Mão de obra setor abate e industrialização	507	8% a 11%	20%	1% a 3%	2,5%	0,2%	1,0%	1,5%	0,6%	-	-	-	5,8%
175 § 5º II	Agroindústria de florestamento e reflorestamento não sujeita à contribuição substitutiva	Mão de obra setor rural	787	8% a 11%	20%	1% a 3%	2,5%	0,2%	-	-	-	-	2,5%	-	5,2%
		Mão de obra setor industrial	507	8% a 11%	20%	1% a 3%	2,5%	0,2%	1,0%	1,5%	0,6%	-	-	-	5,8%
111-F, III	Agroindústria sujeita à contribuição substitutiva instituída pela Lei nº 10.256, de 2001, exceto a referida no inciso IV do art. 111 F.	Receita bruta da produção	744	-	2,5%	0,1%	-	-	-	-	-	-	0,25%	-	0,25%
		Folha de salários do setor rural	604	8% a 11%	-	-	2,5%	0,2%	-	-	-	-	-	-	2,7%
		Folha de salários do setor industrial	833	8% a 11%	-	-	2,5%	0,2%	1,0%	1,5%	0,6%	-	-	-	5,8%
111-F, IV	Agroindústria sujeita à contribuição substitutiva instituída pela Lei nº 10.256, de 2001, que desenvolva atividade enumerada no art. 2º do Decreto-Lei nº 1.146, de 1970.	Receita bruta da produção	744	-	2,5%	0,1%	-	-	-	-	-	-	0,25%	-	0,25%
		Folha de salários (rural e industrial)	825	8% a 11%	-	-	2,5%	2,7%	-	-	-	-	-	-	5,2%
111-G § 1º	Pessoa jurídica que desenvolva, além da atividade rural, outra atividade econômica autônoma, ou que optar por contribuir sobre a folha de pagamento.	Total de remuneração de segurados (em todas as atividades)	787	8% a 11%	20%	1% a 3%	2,5%	0,2%	-	-	-	-	2,5%	-	5,2%
111-G §§ 2º	Pessoa jurídica, inclusive agroindústria, que além da atividade rural, presta serviços a terceiros (atividade não autônoma).	Remuneração de segurados (somente em relação a serviços prestados a terceiros)	787	8% a 11%	20%	1% a 3%	2,5%	0,2%	-	-	-	-	2,5%	-	5,2%

Dispositivo IN 971	Contribuinte	Base	FPAS	Previdência Social			Terceiros								
				segurado	empresa	GILRAT	Fnde 0001	Incra 0002	Senai 0004	Sesi 0008	Sebrae 0064	DPC 0128	Senar 0512	Sescoop 4096	Total terceiros
110-A e 111-G	Pessoa jurídica que se dedique apenas a atividade de produção rural.	Receita bruta da produção	744	-	1,7%	0,1%	-	-	-	-	-	-	0,25%	-	0,25%
		Remuneração de segurados	604	8% a 11%	-	-	2,5%	0,2%	-	-	-	-	-	-	2,7%
110-A e 111-G	Pessoa jurídica que desenvolva atividade prevista no art. 2º do Decreto-lei nº 1.146/1970, não exclusiva, com preponderância rural, não sujeita a substituição.	Remuneração de segurados	531	8% a 11%	20%	1% a 3%	2,5%	2,7%	-	-	-	-	-	-	5,2%
165, I, a	Produtor rural pessoa física equiparado a autônomo (cont. individual), empregador.	Remuneração de segurados	604	8% a 11%	-	-	2,5%	0,2%	-	-	-	-	-	-	2,7%
165, I, a	Produtor rural pessoa física equiparado a autônomo (cont. individual), empregador que optar por contribuir sobre a folha de pagamento.	Total de remuneração de segurados	787	8% a 11%	20%	1% a 3%	2,5%	0,2%	-	-	-	-	-	-	2,7%
6º XXX e 10	Produtor rural pessoa física e segurado especial.	Receita bruta da comercialização da produção rural	744	-	1,2%	0,1%	-	-	-	-	-	-	0,2%	-	0,2%
165, XIX	Consórcio simplificado de produtores rurais.	Remuneração de segurados	604	8% a 11%	-	-	2,5%	0,2%	-	-	-	-	-	-	2,7%
186	Garimpeiro – empregador.	Remuneração de segurados	507	8% a 11%	20%	3%	2,5%	0,2%	1,0%	1,5%	0,6%	-	-	-	5,8%
9º	Empresa de captura de pescado.	Remuneração de segurados	540	8% a 11%	20%	3%	2,5%	0,2%	-	-	-	2,5%	-	-	5,2%

Notas:

1. AGROINDÚSTRIAS. As agroindústrias, exceto as de que tratam os incisos I e II do art. 111-F desta Instrução Normativa, sujeitam-se à contribuição substitutiva instituída pela Lei nº 10.256, de 9 de julho de 2001.

1.1 Ressalvada a hipótese contida no item 1.2, a contribuição da agroindústria sujeita à contribuição substitutiva instituída pela Lei nº 10.256, de 2001, para a Previdência Social, Gilrat e Senar incide sobre a receita bruta proveniente da comercialização da produção (FPAS 744) e, para as demais entidades e fundos incide sobre as folhas de salários dos setores rural (FPAS 604) e industrial (FPAS 833), que devem ser declaradas separadamente.

1.2 Tratando-se de agroindústria sujeita à contribuição substitutiva instituída pela Lei nº 10.256, de 2001, que desenvolva atividade enumerada no art. 2º do Decreto-Lei nº 1.146, de 31 de dezembro de 1970, conforme IV do art. 111 F, da Instrução Normativa RFB nº 971, de 13 de novembro de 2003, as contribuições serão calculadas de acordo com os códigos FPAS 744 e 825.

2. COOPERATIVAS

2.1 Para fins de recolhimento das contribuições devidas à Previdência Social e a terceiros, a cooperativa de produção que atua nas atividades de que tratam os incisos I e II do art. 111-F e o art. 111-G informará o código de terceiros 4099, e a que atua nas demais atividades informará o código de terceiros 4163.

2.2 Sobre a remuneração de trabalhadores contratados exclusivamente para a colheita da produção dos cooperados, a cooperativa fica obrigada ao pagamento das contribuições devidas ao FNDE e ao Incra, calculadas mediante aplicação das alíquotas previstas no Anexo II a esta Instrução Normativa, de acordo com o código FPAS 604 e código terceiros 0003, bem como à retenção e ao recolhimento das contribuições devidas pelo segurado.

3. PRODUTOR RURAL PESSOA JURÍDICA

3.1 As contribuições devidas pela pessoa jurídica que tenha como fim apenas a atividade de produção rural incidem sobre a receita bruta da comercialização da produção rural, em substituição às instituídas pelos incisos I e II do art. 22 da Lei nº 8.212, de 24 de julho de 1991, e são calculadas de acordo com o código FPAS 744 (1,7% para Previdência Social; 0,1% para GILRAT e 0,25% para o Senar).

3.2 A substituição não se aplica às contribuições devidas ao FNDE e ao Incra, que continuam a incidir sobre a folha, de acordo com o código FPAS 604 e código de terceiros 0003 (2,5% salário-educação e 0,2% Incra).

3.3 Se a pessoa jurídica, exceto a agroindústria, explorar, além da atividade de produção rural, outra atividade econômica autônoma comercial, industrial ou de serviços, no mesmo estabelecimento ou em estabelecimento distinto, ou optar por contribuir sobre a folha de pagamento, fica obrigada às seguintes contribuições, em relação a todas as atividades:

I - 20% (vinte por cento) sobre o total da remuneração paga, devida ou creditada a empregados e trabalhadores avulsos a seu serviço;

II – 20% (vinte por cento) sobre a remuneração de contribuintes individuais (trabalhadores autônomos) a seu serviço;

III – contribuição destinada ao financiamento da aposentadoria especial e dos benefícios concedidos em razão do grau de incidência de incapacidade laborativa decorrente dos riscos ambientais do trabalho, incidente sobre a remuneração de empregados e trabalhadores avulsos (Decreto nº 3.048, de 1999, art. 202);

3.4 Aplica-se a substituição prevista no item 3.1 ainda que a pessoa jurídica tenha como atividade complementar a prestação de serviços a terceiros, sem constituir atividade econômica autônoma. Sobre essa atividade (serviços a terceiros) contribuirá para a Previdência Social e terceiros de acordo com o código FPAS 787 e o código de terceiros 0515.

3.5 A agroindústria de que tratam os incisos III e IV do art. 111-F estará sujeita à contribuição substitutiva instituída pela Lei nº 10.256, de 2001 ainda que explorar, além da atividade agroindustrial, outra atividade econômica, independentemente de ser autônoma ou não. Nessa hipótese a contribuição incidirá sobre a receita total (parágrafo único do art. 173).

3.6 Na hipótese de a agroindústria de que tratam os incisos I a IV do art. 111-F prestar serviços a terceiros, sobre essa atividade deverá contribuir na forma do art. 22 da Lei nº 8.212, de 1991, de acordo com o código FPAS 787 e código de terceiros 0515.

3.7 O código FPAS 787 não deve ser utilizado se houver preponderância da outra atividade econômica autônoma, na forma do inciso III do art. 109-C.

4. PRODUTOR RURAL PESSOA FÍSICA. Aplica-se ao produtor rural pessoa física as seguintes regras:

a) se qualificado como segurado especial (inciso VII do art. 12 da Lei nº 8.212, de 1991), contribuirá sobre a comercialização da produção rural (1,2% para Previdência; 0,1% para GILRAT e 0,2% para Senar); não contribui sobre a remuneração dos trabalhadores que contratar (empregado ou contribuinte individual), mas é responsável pela retenção e recolhimento da contribuição destes (8%, 9% ou 11% do empregado).

b) se contribuinte individual, empregador rural (inciso V do art. 12 da Lei nº 8.212, de 1991), contribuirá sobre a comercialização da produção (1,2% para Previdência; 0,1% para GILRAT e 0,2% para Senar) em relação a empregados e trabalhadores avulsos; sobre a remuneração de outros contribuintes individuais ou cooperados (por intermédio de cooperativa de trabalho) que contratar, conforme os incisos III e IV do art. 22 da Lei nº 8.212, de 1991, e ainda sobre seu salário-de-contribuição (20%).

c) se contribuinte individual, empregador rural pessoa física (inciso V do art. 12 da Lei nº 8.212, de 1991), que optar por contribuir sobre a folha de pagamento, fica obrigado às seguintes contribuições:

I – 20% (vinte por cento) sobre o total da remuneração paga, devida ou creditada a empregados e trabalhadores avulsos a seu serviço;

II – 20% (vinte por cento) sobre a remuneração de contribuintes individuais (trabalhadores autônomos) a seu serviço;

III – contribuição destinada ao financiamento da aposentadoria especial e dos benefícios concedidos em razão do grau de incidência de incapacidade laborativa decorrente dos riscos ambientais do trabalho, incidente sobre a remuneração de empregados e trabalhadores avulsos (Decreto nº 3.048, de 1999, art. 202);

IV – 2,5% (dois inteiros e cinco décimos por cento) para o FNDE sobre o total da remuneração paga, devida ou creditada a empregados e trabalhadores avulsos a seu serviço;

V – 0,2% (dois décimos por cento) para o Incra sobre o total da remuneração paga, devida ou creditada a empregados e trabalhadores avulsos a seu serviço;

VI – 0,2% (dois décimos por cento) para o Senar sobre a comercialização da produção rural.

8. RETENÇÃO PREVIDENCIÁRIA

As empresas tomadoras de serviço de outras pessoas jurídicas deverão recolher o valor relativo à retenção previdenciária, em geral de 11% sobre o valor de serviço quando houver cessão de mão de obra ou empreitada sujeitas à retenção. Observe-se que o valor referente à retenção corresponde a uma antecipação compensável descontada pela empresa contratante, do valor bruto dos serviços realizados e constantes da nota fiscal, fatura ou recibo.

Desde 1º.04.2003, o percentual de 11% foi acrescido de 4%, 3% ou 2% relativamente aos serviços prestados pelo segurado empregado, cuja atividade na empresa contratante permita a concessão de aposentadoria especial após 15, 20 ou 25 anos de contribuição, respectivamente.

Observe que os percentuais adicionais incidem apenas sobre o valor da mão de obra dos trabalhadores expostos a agentes nocivos prejudiciais à saúde ou integridade física que permitam a concessão da aposentadoria especial.

No caso de contratação de empresas a seguir relacionadas, abrangidas e optantes pela desoneração da folha de pagamento, para a execução dos serviços desonerados constantes do Anexo IV da Instrução Normativa RFB nº 1.436/2013, na redação da Instrução Normativa RFB nº 1.812/2018, reproduzido anteriormente, mediante cessão de mão de obra, na forma definida pelo art. 31 da Lei nº 8.212/1991 e para fins de elisão da responsabilidade solidária, a empresa contratante deverá reter 3,5% do valor bruto da nota fiscal ou fatura de prestação de serviços emitidas:

a) prestadoras de Serviços de Tecnologia da Informação (TI) e de Tecnologia da Informação e Comunicação (TIC);
b) de teleatendimento;
c) de transporte rodoviário coletivo de passageiros, com itinerário fixo, municipal, intermunicipal, intermunicipal em região metropolitana, interestadual e internacional enquadradas nas classes 4921-3 e 4922-1 da CNAE 2.0;
d) de transporte ferroviário de passageiros, enquadradas nas subclasses 4912-4/01 e 4912-4/02 da CNAE 2.0;
e) de transporte metroferroviário de passageiros, enquadradas na subclasse 4912-4/03 da CNAE 2.0;
f) de construção civil enquadradas nos grupos 412, 432, 433 e 439 da CNAE 2.0; e
g) de construção civil de obras de infraestrutura, enquadradas nos grupos 421, 422, 429 e 431 da CNAE 2.0.

A empresa prestadora de serviços (contratada) deverá comprovar à empresa contratante a opção pela tributação substitutiva, fornecendo à empresa contratante declaração de que recolhe a contribuição previdenciária sobre a receita bruta, conforme modelo previsto no Anexo III da Instrução Normativa RFB nº 1.812/2018.

9. CONSTRUÇÃO CIVIL

Quando da execução de obra de construção civil, é responsável pelas obrigações previdenciárias:

a) o proprietário do imóvel;
b) o dono da obra;
c) o incorporador;
d) a empresa construtora;
e) o condômino da unidade imobiliária não incorporada na forma da Lei nº 4.591/1964.

A pessoa física, dona da obra ou executora da obra de construção civil, é responsável pelo pagamento de contribuições previdenciárias relativas à remuneração paga, devida ou creditada aos segurados que lhe prestam serviços na obra, na mesma forma e prazos aplicados às empresas em geral.

O responsável por obra de construção civil está obrigado a recolher as contribuições arrecadadas dos segurados e as contribuições a seu cargo, incidentes sobre a remuneração dos segurados utilizados na obra e por ele diretamente contratados, de forma individualizada por obra.

Em caso de obra que for executada exclusivamente mediante contratos de empreitada parcial e subempreitada, o responsável emitirá GFIP identificada com a matrícula CNO, com a informação de ausência de fato gerador (GFIP sem movimento).

Nota

A GFIP passará a ser substituída pelos eventos do eSocial, nos seguintes prazos:

a) 1º grupo (entidades empresariais com faturamento no ano de 2016 acima de 78 milhões):
   - agosto/2018 para efeitos previdenciários;
   - agosto/2019 para fins de FGTS;
b) 2º grupo (entidades empresariais com faturamento no ano de 2017 acima de R$ 4.800.00,00:
   - abril/2019 para fins previdenciários;
   - agosto/2019 para fins de FGTS;
c) 3º grupo (entidades empresarias com faturamento no ano de 2017 de até R$ 4.800.00,00, empresas optantes pelo Simples Nacional, empregadores pessoa física (exceto doméstico), produtor rural PF e entidades sem fins lucrativos), a partir de outubro/2019;
d) 4º grupo (entes públicos e organizações internacionais) no prazo a ser fixado pela RFB.

Se o responsável pela obra for pessoa jurídica, o recolhimento das contribuições incidentes sobre a remuneração dos segurados do setor administrativo deverá ser feito em documento de arrecadação identificado com o número do CNPJ do estabelecimento em que esses segurados exercem sua atividade.

A pessoa jurídica está obrigada a efetuar escrituração contábil relativa à obra, mediante lançamentos em centros de custo distintos para cada obra própria ou obra que executar mediante contrato de empreitada total.

A empreiteira e a subempreiteira, não responsáveis pela obra, deverão consolidar e recolher, em um único documento de arrecadação, por competência e por estabelecimento identificado com seu CNPJ, as contribuições incidentes sobre a remuneração de todos os segurados, tanto os da administração quanto os da obra, podendo compensar, no pagamento destas contribuições, as retenções ocorridas.

10. EMPRESAS QUE ATUAM NA ÁREA DA SAÚDE

As empresas que atuam na área da saúde estão obrigadas a recolher as contribuições previdenciárias da mesma forma que as empresas em geral em relação à remuneração paga, devida ou creditada, no decorrer do mês, aos profissionais de saúde por ela contratados.

Quando o médico ou o profissional da saúde utilizar as dependências ou serviços da empresa de saúde para atendimento de seus clientes, sejam particulares ou conveniados, e perceber seus honorários diretamente desses clientes ou de operadora ou seguradora de saúde, inclusive do Sistema Único de Saúde (SUS) com o qual mantenha contrato de credenciamento ou convênio, não haverá encargo previdenciário para a empresa locatária ou cedente.

Nesta hipótese, a entidade hospitalar ou similar, atua como mera repassadora dos honorários, os quais não deverão constar em contas de resultado de sua escrituração contábil, sendo que o responsável pelo pagamento da contribuição previdenciária devida pela empresa e pela arrecadação e recolhimento da contribuição do segurado contribuinte individual será, conforme o caso, o ente público integrante do SUS ou de outro sistema de saúde ou a empresa que atua mediante plano ou seguro de saúde que pagou diretamente o segurado.

Se comprovado que a entidade hospitalar ou afim não atua como mera repassadora, o crédito previdenciário será lançado com base nos valores registrados nas contas de receitas e despesas de sua escrituração contábil ou mediante arbitramento quando for comprovado que os honorários não constam em contas de receita e de despesas de sua escrituração.

A entidade hospitalar ou afim credenciada ou conveniada junto a sistema público de saúde ou à empresa que atue mediante plano ou seguro de saúde, será responsável pelas contribuições sociais previdenciárias decorrentes da contratação de profissionais para executar os serviços relativos àqueles convênios.

11. RECOLHIMENTO DAS CONTRIBUIÇÕES PREVIDENCIÁRIAS

As contribuições destinadas à Previdência Social e a outras entidades ou fundos arrecadadas pela RFB deverão ser recolhidas mediante documento de arrecadação em meio papel ou eletrônico, que deverá conter:

a) identificação do contribuinte, pelo preenchimento do campo *identificador* no qual deverão ser informados o CNPJ/MF ou o Cadastro de Atividade Econômica das Pessoa Física (CAEPF) para empresas ou equiparados e o NIT para o contribuinte individual, segurado especial ou facultativo;
b) código de pagamento, que identificará a natureza do pagamento que está sendo efetuado;
c) competência, com 2 (dois) dígitos para o mês e 4 (quatro) dígitos para o ano;
d) valor do INSS, que corresponde ao total das contribuições devidas à Previdência Social, incluindo as descontadas de empregados e contribuintes individuais, a ser recolhido na competência, efetuando-se as compensações e as deduções admitidas pela legislação em vigor;
e) valor total das contribuições a serem recolhidas para outras entidades ou para outros fundos, com os quais a empresa não mantenha convênio;
f) atualização monetária, juros e multa quando houver contribuição em atraso;
g) total a ser recolhido.

O documento de arrecadação deverá obrigatoriamente ser distinto por:

a) estabelecimento da empresa identificado por CNPJ/MF ou por matrícula Cadastro de Atividade Econômica das Pessoa Física (CAEPF) específica;
b) obra de construção civil identificada por matrícula Cadastro Nacional de Obras (CNO);
c) código que identifica a natureza do pagamento;
d) competência de recolhimento, ressalvado o recolhimento trimestral facultado ao contribuinte individual e facultativo cujo salário de contribuição seja igual a um salário mínimo.

Nota

Após o envio dos eventos de fechamento dos eventos periódicos do eSocial e da Escrituração Fiscal Digital de Retenções e Outras Informações Fiscais (EFD-Reinf), as contribuições previdenciárias passarão a ser efetuadas por meio do Documento de Arrecadação de Receitas Federais (Darf) emitido pelo DCTFWeb, observadas as normas do eSocial e da EFD-Reinf.

11.1 Valor Mínimo para Recolhimento

O documento de arrecadação em meio papel ou eletrônico não poderá ser utilizado para recolher contribuição de valor inferior ao valor mínimo estabelecido pela RFB, o qual atualmente corresponde a R$ 10,00.

Caso o valor da contribuição seja inferior ao mínimo estabelecido, deverá ser adicionado às contribuições relativas a(s) competência(s) seguinte(s) até atingir o valor permitido para recolhimento.

Esta restrição não se aplica aos órgãos ou entidades da Administração Pública quando o recolhimento for efetuado pelo Sistema Integrado de Administração Financeira do Governo Federal (SIAFI).

11.2 Centralização dos Recolhimentos

O cadastro previdenciário e a base do CNPJ terão o mesmo estabelecimento como centralizador e matriz. Desta forma, o estabelecimento matriz será o centralizador.

O estabelecimento centralizador da empresa que já consta do cadastro previdenciário passará a ser denominado matriz.

O estabelecimento matriz será alterado de ofício pela RFB, quando for constatado que os elementos necessários à auditoria fiscal na empresa se encontram, efetivamente, em outro estabelecimento.

A empresa deverá manter à disposição do AFRFB, no estabelecimento matriz, os elementos necessários aos procedimentos fiscais, em decorrência do ramo de atividade da empresa e em conformidade com a legislação aplicável.

A legislação proíbe, taxativamente, designar como matriz qualquer unidade ou dependência da empresa não inscrita no CNPJ, bem como aquelas não pertencentes à empresa.

> Após a implantação do eSocial, as contribuições previdenciárias passarão a ser recolhidas por meio do novo Darf emitido via DCTFWeb, sendo extinta a guia GPS.

11.3 Relação de Código da GPS

A tabela adiante foi reproduzida conforme o Anexo Único do Ato Declaratório Executivo Codac nº 46/2013, o qual divulga a relação de códigos de receita para recolhimento das contribuições sociais destinadas à Previdência Social e das destinadas às outras entidades ou fundos, recolhidas por meio de Guia da Previdência Social (GPS).

ANEXO ÚNICO

Item	Código de Receita (GPS)	Especificação da Receita
1	1007	Contribuinte Individual – Recolhimento Mensal NIT/PIS/PASEP
2	1104	Contribuinte Individual – Recolhimento Trimestral – NIT/PIS/PASEP
3	1120	Contribuinte Individual – Recolhimento Mensal – Com dedução de 45% (Lei no 9.876/1999) – NIT/PIS/PASEP
4	1147	Contribuinte Individual – Recolhimento Trimestral – Com dedução de 45% (Lei no 9.876/1999) – NIT/PIS/PASEP
5	1163	Contribuinte Individual (autônomo que não presta serviço à empresa) – Opção: Aposentadoria apenas por idade (art. 80 da LC 123, de 14.12.2006) – Recolhimento Mensal – NIT/PIS/PASEP

Item	Código de Receita (GPS)	Especificação da Receita
6	1180	Contribuinte Individual (autônomo que não presta serviço à empresa) – Opção: Aposentadoria apenas por idade (art. 80 da LC 123, de 14.12.2006) – Recolhimento Trimestral – NIT/PIS/PASEP
7	1198	CI Optante LC 123 Trimestral Compl
8	1201	GRC Trabalhador Pessoa Física (Contribuinte Individual, Facultativo, Empregado Doméstico, Segurado Especial) – DEBCAD (Preenchimento exclusivo pela Previdência Social)
9	1228	CI Trimestral Rural
10	1236	CI Optante LC 123 Mensal Rural
11	1244	CI Optante LC 123 Mensal Rural Complementação
12	1252	CI Optante LC 123 Trimestral Rural
13	1260	CI Optante LC 123 Trimestral Rural Complementação
14	1287	CI Mensal – Rural
15	1295	CI Optante LC 123 Mensal Compl
16	1406	Facultativo Mensal – NIT/PIS/PASEP
17	1457	Facultativo Trimestral – NIT/PIS/PASEP
18	1473	Facultativo – Opção: Aposentadoria apenas por idade (art. 80 da LC 123, de 14.12.2006) – Recolhimento Mensal – NIT/PIS/PASEP
19	1490	Facultativo – Opção: Aposentadoria apenas por idade (art. 80 da LC 123, de 14.12.2006) – Recolhimento Trimestral – NIT/PIS/PASEP
20	1503	Segurado Especial Mensal – NIT/PIS/PASEP
21	1554	Segurado Especial Trimestral – NIT/PIS/PASEP
22	1600	Empregado Doméstico Mensal – NIT/PIS/PASEP
23	1619	Empr. Domest. Patronal 12% Mensal Afast/Sal. Maternidade
24	1651	Empregado Doméstico Trimestral – NIT/PIS/PASEP – (que recebe até um salário mínimo)
25	1678	Empr. Domest. Patronal 12% Trimestral Afast/Sal. Maternidade
26	1686	Facultativo – Optante LC 123/2006 – Recolhimento Mensal – Compl.

Item	Código de Receita (GPS)	Especificação da Receita
27	1694	Facultativo – Optante LC 123/2006 – Recolhimento Trimestral – Compl.
28	1708	Reclamatória Trabalhista – NIT/PIS/PASEP
29	1759	Acréscimos Legais de Contribuinte Individual, Doméstico, Facultativo e Segurado Especial – Lei no 8.212/1991 – NIT/PIS/PASEP
30	1805	CI com Direito a Dedução Mensal – Rural
31	1813	CI com Direito a Dedução Trimestral – Rural
32	1821	Facultativo/Exercente de Mandato Eletivo/Recolhimento Complementar
33	1830	Facultativo Baixa Renda – Recolhimento Mensal – Complemento Para Plano Simplificado da Previdência Social – PSPS – Lei no 1.2470/2011
34	1848	Facultativo Baixa Renda – Recolhimento Trimestral – Complemento Para Plano Simplificado da Previdência Social – PSPS – Lei no 1.2470/2011
35	1902	Diferenças de valor de contribuição/NIT/PIS/PASEP
36	1910	MEI – Complementação Mensal
37	1929	Facultativo Baixa Renda – Recolhimento Mensal – NIT/PIS/PASEP
38	1937	Facultativo Baixa Renda – Recolhimento Trimestral – NIT/PIS/PASEP
39	1945	Facultativo Baixa Renda – Recolhimento Mensal – Complemento
40	1953	Facultativo Baixa Renda – Recolhimento Trimestral – Complemento
41	2003	Simples – CNPJ
42	2011	Empresas Optantes pelo Simples – CNPJ – Recolhimento sobre Aquisição de Produto Rural de Produtor Rural Pessoa Física
43	2020	Empresas Optantes pelo Simples – CNPJ – Recolhimento sobre Contratação de Transportador Rodoviário Autônomo
44	2100	Empresas em Geral – CNPJ
45	2119	Empresas em Geral – CNPJ – Pagamento exclusivo para Outras Entidades (SESC, SESI, SENAI, etc.)

Item	Código de Receita (GPS)	Especificação da Receita
46	2127	Cooperativa de trabalho – CNPJ – Contribuição descontada do cooperado – Lei no 10.666/2003
47	2143	Empresas em Geral – CNPJ – Pagamento Exclusivo de empresas conveniadas com o FNDE – Competências anteriores a 01/2007 (Decreto no 6.003/2006)
48	2208	Empresas em Geral – CEI
49	2216	Empresas em Geral – CEI – Pagamento exclusivo para Outras Entidades (SESC, SESI, SENAI, etc.)
50	2240	Empresas em Geral – CEI – Pagamento Exclusivo de empresas conveniadas com o FNDE para competências anteriores a 01/2007 (Decreto no 6.003/2006)
51	2305	Filantrópicas com Isenção – CNPJ
52	2321	Filantrópicas com Isenção – CEI
53	2402	Órgãos do Poder Público – CNPJ
54	2429	Órgãos do Poder Público – CEI
55	2437	Órgãos do Poder Público – CNPJ – Recolhimento sobre Aquisição de Produto Rural do Produtor Rural Pessoa Física
56	2445	Órgão do Poder Público – CNPJ – Recolhimento sobre Contratação de Transportador Rodoviário Autônomo
57	2500	Associação Desportiva que Mantém Equipe de Futebol Profissional – Receita Bruta a Título de Patrocínio, Licenciamento de Uso de Marcas e Símbolos, Publicidade, Propaganda e Transmissão de Espetáculo – CNPJ – Retenção e recolhimento efetuado por empresa patrocinadora em seu próprio nome
58	2550	Associação Desportiva que Mantém Equipe de Futebol Profissional – Receita Bruta de Espetáculos Desportivos – CNPJ – Retenção e recolhimento efetuado por entidade promotora do espetáculo (Federação ou Confederação), em seu próprio nome
59	2607	Comercialização da Produção Rural – CNPJ
60	2615	Comercialização da Produção Rural – CNPJ – Pagamento exclusivo para Outras Entidades (SENAR)
61	2631	Contribuição Retida sobre a NF/Fatura da Empresa Prestadora de Serviço – CNPJ

Item	Código de Receita (GPS)	Especificação da Receita
62	2640	Contribuição Retida sobre NF/Fatura da Prestadora de Serviço – CNPJ – Uso Exclusivo do Órgão do Poder Público – Administração Direta, Autarquia e Fundação Federal, Estadual, do Distrito Federal ou Municipal (contratante do serviço).
63	2658	Contribuição Retida sobre a NF/Fatura da Empresa Prestadora de Serviço – CEI
64	2682	Contribuição Retida sobre NF/Fatura da Prestadora de Serviço – CEI (Uso Exclusivo do Órgão do Poder Público – Administração Direta, Autarquia e Fundação Federal, Estadual, do Distrito Federal ou Municipal (contratante do serviço).
65	2704	Comercialização da Produção Rural – CEI
66	2712	Comercialização da Produção Rural – CEI – Pagamento exclusivo para Outras Entidades (SENAR)
67	2801	Reclamatória Trabalhista – CEI
68	2810	Reclamatória Trabalhista – CEI – Pagamento exclusivo para Outras Entidades (SESC, SESI, SENAI, etc.)
69	2852	Acordo Perante Comissão de Conciliação Prévia, Dissídio ou Acordo Coletivo e Convenção Coletiva – CEI
70	2879	Acordo Perante Comissão de Conciliação Prévia, Dissídio ou Acordo Coletivo e Convenção Coletiva – CEI – Pagamento exclusivo para Outras Entidades (SESC, SESI, SENAI, etc.)
71	2909	Reclamatória Trabalhista – CNPJ
72	2917	Reclamatória Trabalhista – CNPJ Pagamento exclusivo para Outras Entidades (SESC, SESI, SENAI, etc.)
73	2950	Acordo Perante Comissão de Conciliação Prévia, Dissídio ou Acordo Coletivo e Convenção Coletiva – CNPJ
74	2976	Acordo Perante Comissão de Conciliação Prévia, Dissídio ou Acordo Coletivo e Convenção Coletiva – CNPJ – Pagamento exclusivo para Outras Entidades (SESC, SESI, SENAI, etc.)
75	3000	ACAL – CNPJ
76	3107	ACAL – CEI
77	3204	GRC Contribuição de Empresa Normal – DEBCAD (Preenchimento exclusivo pelo órgão emissor)

Item	Código de Receita (GPS)	Especificação da Receita
78	4006	Pagamento de Débito – DEBCAD (Preenchimento exclusivo pelo órgão emissor)
79	4103	Pagamento de Débito – CNPJ (Preenchimento exclusivo pelo órgão emissor)
80	4200	Pagamento de Débito Administrativo – Número do Título de Cobrança (Preenchimento exclusivo pelo órgão emissor)
81	4308	Pagamento de Parcelamento Administrativo – Número do Título de Cobrança (Preenchimento exclusivo pelo órgão emissor)
82	4316	Pagamento de Parcelamento de Clube de Futebol – CNPJ – (5% da Receita Bruta destinada ao Clube de Futebol) – Art. 2o da Lei no 8.641/1993
83	4324	Parcelamento Super Simples – Lei Complementar no 123/2006 – Título de Cobrança
84	4332	Parcelamento Timemania
85	4340	Parcelamento IES
86	4359	Parcelamento Super Simples – Lei Complementar no 123/2006 – Título de Cobrança (PLC 128)
87	4367	Parcelamento Órgãos do Poder Público
88	5037	Recuperação de Despesas de Exercícios Anteriores – CNPJ – Uso exclusivo no SIAF
89	5045	Repasse da Secretaria do Tesouro Nacional – STN – das Contribuições Previdenciárias Relativas ao SIMPLES – CNPJ – Uso exclusivo no SIAFI
90	5053	Custas Judiciais – Sucumbência – CNPJ – Uso exclusivo no SIAFI
91	5061	Repasse da Secretaria do Tesouro Nacional – STN – das Receitas Provenientes da CPMF Relativas aos Recolhimentos de Contribuições Previdenciárias – CNPJ – Uso exclusivo no SIAFI
92	5070	Repasse da Secretaria do Tesouro Nacional – STN – das Contribuições Previdenciárias Relativas ao SIMPLES/PAES – CNPJ – Uso exclusivo no SIAFI
93	5088	Contribuição da Rede Hospitalar Repassada pelo Fundo Nacional de Saúde – CNPJ – Uso exclusivo no SIAFI
94	5096	Multas Contratuais – CNPJ – Uso exclusivo no SIAFI ou via STN0018, por determinação expressa do INSS

Item	Código de Receita (GPS)	Especificação da Receita
95	5100	REFIS – Repasse de Contribuições Previdenciárias Efetuado pela STN de Parcela sobre Faturamento – CNPJ – Uso exclusivo no SIAFI
96	5118	REFIS – Repasse de Contribuições Previdenciárias Efetuado pela STN de Parcela Fixa – CNPJ – Uso exclusivo no SIAFI
97	5126	FIES – Repasse de Contribuições Previdenciárias Efetuadas pela STN Referente à Conversão de Títulos – CNPJ – Uso exclusivo no SIAFI
98	5134	CDP – Repasse de Contribuições Previdenciárias Efetuado pela STN Referente à Conversão de Títulos – CNPJ – Uso exclusivo no SIAFI
99	5304	Auxiliares Locais
100	6009	Pagamento de Dívida Ativa Débito – Referência (Preenchimento exclusivo pelo órgão emissor)
101	6106	Pagamento de Dívida Ativa Parcelamento – Referência (Preenchimento exclusivo pelo órgão emissor)
102	6203	Pagamento de Dívida Ativa Ação Judicial – Referência (Preenchimento exclusivo pelo órgão emissor)
103	6300	Pagamento de Dívida Ativa Cobrança Amigável – Referência (Preenchimento exclusivo pelo órgão emissor)
104	6408	Conversão em receita de depósito judicial – casos anteriores à Lei no 9.703/1998 – CNPJ
105	6432	Conversão em Receita de Depósito Judicial – Casos Anteriores à Lei no 9.703/98 – CEI
106	6440	Conversão em Receita de Depósito Judicial – Casos Anteriores à Lei no 9.703/1998 – DEBCAD
107	6459	Conversão em Receita de Depósito Judicial – Casos Anteriores à Lei no 9.703/1998 – NB
108	6467	Conversão em Receita de Depósito Judicial – Casos Anteriores à Lei no 9.703/1998 – NIT/PIS/PASEP
109	6505	COMPREV – Pagamento de Dívida Ativa – Parcelamento de Regime Próprio de Previdência Social RPPS – Órgão do Poder Público – Referência
110	6513	COMPREV – Pagamento de Dívida Ativa – Não Parcelada de Regime Próprio de Previdência Social RPPS – Órgão do Poder Público – Referência

Item	Código de Receita (GPS)	Especificação da Receita
111	6602	Levantamento Recebimento de Sucumbência/Honorário Advocatício – Divida Ativa – CNPJ
112	6610	Levantamento Recebimento de Sucumbência/Honorário Advocatício – Divida Ativa – CPF
113	6629	Levantamento Recebimento de Sucumbência/Honorário Advocatício – Divida Ativa – CEI
114	6670	Reembolso de 1% do FNDE – Dívida Ativa – CNPJ
115	6700	Devolução/Restituição ao INSS de Valores Pagos por Precatórios e RPV – CNPJ
116	6718	Devolução/Restituição ao INSS de Valores Pagos por Precatórios e RPV – CPF
117	6742	Valores Devidos por Prefeituras ao INSS Referente a Precatórios e RPV – CNPJ
118	6750	Valores Devidos por Prefeituras ao INSS Referente a Precatórios e RPV – CPF
119	7307	COMPREV – Recolhimento Efetuado por RPPS – Órgão do Poder Público – CNPJ
120	7315	COMPREV – Recolhimento Efetuado por RPPS – Órgão do Poder Público – Estoque – CNPJ
121	8001	Financiamento Imobiliário – Referência (Preenchimento exclusivo pelo órgão emissor)
122	8109	Aluguéis – Referência (Preenchimento exclusivo pelo órgão emissor)
123	8133	Condomínio a Título de Reembolso – Referência (Preenchimento exclusivo pelo órgão emissor)
124	8141	Parcelamento de Financiamento Imobiliário – Referência (Preenchimento exclusivo pelo órgão emissor)
125	8150	Parcelamento de Aluguéis – Referência (Preenchimento exclusivo pelo órgão emissor)
126	8168	Taxa de Ocupação – Referência (Preenchimento exclusivo pelo órgão emissor)
127	8176	Impostos e Taxas a Título de Reembolso – Referência (Preenchimento exclusivo pelo órgão emissor)

Item	Código de Receita (GPS)	Especificação da Receita
128	8206	Alienação de Bens Imóveis – Referência (Preenchimento exclusivo pelo órgão emissor)
129	8214	Alienação de Bens Imóveis – CNPJ
130	8222	Alienação de Bens Imóveis – CPF
131	8249	Alienação de Bens Móveis – CPF
132	8257	Alienação de Bens Móveis – Referência (Preenchimento exclusivo pelo órgão emissor)
133	8273	Alienação de Bens Móveis – CNPJ
134	8303	Aluguéis de Bens de Uso Especial – CNPJ
135	8311	Aluguéis de Bens de Uso Especial – CPF
136	8346	Aluguéis de Bens Dominicais – CNPJ
137	8354	Aluguéis de Bens Dominicais – CPF
138	8362	Taxa de Ocupação de Bens Dominicais – CNPJ
139	8370	Taxa de Ocupação de Bens Dominicais – CPF
140	8400	Parcelamento de Aluguéis de Bens de Uso Especial – CNPJ
141	8419	Parcelamento de Aluguéis de Bens de Uso Especial – CPF
142	8443	Parcelamento de Aluguéis de Bens Dominicais – CNPJ
143	8451	Parcelamento de Aluguéis de Bens Dominicais – CPF
144	8605	Dividendos – Patrimônio – CNPJ
145	8907	Recuperação de Despesas de Exercícios Anteriores – CNPJ
146	8915	Recuperação de Despesas de Exercícios Anteriores – CPF
147	8940	Multas Contratuais – CNPJ
148	8958	Multas Contratuais – CPF
149	9008	Benefício – NB (Preenchimento exclusivo pelo órgão emissor)
150	9016	Devolução de Pagamento de Benefício Referente a Depósito Judicial Efetuado pelo INSS – NB (Preenchimento exclusivo pelo órgão emissor)
151	9024	Devoluções de Valores Referentes a Benefícios Pagos Indevidamente pelo Agente Pagador – Exercícios Anteriores – NB

Item	Código de Receita (GPS)	Especificação da Receita
152	9040	Devoluções de Valores Referentes a Benefícios Pagos Indevidamente pelo Agente Pagador – Dentro do Exercício – NB
153	9105	Devolução de Benefícios não Pagos – CONVÊNIOS – CNPJ
154	9113	Devolução de Benefícios não Pagos – CONVÊNIOS – NB
155	9202	Devolução de Benefícios não Pagos – ACORDOS INTERNACIONAIS – CNPJ
156	9210	Devolução de Benefícios não Pagos – ACORDOS INTERNACIONAIS – NB
157	9601	Recebimento de Valores Referentes a Penas Alternativas FRGPS – CNPJ
158	9610	Recebimento de Valores Referentes a Penas Alternativas FRGPS – CPF
159	9636	Recebimento Valores em Ações Regressivas Acidentárias do INSS – CNPJ
160	9652	Recebimento Valores Ações Regressivas Acidentárias do INSS – CPF

Por meio do Ato Declaratório Executivo Codac no 24/2015 foi instituído o código de receita 4105 – Parcelamento – CEI para ser utilizado em recolhimento por meio de Guia da Previdência Social (GPS).

Por meio do Ato Declaratório Executivo Codac nº 19/2017 foram instituídos os seguintes códigos de receita para serem utilizados em recolhimentos por meio de Guia da Previdência Social (GPS):

- 4141 – Pert – Previdenciário – Pessoa jurídica; e
- 4142 – Pert – Previdenciário – Pessoa física.

11.4 Relação de Códigos de Receita para utilização no preenchimento do DARF

A tabela adiante foi reproduzida conforme o "Anexo Único" do Ato Declaratório Executivo Codac nº 38/2014, o qual institui os códigos de receita para serem utilizados no preenchimento de Documento de Arrecadação de Receitas Federais (DARF).

ANEXO ÚNICO

Item	Código de Receita	Especificação da Receita
1	2096	Contribuição Segurados – Lançamento de Ofício
2	2141	Contribuição Empresa/Empregador – Lançamento de Ofício
3	2158	Contribuição Riscos Ambientais/Aposentadoria Especial – Lançamento de Ofício
4	2193	Contribuição Sujeita à Retenção Previdenciária – Lançamento de Ofício
5	2164	Contribuição Devida a Outras Entidades e Fundos – Salário-Educação – Lançamento de Ofício
6	2187	Contribuição Devida a Outras Entidades e Fundos – Serviço Nacional de Aprendizagem Rural – Senar – Lançamento de Ofício
7	2249	Contribuição Devida a Outras Entidades e Fundos – Instituto Nacional de Colonização e Reforma Agrária (Incra) – Lançamento de Ofício
8	2255	Contribuição Devida a Outras Entidades e Fundos – Fundo Aeroviário – Lançamento de Ofício
9	2261	Contribuição Devida a Outras Entidades e Fundos – Fundo de Desenvolvimento do Ensino Profissional Marítimo (FDEPM) – Lançamento de Ofício
10	2278	Contribuição Devida a Outras Entidades e Fundos – Serviço Nacional de Aprendizagem do Transporte (Senat) – Lançamento de Ofício
11	2290	Contribuição Devida a Outras Entidades e Fundos – Serviço Social de Transporte (Sest) – Lançamento de Ofício
12	2317	Contribuição Devida a Outras Entidades e Fundos – Serviço Nacional de Aprendizagem Industrial (Senai) – Lançamento de Ofício
13	2323	Contribuição Devida a Outras Entidades e Fundos – Serviço Social da Indústria (Sesi) – Lançamento de Ofício
14	2346	Contribuição Devida a Outras Entidades e Fundos – Serviço Nacional de Aprendizagem Comercial (Senac) – Lançamento de Ofício
15	2352	Contribuição Devida a Outras Entidades e Fundos – Serviço Social do Comércio (Sesc) – Lançamento de Ofício
16	2369	Cide – Contribuição Devida a Outras Entidades e Fundos – Serviço Brasileiro de Apoio às Micro e Pequenas Empresas – Sebrae/Apex/ABDI – Lançamento de Ofício

Item	Código de Receita	Especificação da Receita
17	2381	Contribuição Devida a Outras Entidades e Fundos – Serviço Nacional de Aprendizagem do Cooperativismo (Sescoop) – Lançamento de Ofício
18	2398	Multa Isolada Compensação Previdenciária Indevida
19	2408	Multa Regulamentar Descumprimento de Obrigação Acessória Previdenciária – Lançamento de Ofício
20	2414	Glosa de Compensação Previdenciária – Lançamento de Ofício
21	4857	Contribuição Previdenciária sobre a Receita Bruta de Associações Desportivas que Mantêm Equipe de Futebol Profissional em Substituição à Contribuição Patronal – Lançamento de Ofício
22	4863	Contribuição Previdenciária sobre a Receita Bruta da Comercialização da Produção Rural da PJ, da PF e do Segurado Especial em Substituição à Contribuição Patronal – Lançamento de Ofício

O Ato Declaratório Executivo Codac nº 86/2011, alterado pelo Ato Declaratório Executivo Codac nº 33/2013, instituiu os seguintes códigos de receita para serem utilizados no preenchimento de DARF:

a) 2985 – Contribuição Previdenciária sobre a Receita Bruta – Art. 7º da Lei nº 12.546/2011; e

b) 2991 – Contribuição Previdenciária sobre a Receita Bruta – Art. 8º da Lei nº 12.546/2011.

O Ato Declaratório Executivo Codac nº 24/2016 divulgou os códigos de receita a serem utilizados no Documento para Depósitos Judiciais ou Extrajudiciais à Ordem e à Disposição da Autoridade Judicial ou Administrativa Competente. Pelo Ato Declaratório Executivo Codac nº 31/2013, foi instituído o código de receita 3601 – Contribuição Previdenciária Sobre a Receita Bruta – Lançada de Ofício, para ser utilizado no preenchimento de DARF.

Pelo do Ato Declaratório Executivo Codac nº 34/2013, foi instituído o código de receita 3618 – Compensação Previdenciária Indevida em GFIP, para ser utilizado no preenchimento de DARF.

Pelo do Ato Declaratório Executivo Codac nº 44/2013, foram instituídos os seguintes códigos de receita para serem utilizados no preenchimento de DARF:

a) 3647 – Encargos por Recolhimento fora do Prazo – Documento de Arrecadação do Empregador Doméstico (DAE); e

b) 3653 – Encargos por Repasse fora do Prazo – Instituição Financeira Centralizadora – Documento de Arrecadação do Empregador Doméstico (DAE).

Por meio do Ato Declaratório Executivo Codac nº 1/2017, foi instituído o código de receita 5184 – Programa de Regularização Tributária (PRT) – Demais Débitos, para ser utilizado no preenchimento de DARF.

Por meio do Ato Declaratório Executivo Codac nº 18/2017, foi instituído o código de receita 5190 – Programa Especial de Regularização Tributária (Pert) – Demais Débitos para ser utilizado em Documento de Arrecadação de Receitas Federais (DARF).

Por meio do Ato Declaratório Executivo Codac nº 27/2017, foi instituído o código de receita 5161 – Programa de Regularização Tributária Rural (PRR) para ser utilizado em Documento de Arrecadação de Receitas Federais (DARF).

Por meio do Ato Declaratório Executivo Codac nº 38/2017, foi instituído o código de receita 1872 – Segurado Empregado – Recolhimento Mensal – Complemento para ser utilizado em Documento de Arrecadação de Receitas Federais (DARF).

O Ato Declaratório Executivo Codac nº 17/2014 instituiu os códigos de receita constantes do seu Anexo Único para serem utilizados no preenchimento de DARF.

ANEXO ÚNICO

Item	Código de Receita (Darf)	Especificação da Receita
1	3780	Reabertura Lei nº 11.941, de 2009 – PGFN – Débitos Previdenciários – Parcelamento de Dívidas Não Parceladas Anteriormente – Art. 1º
2	3796	Reabertura Lei nº 11.941, de 2009 – PGFN – Débitos Previdenciários – Parcelamento de Saldo Remanescente dos Programas Refis, Paes, Paex e Parcelamentos Ordinários – Art. 3º

Item	Código de Receita (Darf)	Especificação da Receita
3	3812	Reabertura Lei nº 11.941/2009 – PGFN – Débitos Previdenciários – Pagamento à vista com utilização de Prejuízo Fiscal e Base de Cálculo Negativa da CSLL para liquidar multa e juros
4	3829	Reabertura Lei nº 11.941, de 2009 – PGFN – Demais Débitos – Pagamento à vista com utilização de Prejuízo Fiscal e Base de Cálculo Negativa da CSLL para liquidar multa e juros
5	3835	Reabertura Lei nº 11.941, de 2009 – PGFN – Demais Débitos – Parcelamento de Dívidas Não Parceladas Anteriormente – Art. 1º
6	3841	Reabertura Lei nº 11.941, de 2009 – PGFN – Demais Débitos – Parcelamento de Saldo Remanescente dos Programas Refis, Paes, Paex e Parcelamentos Ordinários – Art. 3º
7	3858	Reabertura Lei nº 11.941, de 2009 – PGFN – Parcelamento Dívida Decorrente de Aproveitamento Indevido de Créditos de IPI – Art. 2º
8	3870	Reabertura Lei nº 11.941, de 2009 – RFB – Débitos Previdenciários – Parcelamento de Dívidas Não Parceladas Anteriormente – Art. 1º
9	3887	Reabertura Lei nº 11.941, de 2009 – RFB – Débitos Previdenciários – Parcelamento de Saldo Remanescente dos Programas Refis, Paes, Paex e Parcelamentos Ordinários – Art. 3º
10	3903	Reabertura Lei nº 11.941/2009 – RFB – Débitos Previdenciários – Pagamento à vista com utilização de Prejuízo Fiscal e Base de Cálculo Negativa da CSLL para liquidar multa e juros
11	3910	Reabertura Lei nº 11.941, de 2009 – RFB – Demais Débitos – Pagamento à vista com utilização de Prejuízo Fiscal e Base de Cálculo Negativa da CSLL para liquidar multa e juros
12	3926	Reabertura Lei nº 11.941, de 2009 – RFB – Demais Débitos – Parcelamento de Dívidas Não Parceladas Anteriormente – Art. 1º
13	3932	Reabertura Lei nº 11.941, de 2009 – RFB – Demais Débitos – Parcelamento de Saldo Remanescente dos Programas Refis, Paes, Paex e Parcelamentos Ordinários – Art. 3º
14	3955	Reabertura Lei nº 11.941, de 2009 – RFB – Parcelamento Dívida Decorrente de Aproveitamento Indevido de Créditos de IPI – Art. 2º
15	4007	Lei nº 12.865, de 2013 – RFB – Parcelamento – PIS/COFINS – Instituições Financeiras e Cias. Seguradoras – Art. 39, *caput*

Item	Código de Receita (Darf)	Especificação da Receita
16	4071	Lei nº 12.865, de 2013 – RFB – Pagamento à Vista – PIS/COFINS – Instituições Financeiras e Cias. Seguradoras – Art. 39, *caput*
17	4013	Lei nº 12.865, de 2013 – PGFN – Parcelamento – PIS/COFINS – Instituições Financeiras e Cias. Seguradoras – Art. 39, *caput*
18	4088	Lei nº 12.865, de 2013 – PGFN – Pagamento à Vista – PIS/COFINS – Instituições Financeiras e Cias. Seguradoras – Art. 39, *caput*
19	4020	Lei nº 12.865, de 2013 – RFB – Parcelamento PIS/COFINS – Art. 39, § 1º
20	4094	Lei nº 12.865, de 2013 – RFB – Pagamento à Vista – PIS/Cofins – Art. 39, § 1º
21	4042	Lei nº 12.865, de 2013 – PGFN – Parcelamento PIS/COFINS – Art. 39, § 1º
22	4104	Lei nº 12.865, de 2013 – PGFN – Pagamento à Vista – PIS/Cofins – Art. 39, § 1º
23	4059	Lei nº 12.865, de 2013 – RFB – Parcelamento IRPJ/CSLL – Art. 40
24	4110	Lei nº 12.865, de 2013 – RFB – Pagamento à Vista – IRPJ/CSLL – Art. 40
25	4065	Lei nº 12.865, de 2013 – PGFN – Parcelamento IRPJ/CSLL – Art. 40
26	4127	Lei nº 12.865, de 2013 – PGFN – Pagamento à Vista – IRPJ/CSLL – Art. 40

O Ato Declaratório Executivo Codac nº 24/2014 instituiu os códigos de receita constantes do seu Anexo Único para serem utilizados no preenchimento de DARF.

ANEXO ÚNICO

Item	Código de Receita (Darf)	Especificação da Receita
1	4720	Lei nº 12.996, de 2014 – PGFN – Débitos Previdenciários – Parcelamento
2	4737	Lei nº 12.996, de 2014 – PGFN – Demais Débitos – Parcelamento

Item	Código de Receita (Darf)	Especificação da Receita
3	4743	Lei nº 12.996, de 2014 – RFB – Débitos Previdenciários – Parcelamento
4	4750	Lei nº 12.996, de 2014 – RFB – Demais Débitos – Parcelamento
5	4766	Lei nº 12.996, de 2014 – PGFN – Débitos Previdenciários – Pagamento à vista com utilização de Prejuízo Fiscal e Base de Cálculo Negativa da CSLL
6	4772	Lei nº 12.996, de 2014 – PGFN – Demais Débitos – Pagamento à vista com utilização de Prejuízo Fiscal e Base de Cálculo Negativa da CSLL
7	4789	Lei nº 12.996, de 2014 – RFB – Débitos Previdenciários – Pagamento à vista com utilização de Prejuízo Fiscal e Base de Cálculo Negativa da CSLL
8	4795	Lei nº 12.996, de 2014 – RFB – Demais Débitos – Pagamento à vista com utilização de Prejuízo Fiscal e Base de Cálculo Negativa da CSLL

Pelo Declaratório Executivo Codac nº 9/2015, foi instituído o código de receita 5041 – Contribuição Previdenciária sobre a Folha de Pagamento de Benefícios do Regime Geral de Previdência Social para ser utilizado em Documento de Arrecadação de Receitas Federais (DARF).

Por meio do Ato Declaratório Executivo Codac nº 17/2017 foi instituído o código de receita 5525 – "Programa de Regularização de Débitos Previdenciários dos Estados e dos Municípios (PREM) – MP 778/2017" para ser utilizado em DARF.

Pelo § 6º do art. 5º da Portaria RFB/PGFN nº 1.340/2015 e pelo Ato Declaratório Executivo Codac nº 13/2015, foram instituídos os seguintes códigos de receita para serem utilizados no preenchimento da Guia da Previdência Social (GPS) e do Documento de Arrecadação de Receitas Federais (DARF), com vistas ao parcelamento de débitos previstos na Lei nº 13.155/2015:

- 4103, para pagamento, por meio de GPS, dos débitos previdenciários administrados pela RFB e pela PGFN;
- 5064 – Parcelamento Profut – Demais Débitos – RFB; e
- 5087 – Parcelamento Profut – Demais Débitos – PGFN.

11.5 Contribuição dos empregados

11.5.1 Salário de contribuição

Considera-se salário de contribuição as importâncias recebidas em uma ou mais empresas, assim entendida a totalidade dos rendimentos pagos, devidos ou creditados a qualquer título, durante o mês, destinados a retribuir o trabalho, qualquer que seja a sua forma, inclusive os ganhos habituais sob a forma de utilidades e os adiantamentos decorrentes de reajuste salarial, quer pelos serviços efetivamente prestados, quer pelo tempo à disposição do empregador ou do tomador de serviços, nos termos da lei ou do contrato ou, ainda, de convenção ou de acordo coletivo de trabalho ou de sentença normativa, em relação aos segurados empregados e trabalhadores avulsos. A contribuição previdenciária dos empregados, trabalhadores avulsos e empregado doméstico é calculada mediante a aplicação da correspondente alíquota (8%, 9% ou 11%), de forma não cumulativa, sobre o seu salário de contribuição mensal.

São segurados obrigatórios da Previdência Social na qualidade de segurado empregado, entre outros:

1. aquele que presta serviço de natureza urbana ou rural à empresa, em caráter não eventual, sob sua subordinação e mediante remuneração, inclusive como diretor empregado;
2. aquele que, contratado por empresa de trabalho temporário, presta serviço para atender à necessidade transitória de substituição de pessoal regular e permanente ou a demanda complementar de serviços de outras empresas, na forma da legislação própria;
3. o brasileiro ou o estrangeiro domiciliado e contratado no Brasil para trabalhar como empregado no exterior, em sucursal ou agência de empresa constituída sob as leis brasileiras e que tenha sede e administração no País;
4. o brasileiro ou o estrangeiro domiciliado e contratado no Brasil para trabalhar como empregado em empresa domiciliada no exterior, com maioria do capital votante pertencente à empresa constituída sob as leis brasileiras, que tenha sede e administração no País e cujo controle efetivo esteja em caráter permanente sob a titularidade direta ou indireta de pessoas

físicas, domiciliadas e residentes no País ou de entidade de direito público interno;

5. aquele que presta serviço no Brasil à missão diplomática ou à repartição consular de carreira estrangeira e a órgãos a elas subordinados, ou a membros dessas missões e repartições, excluídos o não brasileiro sem residência permanente no Brasil e o brasileiro amparado pela legislação previdenciária do país da respectiva missão diplomática ou repartição consular;
6. o brasileiro civil que trabalha para a União no exterior, em organismos oficiais internacionais dos quais o Brasil seja membro efetivo, ainda que lá domiciliado e contratado, salvo se amparado por regime próprio de previdência social;
7. o brasileiro civil que presta serviços à União no exterior, em repartições governamentais brasileiras, lá domiciliado e contratado, inclusive o auxiliar local de que tratam os artigos 56 e 57 da Lei 11.440/2006, este desde que, em razão de proibição legal, não possa filiar-se ao sistema previdenciário local;
8. o bolsista e o estagiário que prestam serviços à empresa, em desacordo com a Lei nº 11.788/2008;
9. o servidor da União, do Estado, do Distrito Federal ou do Município, incluídas suas autarquias e fundações, ocupante, exclusivamente, de cargo em comissão declarado em lei de livre nomeação e exoneração;
10. o servidor do Estado, do Distrito Federal ou do Município, bem como o das respectivas autarquias e fundações, ocupante de cargo efetivo, desde que, nesta qualidade, não esteja amparado por regime próprio de previdência social;
11. o servidor contratado pela União, Estado, Distrito Federal ou Município, bem como pelas respectivas autarquias e fundações, por tempo determinado, para atender à necessidade temporária de excepcional interesse público, nos termos do inciso IX do artigo 37 da Constituição Federal;
12. o servidor da União, do Estado, do Distrito Federal ou do Município, incluídas suas autarquias e fundações, ocupante de emprego público;

13. o escrevente e o auxiliar contratados por titular de serviços notariais e de registro a partir de 21 de novembro de 1994, bem como aquele que optou pelo Regime Geral de Previdência Social, em conformidade com a Lei nº 8.935, de 18 de novembro de 1994;
14. o exercente de mandato eletivo federal, estadual ou municipal, desde que não vinculado a regime próprio de previdência social;
15. o empregado de organismo oficial internacional ou estrangeiro em funcionamento no Brasil, salvo quando coberto por regime próprio de previdência social;
16. o trabalhador rural contratado por produtor rural pessoa física, na forma do artigo 14-A da Lei nº 5.889/1973, para o exercício de atividades de natureza temporária por prazo não superior a 2 meses dentro do período de 1 ano.

11.6 Contribuição do contribuinte individual

11.6.1 Autônomo

O trabalhador autônomo é aquele que exerce a sua atividade por conta própria, com independência, sem subordinação. Não há no exercício da atividade autônoma uma subordinação típica a outrem, podendo o trabalhador livremente adotar diversos procedimentos disponíveis na execução do seu trabalho.

Uma notável característica do trabalhador autônomo vinculase ao fato de poder fazer-se substituir por outrem na execução dos serviços, o que não ocorre com o empregado, situação em que o exercício da atividade é sempre em caráter pessoal.

Exemplos de trabalhadores autônomos

a) quem presta serviço de natureza urbana ou rural, em caráter eventual ou contínuo, a uma ou mais empresas, sem relação de emprego;
b) a pessoa física que exerce, por conta própria, atividade econômica de natureza urbana, com fins lucrativos ou não;
c) o cooperado de cooperativa de produção que, nesta condição, presta serviço à sociedade cooperativa mediante remuneração ajustada ao trabalho executado;

d) o marisqueiro que, sem utilizar embarcação pesqueira, exerce atividade de captura dos elementos animais ou vegetais, com o auxílio de empregado;
e) o síndico da massa falida, o administrador judicial, definido pela Lei nº 11.101/2005, e o comissário de concordata, quando remunerados;
f) o médico-residente ou o residente em área profissional da saúde, contratados, respectivamente, na forma da Lei nº 6.932/1981 e da Lei nº 11.129/2005;
g) o árbitro de jogos desportivos e seus auxiliares;
h) a pessoa física contratada por partido político ou por candidato a cargo eletivo, para, mediante remuneração, prestar serviços em campanhas eleitorais;
i) o condutor autônomo de veículo rodoviário, assim considerado o que exerce atividade profissional sem vínculo empregatício, quando proprietário, coproprietário ou promitente comprador de um só veículo;
j) os auxiliares de condutor autônomo de veículo rodoviário, no máximo de 2, que exercem atividade profissional em veículo cedido em regime de colaboração.

A reforma trabalhista, instituída pela Lei nº 13.467/2017 modificou a redação do art. 442B da CLT para determinar que a contratação do autônomo seja de forma contínua ou eventual, com ou sem exclusividade, afasta a qualidade de empregado.

11.6.2 Empresário

A legislação previdenciária considera como diretor empregado aquele que, participando ou não do risco econômico do empreendimento, seja contratado ou promovido para cargo de direção das sociedades anônimas, mantendo as características inerentes à relação de emprego e, como diretor não empregado aquele que, participando ou não do risco econômico do empreendimento, seja eleito, por assembleia geral de acionistas, para cargo de direção das sociedades anônimas, não mantendo as características inerentes à relação de emprego.

Para definir o diretor de sociedade anônima como sendo empregado ou não empregado, a legislação previdenciária observa se estão presentes na relação de trabalho os elementos caracterizadores do vínculo empregatício, sendo irrelevante para tanto, a participação do trabalhador no capital social da empresa.

Assim um diretor de S.A. mesmo que possua ações da empresa pode ser considerado empregado, desde que o número de ações que possua não seja de tal monta que lhe permita decisão direta sobre os destinos da empresa. Por outro lado, pode não possuir nenhuma ação, mas exercer a sua atividade com tal poder de mando que defina a sua condição de empregador.

O Tribunal Superior do Trabalho (TST), por meio da Súmula nº 269, consubstanciou o seu entendimento acerca do tema ao estabelecer: "O empregado eleito para ocupar cargo de diretor tem o respectivo contrato de trabalho suspenso, não se computando o tempo de serviço deste período, salvo se permanecer a subordinação jurídica inerente à relação de emprego."

O Código Civil, instituído pela Lei nº 10.406/2002, prevê em seu art. 1.061, que a sociedade por cotas de responsabilidade limitada pode ser administrada por pessoa estranha ao seu quadro societário desde que haja aprovação da unanimidade dos sócios, enquanto o capital não estiver integralizado, e de dois terços, no mínimo, após a integralização.

Daí conclui-se que, se o empregado for elevado à condição de diretor da sociedade, gozando de amplos poderes de mando, sem subordinação, passando a substituir o empregador, representando a empresa no âmbito interno e externo, estará caracterizado como um prestador de serviço sem vínculo empregatício, sendo considerado, portanto, diretor não empregado.

Contudo, é importante que inexista subordinação. Por exemplo: se para contratar, despedir empregados ou determinar reajustes salariais, o diretor depender da autorização dos sócios da empresa, poderá vir a ser configurada a subordinação jurídica, situação em que o mesmo será caracterizado como empregado.

11.6.3 Enquadramento previdenciário

Tanto o trabalhador autônomo como o empresário são segurados obrigatórios da Previdência Social, enquadrados na categoria de contribuinte individual e, assim, se encontram obrigados a proceder as suas respectivas inscrições no Regime Geral de Previdência Social (RGPS).

11.6.4 Contribuição previdenciária

O segurado contribuinte individual que não preste serviços à empresa está obrigado a recolher sua contribuição, por iniciativa própria, até o dia quinze do mês seguinte àquele a que as contribuições se referirem, prorrogando-se o vencimento para o dia útil subsequente quando não houver expediente bancário no dia quinze.

A contribuição previdenciária do contribuinte individual, inscrito no RGPS é de 20% sobre o respectivo salário de contribuição que corresponde à remuneração auferida em uma ou mais empresas ou pelo exercício de sua atividade por conta própria, durante o mês, observado o limite mínimo e máximo do salário de contribuição.

O contribuinte individual, independentemente da data de sua filiação ao RGPS, que prestar serviço a uma ou mais empresas, inclusive empregador rural pessoa jurídica e pessoa física, a associação desportiva que mantém equipe de futebol profissional e a microempresa e empresa de pequeno porte, optantes pelo Simples Nacional, têm a faculdade de deduzir, da sua contribuição mensal, quarenta e cinco por cento da contribuição da empresa, efetivamente recolhida ou declarada, incidente sobre a remuneração paga ou creditada, no respectivo mês, limitada a nove por cento do respectivo salário de contribuição.

A empresa que contratar os serviços de contribuinte individual assume a obrigação de arrecadar a contribuição previdenciária individual deste segurado, mediante desconto a ser efetuado na remuneração paga, devida ou creditada ao mesmo. O produto arrecadado deverá ser recolhido juntamente com as contribuições previdenciárias a cargo da empresa contratante, até o dia vinte do mês seguinte ao da competência, antecipando-se o vencimento para o dia útil imediatamente anterior quando não houver expediente bancário no dia vinte.

Considerando que o contribuinte individual que presta serviço a uma ou mais empresas, conforme já mencionado, pode deduzir da sua contribuição mensal quarenta e cinco por cento da contribuição da empresa, referente à remuneração, limitada essa dedução a nove por cento do seu salário de contribuição, foi fixada em onze por cento a alíquota a ser aplicada pela empresa contratante sobre o valor dos serviços prestados para efeito de desconto da contribuição previdenciária do contribuinte individual, ou seja, vinte por cento menos nove por cento (20% – 9%).

Se em determinado mês o total da remuneração recebida pelo contribuinte em decorrência dos serviços prestados a uma ou mais empresas não atingir o limite mínimo do salário de contribuição o contribuinte ficará obrigado a recolher diretamente a complementação da contribuição incidente sobre a diferença entre o limite mínimo do salário de contribuição e a remuneração total auferida. Sobre a parcela complementar, será aplicada a alíquota de vinte por cento.

Exemplo

Valor do serviço prestado à empresa durante o mês de janeiro/2019:	R$ 500,00
Limite mínimo do salário-de-contribuição no mês de janeiro/2019:	R$ 998,00
Diferença entre o limite mínimo e a remuneração auferida:	R$ 498,00
Valor da complementação da contribuição (20% de R$ 498,00):	R$ 99,60

O desconto da contribuição em comento não se aplica quando houver contratação de contribuinte individual por:

a) outro contribuinte individual equiparado à empresa;
b) produtor rural pessoa física;
c) missão diplomática e repartição consular de carreira estrangeiras.

A empresa é obrigada a fornecer ao contribuinte individual comprovante de pagamento pelos serviços prestados, consignando além dos valores da remuneração e do desconto efetuado a título de contribuição previdenciária, a sua identificação completa, inclusive com o número do CNPJ, o nome e o número da inscrição do contribuinte individual no RGPS e o compromisso de que a remuneração paga será informada na GFIP e a contribuição correspondente será recolhida.

Quando o contribuinte individual prestar serviços a mais de uma empresa ou, concomitantemente, exercer atividade como segurado empregado, empregado doméstico ou trabalhador avulso e o total das remunerações auferidas no mês for superior ao limite máximo do salário de contribuição, deverá, para efeito de controle do limite máximo de contribuição, informar o fato à empresa em que isto ocorrer da seguinte forma:

a) apresentação dos comprovantes de pagamento das remunerações como segurado empregado, inclusive o doméstico, relativos à competência anterior à da prestação de serviços; ou
b) declaração, sob as penas da lei, de que é segurado empregado, inclusive o doméstico, consignando o valor sobre o qual é descontada a contribuição naquela atividade ou que a remuneração recebida atingiu o limite máximo do salário de contribuição, identificando o nome empresarial da empresa ou empresas, com o número do CNPJ, ou o empregador doméstico que efetuou ou efetuará o desconto sobre o valor por ele declarado, quando for o caso;
c) comprovante de pagamento fornecido pela empresa na qual prestou serviço na condição de contribuinte individual do qual conste a identificação completa da empresa incluindo o seu número no CNPJ, o número de inscrição do segurado no RGPS, o valor da remuneração paga, o valor do desconto da contribuição previdenciária efetuado e o compromisso de que a remuneração paga será informada na GFIP e a contribuição correspondente será recolhida, quando for o caso.

Na hipótese de o contribuinte individual já ter sofrido, no mês, o desconto da contribuição previdenciária sobre o limite máximo do salário de contribuição em uma ou mais empresas, deverá comprovar o fato às demais empresas para as quais prestar serviços, mediante apresentação de um dos documentos mencionados nas alíneas de "a" a "c".

Se a prestação de serviços ocorrer de forma regular a pelo menos uma empresa da qual o contribuinte individual, empregado ou trabalhador avulso, receba, mês a mês, remuneração igual ou superior ao limite máximo do salário de contribuição, a declaração mencionada na alínea "b" poderá abranger um período dentro do exercício, desde que identificadas todas as competências a que se referir e, quando for o caso, daquela ou daquelas empresas que efetuarão o desconto até o limite máximo do salário de contribuição, devendo a declaração ser renovada após o período indicado ou ao término do exercício em curso, o que ocorrer primeiro.

Se por qualquer razão o segurado contribuinte individual não auferir a remuneração declarada ou receber valor inferior ao informado na declaração, deverá recolher a contribuição incidente sobre a soma das remunerações recebidas das outras empresas sobre as quais não houve o desconto em virtude da declaração prestada, observados os limites mínimo e máximo do salário de contribuição.

Nesta situação, a contribuição complementar será de onze por cento sobre a diferença entre o salário de contribuição declarado em GFIP, somadas todas as fontes pagadoras no mês e o salário de contribuição sobre o qual o segurado sofreu desconto ou de vinte por cento quando a diferença de remuneração provém de serviços prestados a outras fontes pagadoras que não contribuem com a cota patronal, por dispensa legal ou por isenção.

O contribuinte individual deve manter sob guarda cópias das mencionadas declarações juntamente com os comprovantes de pagamento, para fins de apresentação ao INSS ou à RFB quando solicitado.

A empresa manterá pelo prazo prescricional (cinco anos) as cópias dos comprovantes de pagamento ou a declaração apresentada pelo contribuinte.

Para proceder à apuração da contribuição previdenciária a ser descontada do segurado empregado, trabalhador avulso ou contribuinte individual que presta serviços remunerados a mais de uma empresa, deverá ser observado o seguinte:

a) quando se tratar do exercício concomitante de atividades como segurado empregado, empregado doméstico e trabalhador avulso:

a.1) se a remuneração total auferida for igual ou inferior ao limite máximo do salário de contribuição, a contribuição incidirá sobre o total da remuneração recebida em cada empregador, aplicando-se a alíquota de acordo com a faixa salarial correspondente ao somatório de todas as remunerações auferidas no mês;

a.2) se a remuneração total auferida for superior ao limite máximo do salário de contribuição, o segurado poderá escolher qual empregador que primeiro efetuará o desconto, cabendo aos que se sucederem efetuar o desconto sobre a parcela do salário de contribuição complementar observado o limite máximo de contribuição, aplicando-se a alíquota apurada conforme a faixa salarial correspondente à soma de todas as remunerações recebidas no mês;

b) quando se tratar de prestação de serviços somente na categoria de segurado contribuinte individual:

b.1) se a soma das remunerações auferidas no mês não for superior ao limite máximo do salário de contribuição, cada empresa aplicará, isoladamente, a alíquota de contribuição de onze por cento ou vinte por cento, conforme o caso;

b.2) se a soma das remunerações auferidas no mês ultrapassar o limite máximo do salário de contribuição, a empresa onde o fato ocorrer efetuará o desconto da contribuição de onze por cento ou vinte por cento, conforme o caso, sobre o valor correspondente à diferença entre o limite máximo e o total das remunerações sobre as quais já foram efetuados os descontos;

c) quando se tratar do exercício de atividades concomitantes nas condições de segurado contribuinte individual e segurado empregado, empregado doméstico, ou trabalhador avulso:

c.1) em relação à soma das remunerações como segurado empregado, empregado doméstico e trabalhador avulso:

– quando a remuneração global for igual ou inferior ao limite máximo do salário de contribuição, a contribuição incidirá sobre o total da remuneração recebida em cada fonte pagadora, aplicando-se a alíquota de acordo com a faixa salarial correspondente ao somatório de todas as remunerações auferidas no mês;

– se a remuneração total auferida for superior ao limite máximo do salário de contribuição, o segurado poderá escolher qual empregador que primeiro efetuará o desconto, cabendo aos que se sucederem efetuar o desconto sobre a parcela do salário de contribuição complementar observado o limite máximo de contribuição, aplicando-se a alíquota apurada conforme a faixa salarial correspondente à soma de todas as remunerações recebidas no mês;

c.2) às demais remunerações decorrentes da atividade de contribuinte individual:

- se a soma das remunerações auferidas no mês não for superior ao limite máximo do salário de contribuição, cada empresa aplicará, isoladamente, a alíquota de contribuição de onze por cento ou vinte por cento, conforme o caso, até o valor correspondente à diferença entre o limite máximo do referido salário e o valor obtido na letra "c.1";
- se ultrapassado o limite máximo do salário de contribuição, a empresa onde o fato ocorrer efetuará o desconto da contribuição devida sobre o valor correspondente à diferença entre o limite máximo e o total das remunerações sobre as quais já foram efetuados os descontos, ou seja, até o valor correspondente à diferença entre o limite máximo do referido salário e o valor obtido na letra "c.1".

A empresa deverá manter arquivadas, pelo prazo prescricional (cinco anos), cópias dos comprovantes de pagamento ou a declaração apresentada pelos segurados, para fins de apresentação ao INSS ou à RFB quando solicitado.

Cada fonte pagadora de segurado empregado, trabalhador avulso, contribuinte individual e empregado doméstico, quando for o caso, deverá informar na GFIP a existência de múltiplos vínculos ou múltiplas fontes pagadoras, adotando os procedimentos previstos no Manual da GFIP.

Caso o trabalhador exerça atividades concomitantes como contribuinte individual e empregado, empregado doméstico ou trabalhador avulso e primeiro sofrer o desconto da contribuição previdenciária como segurado contribuinte individual, para fins de observação do limite máximo do salário de contribuição, o fato deverá ser comunicado à empresa em que estiver prestando serviços como empregado ou trabalhador avulso, ou ao empregador doméstico, mediante a apresentação dos documentos a seguir:

a) comprovantes de pagamento das remunerações como segurado empregado, inclusive o doméstico, relativos à competência anterior à da prestação de serviços; ou
b) declaração, sob as penas da lei, de que é segurado empregado, inclusive o doméstico, consignando o valor sobre o qual é descontada a contribuição naquela atividade ou que a remuneração recebida atingiu o limite máximo do salário de contribuição, identificando o nome empresarial da empresa ou empresas, com o número do CNPJ, ou o empregador doméstico que efetuou ou efetuará o desconto sobre o valor por ele declarado, quando for o caso;
c) comprovante de pagamento fornecido pela empresa na qual prestou serviço na condição de contribuinte individual do qual constem a identificação completa da empresa incluindo o seu número no CNPJ, o número de inscrição do segurado no RGPS, o valor da remuneração paga, o valor do desconto da contribuição previdenciária efetuado e o compromisso de que a remuneração paga será informada na GFIP e a contribuição correspondente será recolhida, quando for o caso.

A remuneração recebida na atividade de contribuinte individual não será somada à remuneração recebida como empregado, empregado doméstico ou trabalhador avulso, para fins de enquadramento na tabela de faixas salariais para apuração da alíquota aplicada ao empregado, doméstico ou avulso; entretanto, será somada para fins de observância do limite máximo do salário de contribuição.

A empresa é obrigada a fornecer ao contribuinte individual que lhe presta serviço comprovante de pagamento da remuneração onde constem, além de sua identificação completa, inclusive com o número do CNPJ, o número da inscrição do contribuinte individual no RGPS, o valor da retribuição paga, o valor do desconto da contribuição previdenciária efetuado e o compromisso de que o valor da remuneração paga será informado na GFIP, declarando ainda que irá efetuar o recolhimento da correspondente contribuição.

Exemplos

1) Trabalhador autônomo prestou serviço no mês de janeiro/2018 no valor de:

Empresa "A" = R$ 7.000,00

Empresa "B" = R$ 2.500,00

Empresa "C" = R$ 3.900,00

A empresa "A" foi eleita para efetuar em 1º lugar o desconto e o recolhimento de:

621,04 (11% do valor dos serviços prestados, observado o teto máximo de contribuição)

Teto máximo do salário de contribuição em janeiro de 2018 = R$ 5.645,80.

Dará um recibo de pagamento a este trabalhador.

As empresas "B" e "C" não efetuarão qualquer desconto a título de contribuição previdenciária, uma vez que a empresa "A" já efetuou pelo teto máximo do salário de contribuição.

2) Trabalhador autônomo prestou serviço no mês de janeiro/2018 no valor de:

Empresa "A" = R$ 2.000,00

Empresa "B" = R$ 1.000,00

Empresa "C" = R$ 1.600,00

Empresa "D" = R$ 1.400,00

A empresa "A" efetuará o desconto e o recolhimento de:

R$ 2.000,00 × 0,11 = R$ 220,00 e fornecerá recibo de pagamento ao trabalhador.

A empresa "B" efetuará o desconto e o recolhimento de:

R$ 1.000,00 × 0,11 = R$ 110,00 e dará o recibo de pagamento ao trabalhador.

A empresa "C" efetuará o desconto e o recolhimento de R$ 1.600,00 × 0,11 = R$ 176,00 e dará o recibo de pagamento ao trabalhador.

A empresa "D" considerando os descontos já efetuados nas empresas anteriores e que o teto do salário de contribuição em janeiro de 2018 é de R$ 5.645,80, efetuará o desconto e o recolhimento de R$ 38,96 (11% de R$ 354,20 e dará o recibo de pagamento a este trabalhador. A empresa que remunera contribuinte individual que tenha comprovado a prestação de serviços a outra empresa no mesmo mês, ou que tenha exercido, concomitantemente, atividade como empregado ou trabalhador avulso, no mesmo mês, deverá informar na GFIP a existência de múltiplas fontes pagadoras e o valor efetivamente descontado por ela ou informar R$ 0,00, caso o limite máximo já tenha sido atingido nas demais empresas.

Da mesma forma, a empresa que remunera segurado empregado, o OGMO que remunera trabalhador avulso portuário ou a empresa contratante de trabalhador avulso não portuário, deverá informar na GFIP a ocorrência de múltiplas fontes pagadoras, quando o segurado empregado ou trabalhador avulso comprovar que, concomitantemente, prestou serviço como contribuinte individual a outras empresas ou que exerceu atividade de contribuinte individual por conta própria, no mesmo mês.

O comprovante de pagamento deve ser mantido à disposição da fiscalização pelo prazo prescricional.

O contribuinte individual quando prestar serviços à empresa optante pelo Simples Nacional também sofrerá o desconto da contribuição acima (onze por cento).

Quando da prestação de serviços a entidades beneficentes de assistência social isentas da cota patronal, portanto, aquelas que estão dispensadas de recolher a sua contribuição previdenciária, o contribuinte individual não poderá efetuar a dedução de nove por cento anteriormente mencionada; portanto, sofrerá o desconto de vinte por cento sobre o valor da remuneração; desconto este que será efetuado pela entidade beneficente de assistência social.

As empresas são obrigadas a efetuar a inscrição no Regime Geral de Previdência Social (RGPS) dos contribuintes individuais, caso estes não comprovem sua inscrição na data da contratação pela empresa. A inscrição poderá ser feita via Internet no *site* <www.previdenciasocial.gov.br> ou pela Central de Atendimento 135 ou em qualquer Agência da Previdência Social (APS). Caso o contribuinte seja inscrito no PIS/Pasep, a inscrição no INSS não deverá ser feita, o recolhimento dar-se-á mediante a informação do número do PIS/Pasep.

Quando o contribuinte individual, independentemente da data da sua filiação ao Regime Geral de Previdência Social, prestar serviço a outro contribuinte individual equiparado à empresa ou a produtor rural pessoa física, ou à missão diplomática e repartição consular de carreira estrangeira, poderá deduzir, da sua contribuição mensal, quarenta e cinco por cento da contribuição patronal do contratante, efetivamente recolhida ou declarada, incidente sobre a remuneração que este lhe tenha pago ou creditado, no respectivo mês, limitada a nove por cento do respectivo salário de contribuição.

Para efeito desta dedução, considera-se contribuição declarada a informação prestada na GFIP, ou no recibo de pagamento fornecido pela empresa onde constem além de sua identificação completa, inclusive com o número no CNPJ, o número de inscrição do contribuinte individual no RGPS, o valor da remuneração paga, o valor do desconto da contribuição previdenciária efetuado e o compromisso de que o valor da remuneração será incluído na GFIP e efetuado o recolhimento da correspondente contribuição.

A dedução também pode ser efetuada quando o contribuinte individual presta serviço a uma ou mais empresas, inclusive empregador rural pessoa jurídica, a associação desportiva que mantém equipe de futebol profissional e a microempresa e empresa de pequeno porte, optantes pelo Simples Nacional, conforme já mencionado. Contudo, a dedução é procedida pela empresa contratante, posto que esta passou a ser responsável pelo desconto e recolhimento da contribuição individual do contribuinte.

Observe-se que o contribuinte individual que não comprovar a regularidade da dedução terá glosado o valor indevidamente deduzido, devendo complementar as contribuições com os devidos acréscimos legais, se houver.

Se a dedução não tiver sido efetuada em época própria, poderá ser feita por ocasião do recolhimento em atraso, sendo o valor a recolher devidamente corrigido após a dedução.

No tocante à cooperativa de produção, a dedução também poderá ser efetuada. Assim, é de 11% a alíquota a ser aplicada pela cooperativa sobre o valor da cota distribuída para efeito de desconto da contribuição previdenciária do contribuinte individual.

No que se refere à cooperativa de serviços, não é possível efetuar a dedução, pois, por meio do Ato Declaratório Interpretativo RFB nº 5/2015, o Secretário da Receita Federal do Brasil divulgou, entre outros, o entendimento de que o contribuinte individual que presta serviço à empresa por intermédio de cooperativa de trabalho deve recolher a contribuição previdenciária de 20% sobre o montante da remuneração recebida ou creditada em decorrência do serviço, observados os limites mínimo e máximo do salário de contribuição.

Esse entendimento foi exarado, considerando a decisão prolatada pelo Supremo Tribunal Federal (STF), com a repercussão geral reconhecida, nos autos do Recurso Extraordinário (RE) nº 595.838, a qual declarou a inconstitucionalidade do inciso IV do art. 22 da Lei nº 8.212/1991 que determinava a contribuição previdenciária patronal (a cargo da empresa tomadora) de 15% incidente sobre o valor de serviços prestados por intermédio de cooperativas de trabalho.

Portanto, a cooperativa de serviço deverá descontar a título de contribuição previdenciária dos cooperados que por seu intermédio prestam serviços a outras empresas o valor correspondente à aplicação da alíquota de 20%.

11.6.5 Prestação de serviços a pessoas físicas

O segurado contribuinte individual, quando exercer atividade econômica por conta própria ou prestar serviço à pessoa física, ficará obrigado a recolher a sua contribuição previdenciária individual, por iniciativa própria, correspondente à aplicação da alíquota de vinte por cento sobre o total da remuneração auferida, observado o limite máximo do salário de contribuição.

O recolhimento deve ser efetuado no dia quinze do mês seguinte àquele a que as contribuições se referirem, prorrogando o vencimento para o dia útil subsequente quando não houver expediente bancário no dia quinze.

Não obstante o anteriormente exposto, por meio da Lei Complementar nº 123/2006 foi renumerado o parágrafo único, o qual passou a ser § 1º, e acrescidos os §§ 2º e 3º ao artigo 21 da Lei nº 8.212/1991, para possibilitar que o segurado contribuinte individual que trabalhe por conta própria, sem relação de trabalho com empresa ou equiparado, o segurado facultativo e o Microempreendedor Individual (este último, por força do Decreto nº 6.042/2007) optem pela exclusão do direito ao benefício de aposentadoria por tempo de contribuição, situação em que ficarão sujeitos à contribuição previdenciária sobre o valor correspondente ao limite mínimo mensal do salário de contribuição.

Nesta hipótese, a alíquota de contribuição incidente sobre o limite mínimo mensal do salário de contribuição será de:

a) 11% no caso do segurado contribuinte individual, ressalvado o disposto na letra "b" a seguir, que trabalhe por conta própria, sem relação de trabalho com empresa ou equiparado e do segurado facultativo;

b) 5%:
   - no caso do microempreendedor individual; e
   - no caso segurado facultativo sem renda própria que se dedique exclusivamente ao trabalho doméstico no âmbito de sua residência, desde que pertencente a família de baixa renda.

O segurado que tenha contribuído na forma das letras "a" e "b" e pretenda contar o tempo de contribuição correspondente para fins de obtenção da aposentadoria por tempo de contribuição ou da contagem recíproca do tempo de contribuição, deverá complementar a contribuição mensal mediante recolhimento, sobre o valor correspondente ao limite mínimo mensal do salário-de-contribuição em vigor na competência a ser complementada, da diferença entre o percentual pago e o de 20%, acrescido dos juros moratórios. A mencionada contribuição complementar será exigida a qualquer tempo, sob pena de indeferimento ou cancelamento do benefício.

11.6.6 Contribuinte individual

São segurados obrigatórios da Previdência Social como contribuinte individual, entre outros:

1. a pessoa física, proprietária ou não, que explora atividade agropecuária, a qualquer título, em caráter permanente ou temporário, em área, contínua ou descontínua, superior a quatro módulos fiscais; ou, quando em área igual ou inferior a quatro módulos fiscais ou atividade pesqueira ou extrativista, com auxílio de empregados ou por intermédio de prepostos;
2. a pessoa física, proprietária ou não, que explora atividade de extração mineral – garimpo -, em caráter permanente ou

temporário, diretamente ou por intermédio de prepostos, com ou sem o auxílio de empregados, utilizados a qualquer título, ainda que de forma não contínua;

3. o ministro de confissão religiosa e o membro de instituto de vida consagrada, de congregação ou de ordem religiosa;
4. o brasileiro civil que trabalha no exterior para organismo oficial internacional do qual o Brasil é membro efetivo, ainda que lá domiciliado e contratado, salvo quando coberto por regime próprio de previdência social;
5. o titular de firma individual urbana ou rural;
6. o diretor não empregado e o membro de conselho de administração na sociedade anônima;
7. todos os sócios, nas sociedades em nome coletivo e de capital e indústria;
8. o sócio-gerente e o sócio-cotista que recebam remuneração decorrente de seu trabalho e o administrador não empregado na sociedade por cotas de responsabilidade limitada, urbana ou rural;
9. o associado eleito para cargo de direção em cooperativa, associação ou entidade de qualquer natureza ou finalidade, bem como o síndico ou administrador eleito para exercer atividade de direção condominial, desde que recebam remuneração;
10. quem presta serviço de natureza urbana ou rural, em caráter eventual, a uma ou mais empresas, sem relação de emprego;
11. a pessoa física que exerce, por conta própria, atividade econômica de natureza urbana, com fins lucrativos ou não;
12. o aposentado de qualquer regime previdenciário nomeado magistrado classista temporário da Justiça do Trabalho, na forma dos incisos II do § 1º do artigo 111 ou III do artigo 115 ou do parágrafo único do artigo 116 da Constituição Federal, ou nomeado magistrado da Justiça Eleitoral, na forma dos incisos II do artigo 119 ou III do § 1º do artigo 120 da Constituição Federal;
13. o cooperado de cooperativa de produção que, nesta condição, presta serviço à sociedade cooperativa mediante remuneração ajustada ao trabalho executado; e

14. o Microempreendedor Individual (MEI) de que tratam os artigos 18-A e 18-C da Lei Complementar nº 123, de 14 de dezembro de 2006, que opte pelo recolhimento dos impostos e contribuições abrangidos pelo Simples Nacional em valores fixos mensais.

11.7 Parcelas que não integram o salário de contribuição

Excluem-se da remuneração de acordo com a legislação previdenciária:

I	Abono do Programa de Integração Social (PIS) e do Programa de Assistência ao Servidor Público (PASEP);
II	Abonos de férias – pecuniário correspondente a conversão de 1/3 das férias (CLT, art. 143) e aquele concedido em virtude de contrato de trabalho, regulamento da empresa, convenção ou acordo coletivo de trabalho cujo valor não exceda a 20 dias (CLT, art. 144);
III	Ajuda de custo e o adicional mensal recebidos pelo aeronauta nos termos da Lei nº 5.929/1973;
IV	Ajuda de custo;
V	Alimentação, habitação e transporte fornecidos pela empresa ao empregado contratado para trabalhar em localidade distante da de sua residência, em canteiro de obras ou local que, por força da atividade, exija deslocamento e estada, observadas as normas de proteção estabelecidas pelo Ministério do Trabalho;
VI	Auxílio-alimentação (vedado o pagamento em dinheiro)
VII	Assistência ao trabalhador da agroindústria canavieira, de que trata a Lei nº 4.870/1965, art. 36;
VIII	Benefícios da Previdência Social, nos termos e limites legais, salvo o salário-maternidade;
IX	Bolsa de complementação educacional de estagiário, quando paga nos termos da Lei nº 11.788/2008;
X	Bolsa de ensino, pesquisa e extensão pagas pelas instituições federais de ensino superior, de pesquisa científica e tecnológica e pelas fundações de apoio, em conformidade com a Lei nº 8.958/1994;
XI	Complementação ao valor do auxílio-doença, desde que este direito seja extensivo à totalidade dos empregados da empresa;
XII	Diárias para viagens;
XIII	Direitos autorais – valores recebidos em decorrência da sua cessão;
XIV	Férias indenizadas e respectivo adicional constitucional, inclusive o valor correspondente à dobra da remuneração de férias de que trata a CLT, art. 137;
XV	Ganhos eventuais expressamente desvinculados do salário por força de lei;

XVI	Indenização a que se refere a Lei nº 7.238/1984, art. 9º – dispensa sem justa causa até trinta dias antes da data base;
XVII	Indenização compensatória de 40% do montante depositado no FGTS, como proteção à relação de emprego contra a despedida arbitrária ou sem justa causa, previstas no Ato das Disposições Constitucionais Transitórias, art. 10, I;
XVIII	Indenização do tempo de serviço do safrista, quando da expiração normal do contrato – Lei n° 5.889/1973, art. 14;
XIX	Indenização por despedida sem justa causa do empregado nos contratos por prazo determinado – CLT, art. 479;
XX	Indenização por tempo de serviço, anterior a 5 de outubro de 1988, do empregado não optante pelo FGTS;
XXI	Indenização recebida a título de incentivo à demissão;
XXII	Indenizações previstas na CLT, arts. 496 e 497;
XXIII	Licença prêmio indenizada;
XXIV	Multa paga ao empregado em decorrência da mora no pagamento das parcelas constantes do instrumento de rescisão do contrato de trabalho, conforme previsto na CLT, art. 477, § 8º;
XXV	Parcela in natura recebida de acordo com os programas de alimentação aprovados pelo Ministério do Trabalho (MTb), nos termos da Lei nº 6.321/1976;
XXVI	Participação nos lucros ou resultados da empresa, quando paga ou creditada de acordo com lei específica;
XXVII	Plano educacional que vise à educação básica, nos termos da Lei nº 9.394/1996, art. 21, e a cursos de capacitação e qualificação profissionais vinculados às atividades desenvolvidas pela empresa, desde que este não seja utilizado em substituição de parcela salarial e que todos os empregados e dirigentes tenham acesso ao mesmo; Nota Por meio do art. 15 da Lei nº 12.513/2011, a alínea "t" do § 9º do art. 28 da Lei nº 8.212/1991 foi alterada para dispor que não integra o salário-de-contribuição o valor relativo a plano educacional, ou bolsa de estudo, que vise à educação básica de empregados e seus dependentes e desde que vinculada às atividades desenvolvidas pela empresa, à educação profissional e tecnológica de empregados, nos termos da Lei nº 9.394/1996, contanto que: a) não seja utilizado em substituição de parcela salarial; b) o valor mensal do plano educacional ou bolsa de estudo, considerado individualmente, não ultrapasse 5% da remuneração do segurado a que se destina ou o valor correspondente a uma vez e meia o valor do limite mínimo mensal do salário-de-contribuição, o que for maior.
XXVIII	Previdência complementar, aberta ou fechada – valor da contribuição efetivamente paga pela pessoa jurídica, desde que disponível à totalidade de seus empregados e dirigentes, observados, no que couber, a CLT, arts. 9º e 468;

XXIX	Reembolso babá, limitado ao menor salário-de-contribuição mensal e condicionado à comprovação do registro na carteira de trabalho e previdência social da empregada, do pagamento da remuneração e do recolhimento da contribuição previdenciária, pago em conformidade com a legislação trabalhista, observado o limite máximo de seis anos de idade da criança;
XXX	Reembolso creche pago em conformidade com a legislação trabalhista, observado o limite máximo de seis anos de idade, quando devidamente comprovadas as despesas realizadas;
XXXI	Ressarcimento de despesas pelo uso de veículo do empregado, quando devidamente comprovadas;
XXXII	Serviço médico ou odontológico, próprio da empresa ou por ela conveniado, inclusive o reembolso de despesas com medicamentos, óculos, aparelhos ortopédicos, despesas médico-hospitalares e outras similares;
XXXIII	Vale transporte, recebido na forma da legislação própria;
XXXIV	Vestuários, equipamentos e outros acessórios fornecidos ao empregado e utilizados no local do trabalho para prestação dos respectivos serviços;
XXXV	Valor das contribuições efetivamente pago pela pessoa jurídica relativo à prêmio de seguro de vida em grupo, desde que previsto em acordo ou convenção coletiva de trabalho e disponível a totalidade de seus empregados e dirigentes, observados, no que couber, os arts. 9° e 468 da CLT;
XXXVI	Valor despendido por entidade religiosa ou instituição de ensino vocacional com ministro de confissão religiosa, membro de instituto de vida consagrada, de congregação ou de ordem religiosa em face do seu mister religioso ou para sua subsistência, desde que fornecido em condições que independam da natureza e da quantidade do trabalho executado.
XXXVII	Prêmios
XXXVIII	Abonos

As mencionadas parcelas quando pagas ou creditadas em desacordo com a legislação pertinente, integram o salário de contribuição para todos os fins e efeitos, sem prejuízo das cominações legais cabíveis.

CAPÍTULO 5
Retenção Previdenciária

Numa tentativa de evitar a evasão das contribuições previdenciárias relativas às empresas prestadoras de serviço, as quais, normalmente, têm alta rotatividade de mão de obra, o que dificulta a fiscalização, bem como de simplificar as obrigações do tomador dos serviços no tocante à responsabilidade solidária que assumia em relação às contribuições previdenciárias correspondentes à remuneração dos trabalhadores da empresa prestadora, no período da respectiva prestação dos serviços, houve por bem o legislador substituir o instituto da responsabilidade solidária pela retenção de valor correspondente à aplicação, em geral, do percentual de 11% sobre o valor dos serviços prestados.

Esta sistemática simplificou a atuação do tomador dos serviços, posto que este deixa de ser responsável solidário em relação às contribuições previdenciárias dos prestadores de serviço, desde que efetuem a retenção determinada, e também reduziu em muito a evasão das contribuições, posto que garante ao INSS, previamente, a retenção e o recolhimento da quantia correspondente à aplicação de um determinado percentual sobre o valor da mão de obra, facilitando, ainda, a fiscalização nas empresas prestadoras, uma vez que a ocorrência da atividade é informada pela tomadora dos serviços, quando esta recolhe em nome da prestadora o correspondente valor retido.

Desde 1º.04.2003, este percentual (11%) foi acrescido de 4%, 3% ou 2%, passando, portanto, para 15%, 14% ou 13%, caso os serviços sejam prestados por empregados cuja atividade exercida na empresa contratante permita a concessão de aposentadoria especial após 15, 20 ou 25 anos de contribuição, respectivamente.

Os percentuais adicionais incidem, tão somente, sobre o valor da mão de obra relativa aos trabalhadores expostos a agentes nocivos prejudiciais à saúde ou à integridade física que permitem a concessão de aposentadoria especial.

Para identificação da base de cálculo da retenção adicional, a empresa contratada deverá emitir nota fiscal, fatura ou recibo de prestação de serviço específica para os serviços prestados em condições especiais pelos segurados empregados ou discriminar na nota fiscal, fatura ou recibo de prestação de serviços o valor dos serviços prestados em condições especiais.

Quando a contratante desenvolver atividades em condições especiais e não houver a previsão no contrato da utilização ou não dos trabalhadores contratados nessas atividades, incidirá, sobre o valor total dos serviços contido na nota fiscal, fatura ou recibo de prestação de serviços o percentual adicional de retenção correspondente às atividades em condições especiais desenvolvidas pela empresa ou, não sendo possível identificar as atividades, o percentual mínimo de 2%.

Caso o contrato preveja a utilização de trabalhadores na execução de atividades em condições especiais que os exponham a agentes nocivos prejudiciais à saúde e à integridade física, e não havendo emissão de nota fiscal, fatura ou recibo de prestação dos serviços específica ou discriminação do valor desses serviços na nota fiscal, fatura ou recibo, a base de cálculo para a incidência da alíquota adicional será proporcional ao número de trabalhadores envolvidos nas atividades exercidas em condições especiais, se houver a possibilidade de identificação dos trabalhadores envolvidos e dos não envolvidos com as atividades exercidas em condições especiais.

Exemplo

Valor total dos serviços = R$ 15.000,00

Número total de empregados = 50

Número de empregados que exercem atividades sujeitas a condições especiais = 30

Cálculo:

R$ 15.000,00 ÷ 50 = R$ 300,00

R$ 300,00 × 30 = R$ 9.000,00

Base de cálculo para a incidência da contribuição adicional

Caso não haja a possibilidade de identificar o número de trabalhadores envolvidos e não envolvidos com as atividades em condições especiais, a retenção adicional incidirá sobre o valor total dos serviços contido na nota fiscal, fatura ou recibo, no percentual correspondente à atividade especial.

Assim, estabeleceu a legislação que qualquer empresa contratante de determinados serviços, mediante cessão de mão de obra e outros a título de empreitada, fica obrigada a reter e recolher a importância correspondente à aplicação de 3,5%, 11%, 15%, 14% ou 13%, conforme o caso, sobre o valor da mão de obra contido em nota fiscal, fatura ou recibo de prestação de serviço.

Não é, portanto, qualquer serviço prestado mediante cessão de mão de obra ou empreitada que está sujeito à retenção, mas somente aqueles que para este fim foram relacionados pela legislação.

A relação dos serviços fixada em lei é exaustiva e não exemplificativa, o que vale dizer que exclusivamente os serviços constantes da relação é que sofrem a retenção, e nenhum outro. Entretanto, a pormenorização das tarefas compreendidas em cada um dos serviços relacionados nas normas legais é exemplificativa.

Atos normativos da Receita Federal do Brasil estabeleceram os procedimentos a serem observados na aplicação, no recolhimento e na fiscalização da retenção previdenciária. Observe-se que não se trata de retenção de contribuição e sim de retenção de um valor representado por um percentual aplicado sobre o valor da mão de obra, o qual, posteriormente, será compensado com o valor da contribuição devida pela empresa prestadora de serviço, após a apuração desta. É, portanto, uma antecipação.

Para entendermos o instituto da retenção, quando é ou não cabível, se faz necessário analisar alguns conceitos previdenciários, a saber:

I Cessão de mão de obra

É definida como sendo a colocação de trabalhadores à disposição da empresa contratante, em suas dependências ou nas de terceiros, para realizarem serviços contínuos relacionados ou não com a atividade-fim da empresa, independentemente da natureza e da forma de contratação, inclusive mediante trabalho temporário nos termos da Lei nº 6.019/1974.

Deste conceito, pode-se apreender o seguinte:

a) colocação à disposição do contratante significa que a cessão do trabalhador ocorre em caráter não eventual, respeitados os limites do contrato, e que o contratante é quem dirigirá a prestação de serviço, posto que, se o trabalhador estivesse à disposição do prestador de serviço, este é que comandaria o desenvolvimento do trabalho;

b) o local onde os serviços serão desenvolvidos é irrelevante, podendo ocorrer no estabelecimento do tomador (empresa contratante), ou no de terceiros (o empregado trabalhará em local que não é do contratante nem do contratado, mas de um terceiro determinado pela contratante). Note-se que não haverá a prestação dos serviços nas dependências da empresa contratada, posto que, nesta hipótese, os trabalhadores não estariam à disposição da contratante;

c) os serviços a serem executados devem ser contínuos, assim entendidos aqueles dos quais a contratante necessita permanentemente, que se repitam periódica ou sistematicamente. Não importa aqui a continuidade da prestação dos serviços por parte dos trabalhadores da contratada e sim a continuidade dos serviços em si, por exemplo: a empresa comercial contratante necessita permanentemente dos serviços de cobrança, não importa se determinada contratada realizará este serviço permanentemente, podendo ser exercido por ela ou por outras contratadas, a continuidade se refere ao serviço e não ao prestador. Os serviços contínuos podem ser ligados à atividade-fim ou atividade-meio da empresa, indistintamente.

II Empresa de trabalho temporário

É a pessoa jurídica devidamente registrada no Ministério do Trabalho, responsável pela colocação de trabalhadores, em caráter temporário, à disposição de outras empresas. Esta é a forma mais significativa da cessão de mão de obra.

III Empreitada

Constitui a execução dos serviços, tarefa ou obra, estabelecida mediante contrato, com preço ajustado, com ou sem fornecimento de material ou uso de equipamentos, que podem ser ou não utilizados, a ser realizada nas suas dependências, nas da contratada ou nas de terceiros, tendo como objeto um resultado pretendido.

Observa-se que na empreitada a empresa é contratada para realizar determinada tarefa, obra ou serviço, cabendo-lhe, portanto, direcionar os serviços dos trabalhadores, cuja execução pode ocorrer inclusive nas dependências da própria empresa contratada, o que não se verifica na cessão de mão de obra.

Há duas formas de contratação de empreitada: a de trabalho e a mista. Na primeira, ocorre apenas o fornecimento da mão de obra, e na segunda além da mão de obra é também fornecido o material, podendo ocorrer, em ambos os casos, a utilização de equipamentos ou meios mecânicos para sua execução.

IV Contrato de empreitada na construção civil

É celebrado entre o proprietário do imóvel, o dono da obra, o incorporador ou o condômino e a empresa para execução de obra ou serviço de construção civil, no todo ou em parte. Portanto, o contrato deve ser firmado somente com empresa, não podendo ocorrer, por exemplo, com pessoa física.

O contrato de empreitada pode ser total ou parcial:

a) na empreitada total, o contrato é celebrado exclusivamente com empresa construtora (assim entendida a pessoa jurídica legalmente constituída que tem por objeto social a indústria de construção civil, registrada no Conselho Regional de Engenharia e Agronomia (CREA), que assume a responsabilidade direta pela execução de todos os serviços necessários à realização da obra, compreendidos em todos os projetos a ela inerentes, com ou sem fornecimento de material.

   Considera-se, também, empreitada total o repasse integral do contrato, bem como a contratação de obra a ser realizada por consórcio constituído de acordo com o disposto no artigo 279 da Lei nº 6.404/1976, desde que pelo menos a empresa líder seja construtora, e a empreitada por preço unitário e a tarefa cuja contratação atenda aos requisitos previstos no artigo 158 da Instrução Normativa RFB nº 971/2009.

b) na empreitada parcial, o contrato é celebrado com empresa construtora ou prestadora de serviços na área de construção civil para execução de parte da obra com ou sem fornecimento de material. Portanto, não há a exigência desta empresa ser registrada no CREA, como na empreitada total.

Também receberá tratamento de empreitada parcial:

b.1) a contratação de empresa não registrada no CREA ou de empresa registrada no CREA com habilitação apenas para a realização de serviços específicos, como os de instalação hidráulica, elétrica e similares, ainda que as contratadas assumam a responsabilidade direta pela execução de todos os serviços necessários à realização da obra compreendidos em todos os projetos a ela inerentes;

b.2) a contratação de consórcio que não atenda aos requisitos mencionados anteriormente;

b.3) a reforma de pequeno valor, ou seja, a obra de responsabilidade de pessoa jurídica, que possui escrituração contábil regular, em que não há alteração de área construída, cujo custo estimado total, incluindo material e mão de obra, não ultrapasse o valor de 20 vezes o limite máximo do salário de contribuição vigente na data de início da obra;

b.4) aquela realizada por empresa construtora em que tenha ocorrido faturamento de subempreiteira diretamente para o proprietário, dono da obra ou incorporador, ainda que a subempreiteira tenha sido contratada pela construtora.

A empresa que executa obra ou serviço de construção civil, no todo ou em parte, mediante contrato de empreitada celebrado com proprietário, dono da obra, incorporador ou condômino é considerada empreiteira.

V Obra de construção civil

São os trabalhos prestados na atividade de construção civil, compreendendo a própria construção, a demolição, a reforma, o acréscimo de edificações, e quaisquer outras benfeitorias agregadas ao solo ou ao subsolo e, ainda, as obras complementares, que se integram a esse conjunto, tais como a reparação de jardins, a colocação de grades ou de instrumentos de recreação, de urbanização ou de sinalização de rodovias ou de vias públicas.

A empresa de construção civil é caracterizada como indústria, uma vez que se dispõe a transformar a matéria-prima em um novo produto acabado e pronto para a utilização. É uma indústria fundamental, básica e que emprega grande quantidade de mão de obra e atua apenas no campo das edificações, não importando o material empregado. Assim, uma casa edificada em madeira, cimento, ferro, pedras etc. é construção civil, ao passo que um navio construído com os mesmos materiais (madeira, pedra, aço etc.) não é construção civil.

O conceito de construção civil é extenso, abrangendo desde a preparação do solo (terraplenagem, limpeza do solo, remoção de rochas, abertura de poços etc.) até a limpeza final da obra após a sua conclusão. Portanto, engloba: a construção propriamente dita, a demolição, as fundações, a pintura, os revestimentos, a ampliação, a reforma, a recuperação e, em alguns casos, a própria conservação do imóvel, obras complementares e quaisquer benfeitorias agregadas ao solo ou subsolo.

VI Benfeitorias

São obras realizadas no imóvel que acrescem o seu valor, podendo ser: úteis, necessárias e de lazer. As úteis têm por finalidade facilitar a utilização do imóvel, por exemplo: a construção de um mirante de onde se possa fazer a segurança do imóvel; as necessárias objetivam a conservação do imóvel evitando a sua degeneração, por exemplo: toldos para proteger o madeiramento da sacada; as voluptuárias ou de lazer servem para mera diversão, são supérfluas, por exemplo: construção de piscinas, saunas etc. Independentemente da sua finalidade, todas elas, desde que agregadas ao solo ou subsolo, são consideradas construção civil.

VII Obras complementares

São aquelas que fazem parte do conjunto da edificação, tais como: jardins, passeios, muros, colocação de grades, drenagem, pavimentação, terraplenagem, recreação, urbanização, sinalização de rodovias e vias públicas.

VIII Trabalhos de conservação

Nem todo trabalho realizado para a conservação do imóvel é construção civil. Para caracterizar a atividade de conservação como sendo ou não de construção, é necessário analisar se os trabalhos a serem realizados interferem ou não no corpo do imóvel. Por exemplo: as pinturas do edifício, excetuada a primeira (porque não pode haver obra acabada sem estar pintada), não é construção civil, posto que não interfere nas paredes; a troca das instalações hidráulicas e elétricas é construção civil porque exige que se mexa na estrutura das paredes, solo e teto, conforme o caso.

IX Reformas

São trabalhos atinentes à manutenção de partes do imóvel, ou ainda aqueles realizados com o objetivo de torná-lo mais útil, mais cômodo ou funcional, sem implicar em acréscimo de área, por exemplo: troca de materiais como todo o piso ou madeiramento do edifício. Geralmente, a reforma deve constar de projeto; caso não conste, o INSS pode solicitar laudo técnico do engenheiro para comprovar a realização da reforma.

X Recuperações

São as atividades necessárias para evitar a perda total de um imóvel. Normalmente, são executadas quando, por qualquer motivo, uma edificação é parcialmente destruída. Por exemplo: terremoto, inundação, incêndio, explosão etc.

XI Subempreitada na construção civil

É o contrato celebrado entre empreiteira ou qualquer empresa subcontratada e outra empresa para a execução de obra ou de serviços na construção civil, no todo ou em parte, com ou sem fornecimento de material. Portanto, o dono da obra, o proprietário e o incorporador não participam desta negociação. A subempreitada se dá entre a empresa construtora ou subcontratada e a empresa que irá prestar determinado serviço.

XII Limpeza, conservação e zeladoria

São os serviços necessários para a obtenção e manutenção de asseio, higiene e preservação dos ambientes, tais como: edificações, dependências, logradouros, áreas públicas, áreas comuns (praias, jardins) etc., com a finalidade de torná-los apropriados ao funcionamento.

XIII Vigilância e segurança

São aqueles voltados para a garantia da incolumidade de pessoas, bem como a proteção de bens patrimoniais. Abrange, portanto, a proteção de pessoas e bens.

> **Exemplos:**
> a) serviços de vigilância bancária e predial;
> b) segurança de transporte de valores e cargas;
> c) segurança bancária etc.

XIV Serviços rurais

São aqueles que se constituam em plantio, colheita, limpeza, desmatamento, capinagem, adubagem, irrigação, lenhamento, aração e gradeamento, manejo de animais, ordenha, tosquia, colocação e reparação de cercas, serviços de controle de pragas e ervas daninhas, inseminação, castração, marcação de rebanhos, lavagem, embalagem ou extração de produtos de origem animal ou vegetal.

XV Digitação e preparação de dados para processamento

São os serviços de introdução de dados em meio informatizado mediante operação de teclados ou similares. Preparação de dados para processamento são os serviços realizados previamente, com o objetivo de tornar possível ou mais fácil o processamento de informações.

> **Exemplo**
> Escaneamento manual e leitura ótica.

XVI Acabamento, embalagem e acondicionamento de produtos

O acabamento compreende os serviços que visam à finalização, à conclusão, à preparação final, à junção das últimas partes ou dos últimos componentes de determinado produto com o objetivo de deixá-lo em condições de ser utilizado.

Exemplo

A pintura, o polimento, o arremate etc.

Embalagem relaciona-se com o preparo de produtos ou mercadorias, visando à preservação ou à conservação de suas características para transporte ou guarda.

Exemplo

Colocação dos produtos em caixas, sacos plásticos, isopor etc.

Acondicionamento, serviços que visam ao armazenamento ou transporte dos produtos.

Exemplo

Colocação em palets, empilhamento, amarração etc.

XVII Cobrança

Serviços, permanentes ou periódicos, que visam ao recebimento de valores devidos à empresa contratante.

Exemplo

A cobrança de títulos de crédito, de mensalidades associativas de clubes, entidades de classe, e outros.

XVIII Coleta e reciclagem de lixo ou resíduos

São os serviços de busca, transporte, separação, tratamento e transformação de materiais que não mais servem para uso ou resultantes de processos produtivos com vistas ao seu descarte definitivo ou reaproveitamento.

Exemplo

Lixos domiciliares, industriais, hospitalares, de feiras livres, entulhos, operação de usinas de compostagem e de incineradores; galhos de árvores, rejeitos etc.

XIX Copa e hotelaria

Copa é a preparação, manuseio e distribuição de todo produto alimentício. Incluem-se nos serviços de copa as atividades de garçons, cozinheiros, copeiros etc.

Exemplos

Refeições, água, chá, café, refrigerante, lanche.

Hotelaria é constituída pelos serviços inerentes ao atendimento ao hóspede em pousadas, hotéis, pacientes em hospitais, clínicas ou em outros estabelecimentos do gênero.

Exemplo

Portaria, recepção, cozinha, arrumação e limpeza de quartos, lavanderia, acomodação, serviços de mensageiros, massagistas, cabeleireiros, recreação, guias turísticos, intérpretes etc.

XX Corte e ligação de serviços públicos

Corte de serviços públicos é o conjunto de serviços que objetiva a interrupção do fornecimento da utilidade.

Exemplo

Corte de energia elétrica, água, gás, de telefone etc.

Ligação de serviços públicos, ao contrário do corte, é a junção da rede pública à particular, isto é, a conexão do fornecimento da utilidade.

Exemplo

Ligação de energia elétrica, água, esgoto, telefone etc.

XXI Distribuição

São os serviços de entrega, em locais predeterminados, ainda que em via pública, de qualquer produto, mesmo que prestado simultaneamente a vários contratantes.

> **Exemplos**
>
> Entrega de bebidas, alimentos, discos, panfletos, periódicos, revistas, jornais, amostras, dentre outros.

XXII Treinamento e ensino

Serviços atinentes à transmissão de conhecimentos para a instrução ou capacitação de pessoas.

> **Exemplo**
>
> Ensino fundamental, básico, superior, de idiomas, informática, de legislação, de relações humanas, ginástica, pintura etc.

XXIII Entrega de contas e documentos

Os serviços prestados por empresas que tenham por finalidade fazer chegar ao destinatário documentos diversos.

> **Exemplo**
>
> Entrega de contas de água, de revistas, de energia elétrica, de jornais, boletos de cobrança, faturas de cartões de crédito, malas diretas etc.

XXIV Ligação e leitura de medidores

Serviços de ligação são os trabalhos inerentes à instalação de equipamentos que permitem aferir a utilização ou o consumo de determinado produto ou serviço.

> **Exemplo**
>
> Ligação de hidrômetros (medidores de água), relógio de força e gás.

Os serviços de leitura de medidores são aqueles realizados periodicamente, para a obtenção dos dados aferidos pelos equipamentos.

> **Exemplo**
> Leitura de hidrômetros, relógios de força e gás etc.

XXV Manutenção de instalações, de máquinas e de equipamentos

São os serviços indispensáveis ao regular e permanente funcionamento dos equipamentos, máquinas e veículos.

> **Exemplos**
> Reparação de máquinas xerográficas, computadores, eletrodomésticos, elevadores, instalações elétricas, hidráulicas, dentre outras.

XXVI Montagem

É o ato de reunir, conforme disposição predeterminada, no processo industrial ou artesanal, as peças de qualquer objeto, de um dispositivo ou de um mecanismo, possibilitando o seu funcionamento de forma a atingir o fim a que se destina.

> **Exemplo**
> Montagem de máquinas, brinquedos, veículos, roupas, joias etc.

XXVII Operação de máquinas, equipamentos e veículos

São todos os serviços atinentes à movimentação ou ao funcionamento dos equipamentos, máquinas, veículos etc.

> **Exemplos**
> Serviços de manobristas, operadores de empilhadeiras, colheitadeiras, tratores, guindastes ou caminhões fora de estrada, painéis eletroeletrônicos etc.

XXVIII Operação de pedágio ou de terminais de transporte

Operação de pedágio é constituída pelos serviços prestados, objetivando a reparação, manutenção, asseio e aparelhamento de rodovias e vias públicas, bem como os serviços de assistência aos seus usuários.

> **Exemplos**
> Socorros médico e paramédico, informações, cobrança de pedágio, guincho, socorro mecânico etc.

XXIX Operação de terminal de transporte, terrestre, aéreo ou aquático

São os serviços realizados nestes terminais objetivando a segurança e o conforto dos usuários, o asseio, a manutenção, conservação, o aparelhamento e a operação das instalações.

> **Exemplo**
> Serviços de sinalização, comunicação, controle de tráfego, movimentação de bagagens, cargas e veículos, venda de passagens e atendimento médico ou paramédico emergencial.

XXX Operação de transporte de passageiros, inclusive nos casos de concessão ou subconcessão

São os trabalhos relacionados com o deslocamento, por via aquática, terrestre ou aérea, de pessoas para proceder a sua transferência de um local de origem a outro de destino.

A operação de transporte de carga não está mais sujeita à retenção previdenciária no valor bruto da nota fiscal, fatura ou recibo, em virtude da prestação de serviços mediante cessão de mão de obra com a publicação do Decreto nº 4.729/2003.

O transporte de valores já não sofria a referida retenção, por expressa previsão legal, mesmo antes do advento do Decreto nº 4.729/2003.

> **Exemplo**
> Operação de transportes de passageiros são os fretamentos de veículos para a locomoção dos empregados de casa para o trabalho e vice-versa, em horários predeterminados.

XXXI Portaria, recepção e ascensorista

São aqueles realizados nos locais de acesso ao público cujo objetivo é ordenar ou controlar o trânsito de pessoas, proceder ao encaminhamento das pessoas, prestar-lhes informações, receber e distribuir correspondências e encomendas. Serviços prestados por ascensorista são aqueles relacionados à operação de elevadores.

XXXII Recepção, triagem e movimentação de materiais

Serviços de recepção são os pertinentes ao recebimento de material, incluindo a sua contagem, conferência, verificação e demais procedimentos de checagem.

Serviços de triagem são os relacionados com a seleção e separação ordenada de materiais segundo procedimentos predeterminados.

Os serviços de movimentação de material consistem no seu deslocamento, ou seja, na mudança de um para outro lugar, visando à armazenagem, à distribuição, ao consumo etc., e que não se caracterizem como operação de transporte.

XXXIII Promoção de vendas e eventos

Promoção de vendas são os serviços prestados com o fim de colocar em evidência as qualidades de produtos, com o intuito de aumentar as vendas.

Exemplos

Pessoas colocadas em supermercados (promotoras de vendas) as quais oferecem aos consumidores o produto para degustação e prestam e informações sobre o mesmo.

Enquadram-se como promoção de eventos os serviços executados para a realização de um acontecimento, uma festividade.

Exemplo

Rodeios, feiras, *shows* artísticos, bailes, jogos etc.

XXXIV Secretaria e expediente

São os trabalhos de apoio relativos ao desempenho de rotinas administrativas.

> **Exemplo**
> Serviços de datilografia, organização de agenda, preparação e remessa de correspondências, comunicações internas, atendimento telefônico etc.

XXXV Saúde

São todos os serviços relacionados ao atendimento a pacientes para a avaliação, a recuperação, a manutenção ou o melhoramento do seu estado físico, mental ou emocional, prestados por empresas da área de saúde, tais como hospitais, clínicas, casas de saúde, laboratórios etc.

> **Exemplo**
> Os serviços médicos, de administração hospitalar, de enfermagem, de fisioterapia, de radiologia, de diagnóstico por ultraimagem, de hematologia, de fonoaudióloga, de odontologia, de psicologia, bem como os prestados por atendentes e auxiliares.

XXXVI Telefonia, inclusive *telemarketing*

Incluem os serviços de operação de centrais ou aparelhos telefônicos, ou, ainda, de teleatendimento.

> **Exemplo**
> Os serviços prestados por telefonistas em empresas e aqueles de tele-atendimento.

XXXVII Cooperativa de serviço

É uma sociedade de natureza civil, não sujeita à falência, constituída de pessoas que se comprometem a prestar serviços, visando ao bem comum, sem objetivar lucros. As cooperativas de serviços fazem a intermediação do trabalho dos cooperados, visando a melhores condições.

A cooperativa pode abranger operários de uma mesma profissão ou de várias profissões de uma mesma classe, os quais prestam os serviços aos clientes da cooperativa. Não há vínculo de emprego entre o cooperado, cooperativa ou tomador dos serviços.

XXXVIII Empresas prestadoras de serviços médicos ou odontológicos

A empresa que atua na área de saúde fica sujeita às normas de tributação e de arrecadação aplicáveis às empresas em geral, em relação à remuneração paga, devida ou creditada, no decorrer do mês, aos profissionais de saúde por ela contratados de acordo com o enquadramento dos mesmos no Regime Geral de Previdência Social (RGPS) (empregados, contribuintes individuais, avulsos).

XXXIX Condomínio

Verifica-se o condomínio quando mais de uma pessoa possui o mesmo bem. É a copropriedade. O condomínio pode ser de apartamentos, onde cada condômino dispõe de uma ou mais unidades autônomas e dividem a utilização das áreas comuns e parte ideal do terreno. Pode ocorrer também o condomínio, no âmbito da construção civil, onde a obra é executada sob a responsabilidade de várias pessoas físicas ou jurídicas, que sejam proprietárias do terreno, situação em que o condomínio deve ser registrado no Cartório de Registro de Títulos e Documentos.

XL Entidade beneficente de assistência social

É aquela que presta assistência social gratuita a menores, pessoas portadoras de deficiência, carentes, idosos e excepcionais.

1. SERVIÇOS SUJEITOS À RETENÇÃO PREVIDENCIÁRIA

As empresas deverão reter 3,5 %, 11%, 15%, 14% ou 13%, conforme o caso, do valor bruto da nota fiscal, fatura ou recibo quando contratarem os serviços adiante relacionados:

a) de empresa prestadora de serviços mediante cessão de mão de obra;
b) por intermédio de empresa de trabalho temporário;

c) mediante empreitada.

1.1 Retenção na cessão de mão de obra e também na empreitada

No caso de contratação de uma empresa de prestação de serviços a terceiros mediante cessão de mão de obra ou empreitada, haverá a retenção nas hipóteses de:

a) limpeza, conservação ou zeladoria, que se constituam em varrição, lavagem, enceramento, ou em outros serviços destinados a manter a higiene, o asseio ou a conservação de praias, jardins, rodovias, monumentos, edificações, instalações, dependências, logradouros, vias públicas, pátios ou áreas de uso comum;

b) vigilância ou segurança, que tenham por finalidade a garantia da integridade física de pessoas ou a preservação de bens patrimoniais, exceto os serviços de vigilância ou segurança prestados por meio de monitoramento eletrônico os quais não estão sujeitos à retenção;

c) construção civil que envolvam a construção, a demolição, a reforma ou o acréscimo de edificações ou de qualquer benfeitoria agregada ao solo ou ao subsolo ou obras complementares que se integrem a esse conjunto, tais como a reparação de jardins ou passeios, a colocação de grades ou de instrumentos de recreação, de urbanização ou de sinalização de rodovias ou de vias públicas;

d) natureza rural, que se constituam em desmatamento, lenhamento, aração ou gradeamento, capina, colocação ou reparação de cercas, irrigação, adubação, controle de pragas ou de ervas daninhas, plantio, colheita, lavagem, limpeza, manejo de animais, tosquia, inseminação, castração, marcação, ordenhamento e embalagem ou extração de produtos de origem animal ou vegetal;

e) digitação, que compreendam a inserção de dados em meio informatizado por operação de teclados ou de similares;

f) preparação de dados para processamento, executados com vistas a viabilizar ou a facilitar o processamento de informações, tais como o escaneamento manual ou a leitura ótica.

1.2 Retenção somente no caso de cessão de mão de obra

Os serviços prestados mediante cessão de mão de obra, sujeitos à retenção são os seguintes:

I – acabamento, que envolvam a conclusão, o preparo final ou a incorporação das últimas partes ou dos componentes de produtos, com vistas a colocá-los em condição de uso;

II – embalagem, relacionados com o preparo de produtos ou de mercadorias visando à preservação ou à conservação de suas características para transporte ou guarda;

III – acondicionamento, compreendendo os serviços envolvidos no processo de colocação ordenada dos produtos quando do seu armazenamento ou transporte, a exemplo de sua colocação em *palets*, empilhamento, amarração, entre outros;

IV – cobrança, que objetivem o recebimento de quaisquer valores devidos à empresa contratante, ainda que executados periodicamente;

V – coleta ou reciclagem de lixo ou de resíduos, que envolvam a busca, o transporte, a separação, o tratamento ou a transformação de materiais inservíveis ou resultantes de processos produtivos, exceto quando realizados com utilização de equipamentos tipo *containers* ou caçambas estacionárias;

VI – copa, que envolvam a preparação, o manuseio e a distribuição de todo ou de qualquer produto alimentício;

VII – hotelaria, que concorram para o atendimento ao hóspede em hotéis, pousadas, paciente em hospitais, clínicas ou em outros estabelecimentos do gênero;

VIII – corte ou ligação de serviços públicos, que tenham como objetivo a conexão ou a interrupção do fornecimento de água, de esgoto, de energia elétrica, de gás ou de telecomunicações;

IX – distribuição, que se constituam em entrega, em locais predeterminados, ainda que em via pública, de bebidas, de alimentos, de discos, de panfletos, de periódicos, de jornais, de revistas ou de amostras, entre outros produtos, mesmo que distribuídos no mesmo período a vários contratantes;

X - treinamento e ensino, assim considerados como o conjunto de n serviços envolvidos na transmissão de conhecimentos para a instrução ou a capacitação de pessoas;

XI - entrega de contas e de documentos, que tenham como finalidade fazer chegar ao destinatário documentos diversos, tais como conta de água, conta de energia elétrica, conta de telefone, boleto de cobrança, cartão de crédito, mala direta ou similares;

XII - ligação de medidores, que tenham por objeto a instalação de equipamentos para aferir o consumo ou a utilização de determinado produto ou serviço;

XIII - leitura de medidores, aqueles executados, periodicamente, para a coleta das informações aferidas por esses equipamentos, tais como a velocidade (radar), consumo de água, de gás ou de energia elétrica;

XIV - manutenção de instalações, de máquinas ou de equipamentos, quando indispensáveis ao seu funcionamento regular e permanente e desde que mantida equipe à disposição da empresa contratante.

Nos serviços de manutenção de instalações de máquinas e equipamentos haverá a retenção desde que a empresa prestadora dos serviços mantenha equipe à disposição da empresa contratante.

Exemplo

A empresa "A" contrata a empresa "B" para fazer a manutenção de suas máquinas xerox, sendo que uma vez a cada mês os empregados de "B" devem fazer a manutenção destes equipamentos. Não haverá nesta situação a retenção. Contudo, se "B" designar uma equipe específica que ficará à disposição de "A" para fazer este serviço, haverá a retenção.

XV - montagem, que envolvam a reunião sistemática, conforme disposição predeterminada em processo industrial ou artesanal, das peças de um dispositivo, de um mecanismo ou de qualquer objeto, de modo que possa funcionar ou atingir o fim a que se destina;

XVI – operação de máquinas, de equipamentos e de veículos relacionados com a sua movimentação ou seu funcionamento envolvendo serviços do tipo manobra de veículos, operação de guindastes, painéis eletroeletrônicos, tratores, colheitadeiras, moendas, empilhadeiras ou caminhões fora de estrada;

XVII – operação de pedágio ou de terminais de transporte, que envolvam a manutenção, a conservação, a limpeza ou o aparelhamento de terminais de passageiros terrestre, aéreo ou aquático, de rodovia, de via pública, e que envolvam serviços prestados diretamente aos usuários;

XVIII – operação de transporte de passageiros, inclusive nos casos de concessão ou de subconcessão envolvendo o deslocamento de pessoas por meio terrestre, aquático ou aéreo;

XIX – portaria, recepção ou ascensorista, realizados com vistas ao ordenamento ou ao controle do trânsito de pessoas em locais de acesso público ou à distribuição de encomendas ou de documentos;

XX – recepção, triagem ou movimentação, relacionados ao recebimento, à contagem, à conferência, à seleção ou ao remanejamento de materiais;

XXI – promoção de vendas ou de eventos, que tenham por finalidade colocar em evidência as qualidades de produtos ou a realização de *shows*, de feiras, de convenções, de rodeios, de festas ou de jogos;

XXII – secretaria e expediente, quando relacionados com o desempenho de rotinas administrativas;

XXIII – saúde, quando prestados por empresas da área da saúde e direcionados ao atendimento de pacientes, tendo em vista avaliar, recuperar, manter ou melhorar o estado físico, mental ou emocional desses pacientes;

XXIV – telefonia ou de *telemarketing*, que envolvam a operação de centrais ou de aparelhos telefônicos ou de teleatendimento.

Estas relações são exaustivas, ou seja, somente os serviços prestados por uma empresa a outra que se encontrem relacionados estarão sujeitos à retenção dos 3,5%, 11%, 15%, 14% ou 13%, conforme o caso.

Lembra-se, porém, que a pormenorização das tarefas compreendidas em cada um dos serviços relacionados é exemplificativa.

2. DESONERAÇÃO DA FOLHA DE PAGAMENTO – PRESTAÇÃO DE SERVIÇO MEDIANTE CESSÃO DE MÃO DE OBRA – RETENÇÃO PREVIDENCIÁRIA

No caso de contratação de empresas a seguir relacionadas, abrangidas e optantes pela desoneração da folha de pagamento, para a execução dos serviços desonerados constantes do Anexo IV da Instrução Normativa RFB nº 1.436/2013, na redação da Instrução Normativa RFB nº 1.812/2018, mediante cessão de mão de obra, na forma definida pelo art. 31 da Lei nº 8.212/1991 e para fins de elisão da responsabilidade solidária, a empresa contratante deverá reter 3,5% do valor bruto da nota fiscal ou fatura de prestação de serviços emitidas:

a) prestadoras de Serviços de Tecnologia da Informação (TI) e de Tecnologia da Informação e Comunicação (TIC);
b) de teleatendimento;
c) de transporte rodoviário coletivo de passageiros, com itinerário fixo, municipal, intermunicipal, intermunicipal em região metropolitana, interestadual e internacional enquadradas nas classes 4921-3 e 4922-1 da CNAE 2.0;
d) de transporte ferroviário de passageiros, enquadradas nas subclasses 4912-4/01 e 4912-4/02 da CNAE 2.0;
e) de transporte metroferroviário de passageiros, enquadradas na subclasse 4912-4/03 da CNAE 2.0;
f) de construção civil enquadradas nos grupos 412, 432, 433 e 439 da CNAE 2.0; e
g) de construção civil de obras de infraestrutura, enquadradas nos grupos 421, 422, 429 e 431 da CNAE 2.0.

A empresa prestadora de serviços (contratada) deverá comprovar à empresa contratante a opção pela tributação substitutiva e declarar, fornecendo à empresa contratante declaração de que recolhe a contribuição previdenciária sobre a receita bruta, conforme modelo previsto no Anexo III da Instrução Normativa RFB nº 1.812/2018.

Observa-se, portanto, que, tratando-se de empresa optante pela desoneração da folha de pagamento e prestadora dos mencionados serviços, a alíquota de retenção foi reduzida de 11% para 3,5%.

A retenção será de 11% caso a empresa não opte pela desoneração da folha de pagamento.

3. COMPETÊNCIA

Para efeito de recolhimento dos valores relativos à retenção previdenciária, será considerada competência aquela que corresponder à data da emissão da nota fiscal, fatura ou recibo de prestação de serviço.

4. BASE DE CÁLCULO DA RETENÇÃO

Em geral, a retenção corresponderá a 3,5%, 11%, 15%, 14% ou 13%, conforme o caso, do valor contido na nota fiscal, fatura ou recibo de prestação de serviços.

Os valores de materiais ou de equipamentos, próprios ou de terceiros, exceto os equipamentos manuais, fornecidos pela contratada, discriminados no contrato e na nota fiscal, na fatura ou no recibo de prestação de serviços, desde que comprovados, não integram a base de cálculo da retenção previdenciária.

São considerados como discriminados no contrato os valores nele consignados referentes a material ou equipamentos ou os previstos em planilha à parte, desde que mencionada planilha seja parte integrante do contrato mediante cláusula nele expressa.

Para fins de apuração da base de cálculo da retenção, não poderá ser superior ao valor de aquisição ou de locação o valor do material fornecido ao contratante ou o de locação de equipamento de terceiros utilizado na execução do serviço. Compete à contratada a comprovação dos valores em questão, mediante apresentação do documento fiscal de aquisição de material ou contrato de locação de equipamento, conforme o caso.

4.1 Valores que podem ser deduzidos da base de cálculo

Poderão ser deduzidos da base de cálculo da retenção, desde que discriminados na nota fiscal, na fatura ou no recibo, os valores correspondentes a:

a) custo da alimentação in natura (cesta básica, vale-alimentação, tíquete-refeição etc.) fornecida pela empresa contratada mediante o Programa de Alimentação do Trabalhador (PAT) aprovado pela Lei nº 6.321/1976;

Exemplo

Considerando a retenção no percentual de 11%, ou seja, atividade exercida pelo empregado cedido não permite a concessão de aposentadoria especial.

Valor da nota fiscal, fatura ou recibo:	R$ 15.800,00
Alimentação fornecida:	R$ 2.870,00
Retenção:	R$ 1.422,30

[(R$ 15.800,00 – R$ 2.870,00) × 11%]

b) material contratualmente estabelecido, com valor discriminado no contrato e na nota fiscal, fatura ou recibo e não superior ao valor de sua aquisição, mediante comprovação por documento fiscal;

Exemplo

Considerando a retenção na alíquota de 11%:

Valor da nota fiscal, fatura ou recibo:	R$ 21.330,00
Valor comprovado da aquisição do material:	R$ 5.800,00
Retenção:	R$ 1.708,30

(R$ 21.330,00 – R$ 5.800,00) × 11%

c) utilização de equipamentos pertencentes à contratada ou a terceiros, indispensáveis à execução dos serviços, previsto contratualmente e com o valor do aluguel correspondente, também discriminado tanto no contrato como na nota fiscal, fatura ou recibo;

Considerando a retenção na alíquota de 11%:

Valor da nota fiscal, fatura ou recibo:	R$ 35.800,00
Valor do aluguel do equipamento estabelecido em contrato:	R$ 9.800,00
Retenção:	R$ 2.860,00

(R$ 35.800,00 – R$ 9.800,00) × 11%

d) ao fornecimento de vale-transporte em conformidade com a legislação própria.

4.1.1 Material ou equipamento sem valor fixado no contrato

Quando o fornecimento de material ou a utilização de equipamento próprio ou de terceiros, exceto os equipamentos manuais, estiver previsto em contrato, mas sem discriminação dos respectivos valores, desde que tais valores estejam discriminados na nota fiscal, fatura ou recibo de prestação de serviços, não integrarão a base de cálculo da retenção, devendo esta corresponder, no mínimo, a:

a) 50% do valor bruto da nota fiscal, fatura ou recibo, para os serviços em geral;

Exemplo

Considerando a retenção no percentual de 11%:

Valor da nota fiscal, fatura ou recibo:	R$ 48.200,00
Base de cálculo mínima a ser considerada para a retenção:	R$ 24.100,00
(R$ 48.200,00 × 50%)	
Retenção mínima:	R$ 2.651,00
(R$ 24.100,00 × 11%)	

b) na prestação de serviços relativa à operação de transportes de passageiros cujas despesas de combustível e manutenção dos veículos corram por conta da contratada, a base de cálculo mínima da retenção não será inferior a 30% do valor bruto da nota fiscal, fatura ou recibo;

Exemplo

Considerando a retenção no percentual de 11%:

Valor da nota fiscal, fatura ou recibo:	R$ 18.500,00
Base de cálculo mínima para a retenção:	R$ 5.550,00
(R$ 18.500,00 × 30%)	
Retenção:	R$ 610,50
(R$ 5.550,00 × 11%)	

c) nos serviços de limpeza, a base de cálculo da retenção não poderá ser inferior a 65% quando se tratar de limpeza hospitalar e 80% para as demais limpezas, aplicados sobre o valor bruto da nota fiscal, fatura ou recibo de prestação de serviços;

Exemplo	
Considerando a retenção no percentual de 11%:	
Valor da nota fiscal, fatura ou recibo:	R$ 78.000,00
Base de cálculo para a retenção	
A) limpeza geral (80%):	R$ 62.400,00
(R$ 78.000,00 × 80%)	
Retenção:	R$ 6.864,00
(R$ 62.400,00 × 11%)	
B) limpeza hospitalar (65%):	R$ 50.700,00
(R$ 78.000,00 × 65%)	
Retenção:	R$ 5.577,00
(R$ 50.700,00 × 11%)	

d) se a utilização de equipamentos for inerente à execução dos serviços contratados, desde que haja a discriminação de valores na nota fiscal, fatura ou recibo de prestação de serviços, deve-se observar:

d.1) se o seu fornecimento e os respectivos valores constarem em contrato, não integrarão a base de cálculo da retenção;

d.2) não havendo discriminação de valores em contrato, independentemente da previsão contratual do fornecimento de equipamento, a base de cálculo da retenção corresponderá, no mínimo, para a prestação de serviços em geral, a 50% do valor bruto da nota fiscal, da fatura ou do recibo de prestação de serviço e, no caso de prestação de serviço na área de construção civil, aos percentuais a seguir:

- drenagem 50%;
- obras de arte (pontes e viadutos) 45%;
- pavimentação asfáltica 10%;

- terraplenagem/aterro sanitário e dragagem 15%;
- demais serviços realizados com utilização de equipamentos, exceto os manuais 35%.

Se, na mesma nota fiscal, fatura ou recibo constar a execução de mais de um dos serviços mencionados anteriormente, sem discriminação dos valores correspondentes a cada um deles deverá ser aplicado o percentual correspondente a cada tipo de serviço, conforme disposto em contrato ou o percentual maior, se o contrato não permitir identificar o valor de cada serviço.

Quando o fornecimento do material ou a utilização de equipamento não estiver previsto no contrato e o uso deste equipamento não for inerente ao serviço, ainda que sejam discriminadas as parcelas correspondentes na nota fiscal, na fatura ou no recibo, a base de cálculo da retenção será o valor bruto da nota fiscal, fatura ou recibo de prestação dos serviços, exceto no caso de serviço de transporte de passageiros situação em que a base de cálculo da retenção corresponderá, no mínimo, a 30% do valor bruto da nota fiscal, fatura ou recibo de prestação dos serviços.

Caso inexista discriminação de valores na nota fiscal, fatura ou recibo, a base de cálculo da retenção será o valor bruto, ainda que exista previsão contratual para o fornecimento de material ou utilização de equipamento, com ou sem discriminação de valores em contrato.

5. EMPRESA CONTRATANTE

A empresa que contrata o serviço (contratante) deverá efetuar a retenção de 3.5%, 11%, 15%, 14% ou 13%, conforme o caso, do valor bruto dos serviços contidos na nota fiscal, fatura ou recibo de prestação de serviços e recolher o valor retido em nome da empresa contratada no dia 20 do mês subsequente ao da emissão da nota fiscal, fatura ou recibo.

6. DISPENSA DA RETENÇÃO

A empresa contratante estará dispensada de efetuar a retenção, e a contratada de registrar o destaque da retenção na nota fiscal, fatura ou recibo, quando:

a) o valor a ser retido por nota fiscal, fatura ou recibo for inferior ao limite mínimo permitido para recolhimento em documento de arrecadação;

   Esta dispensa não será aplicada quando o contratante utilizar o Sistema Integrado da Administração Financeira (SIAFI), situação em que deverá haver a retenção, independentemente do valor desta; portanto, a contratada, neste caso, deve destacar o valor a ser retido na nota fiscal/fatura/recibo.

b) serviços de coleta de lixo e resíduos, quando são realizados com a utilização de equipamentos tipo *containers* ou caçambas estacionárias;

c) o serviço for relativo a manutenção de instalações, de máquinas ou de equipamentos quando não houver disponibilização de equipe;

d) cumulativamente ocorrer os seguintes pressupostos:

   - o serviço tiver sido prestado pessoalmente pelo titular ou sócio;
   - o faturamento da contratada no mês anterior for igual ou inferior a duas vezes o limite máximo do salário de contribuição; e
   - a contratada não tiver empregados.

   A contratada deve apresentar declaração, sob as penas da lei, contendo as informações quanto ao faturamento e inexistência de empregados, assinada pelo seu representante legal.

e) quando houver somente serviços profissionais relativos ao exercício de profissão regulamentada por legislação federal ou serviço de treinamento e ensino, desde que prestados pessoalmente pelos sócios, sem o concurso de empregados ou outros contribuintes individuais.

Para a comprovação de tais requisitos, a contratada apresentará declaração assinada por seu representante legal, sob as penas das leis, de que o serviço foi prestado pelo sócio da empresa, profissional de profissão regulamentada, ou, se for o caso, profissional da área de treinamento e ensino e sem o concurso de empregados ou outros contribuintes individuais ou consignando o fato na nota fiscal, fatura ou recibo.

São profissões regulamentadas por legislação federal, entre outras:

- Administradores;
- Advogados;
- Aeronautas;
- Aeroviários;
- Agenciadores de propaganda;
- Agrônomos;
- Arquitetos;
- Arquivistas;
- Assistentes sociais;
- Atuários;
- Auxiliares de laboratório;
- Bibliotecários;
- Biólogos;
- Biomédicos;
- Cirurgiões-dentistas;
- Contabilistas;
- Economistas domésticos;
- Economistas;
- Enfermeiros;
- Engenheiros;
- Estatísticos;
- Farmacêuticos;
- Fisioterapeutas – Terapeutas ocupacionais;
- Fonoaudiólogos;
- Geógrafos;
- Geólogos;
- Guias de turismo;
- Jornalistas profissionais;
- Leiloeiros;
- Leiloeiros rurais;
- Massagistas;
- Médicos;

- Meteorologistas;
- Nutricionistas;
- Peões de rodeio;
- Psicólogos;
- Publicitários;
- Químicos;
- Radialistas;
- Secretárias;
- Taquígrafos;
- Técnicos de arquivo;
- Técnicos em biblioteconomia;
- Técnicos em radiologia;
- Tecnólogos.

7. SERVIÇOS EM QUE NÃO SE APLICA O INSTITUTO DA RETENÇÃO PREVIDENCIÁRIA

Não se aplica o instituto da retenção previdenciária:

a) à contratação de serviços prestados por trabalhadores avulsos por intermédio de sindicato da categoria ou de OGMO;

b) tratar-se de empreitada total, ou seja, quando a empresa construtora assume a responsabilidade direta e total pela obra de construção civil e, também, quando ocorrer o repasse do contrato integralmente a outra construtora);

c) ao contribuinte individual equiparado à empresa e à pessoa física;

d) à contratação de entidade beneficente de assistência social, quando isenta de contribuições sociais;

e) à contratação de serviços de transportes de carga a partir de 10.06.2003.

A entidade beneficente em gozo de isenção, o sindicato dos trabalhadores avulsos, o Órgão Gestor de Mão de Obra (OGMO) e o operador portuário, se contratarem serviços de outras empresas, mediante cessão de mão de obra ou empreitada, ficarão obrigados a reter os 3,5%, 11%, 15%, 14% ou 13%, conforme o caso, do valor bruto da nota fiscal, da fatura ou do recibo e ao recolhimento da importância retida;

f) à empreitada realizada nas dependências da contratada;

g) aos órgãos públicos da administração direta, autarquias e fundações de direito público quando contratantes de obra de construção civil, reforma ou acréscimo, por meio de empreitada total ou parcial, observado o disposto no inciso IV do § 2º do artigo 151, da Instrução Normativa RFB nº 971/2009, ressalvado o caso de contratarem serviços de construção civil mediante cessão de mão de obra ou empreitada, em que se obrigam a efetuar a retenção previdenciária.

8. DESTAQUE DA RETENÇÃO

A empresa prestadora de serviço quando da emissão da nota fiscal, fatura ou recibo destacará o valor da retenção, a título de "retenção para a previdência social".

O destaque deverá ser identificado logo após a descrição dos serviços prestados, como parcela dedutível, e produzirá efeito no ato da quitação da nota fiscal, fatura ou recibo, sem alteração do valor bruto do respectivo documento.

A falta de destaque da retenção impossibilita a contratada de efetuar a compensação ou requerer a restituição, salvo se comprovado o recolhimento pela contratante do valor efetivamente retido.

9. AUSÊNCIA DE RETENÇÃO

A empresa tomadora de serviços (contratante) é diretamente responsável pelas importâncias que deixar de reter ou tiver retido em desacordo com a legislação, pois a retenção sempre se presumirá feita pela contratante, não lhe sendo lícito alegar qualquer omissão para se eximir do recolhimento.

10. RECOLHIMENTO DA RETENÇÃO

A empresa contratante deverá recolher a importância retida em documento de arrecadação, informando no campo identificador do documento o CNPJ do estabelecimento da empresa contratada ou a matrícula CEI da obra e no campo nome ou denominação social, a razão social desta, seguida da razão social da empresa contratante, até o dia 20 do mês subsequente ao da emissão da nota fiscal, fatura ou recibo, antecipando o recolhimento para o 1º dia útil anterior quando o dia 20 do mês cair em dia em que não haja expediente bancário.

Se ocorrer a prestação de serviços por mais de um estabelecimento da empresa contratada, na mesma competência, o recolhimento dos valores retidos nas notas fiscais, faturas ou recibos, será efetuado pelo estabelecimento tomador dos serviços, sendo emitidos tantos documentos de arrecadação quantos forem os estabelecimentos que atuaram na prestação dos serviços.

O órgão ou a entidade integrante do Sistema Integrado de Administração Financeira (SIAFI) deverá recolher os valores retidos com base na nota fiscal, fatura ou recibo, respeitando como data-limite de pagamento o dia 20 do mês subsequente ao da emissão da nota fiscal, fatura ou recibo.

Caso ocorra a hipótese de um mesmo estabelecimento emitir mais de uma nota fiscal, fatura ou recibo por serviços prestados na mesma competência, para uma mesma contratante, deverá a tomadora dos serviços consolidar o recolhimento de todos os valores retidos em um só documento de arrecadação.

A empresa que executar obra de construção civil deverá consignar na nota fiscal, fatura ou recibo de prestação de serviço, quando da sua emissão, na identificação do destinatário ou juntamente com a descrição dos serviços, a matrícula CEI e o endereço da obra, na qual eles foram prestados.

A falta de recolhimento, no prazo legal, das importâncias retidas configura, em tese, crime de apropriação indébita previdenciária, previsto no Código Penal, art. 168-A, e enseja a emissão de Representação Fiscal para Fins Penais (RFFP).

11. COMPENSAÇÃO

A empresa prestadora de serviço, que sofreu retenção, quando do recolhimento das contribuições previdenciárias incidentes sobre a folha de pagamento dos segurados empregados e contribuintes individuais (empresários, autônomos etc.), poderá compensar o valor destacado e retido na nota fiscal, fatura ou recibo. A compensação poderá ser efetuada inclusive com as contribuições relativas ao 13º salário.

Para tanto é necessário que a retenção esteja declarada em GFIP na competência da emissão da nota fiscal, da fatura ou do recibo de prestação de serviços, pelo estabelecimento responsável pela cessão de mão de obra ou pela execução da empreitada total e destacada na nota fiscal, na fatura ou no recibo de prestação de serviços ou que a contratante tenha efetuado o recolhimento desse valor.

A compensação da retenção somente poderá ser efetuada com as contribuições previdenciárias, não podendo absorver contribuições destinadas a outras entidades ou fundos (terceiros), as quais deverão ser recolhidas integralmente.

Será considerada como competência da retenção o mês da emissão da nota fiscal, da fatura ou do recibo de prestação de serviços.

Caso haja saldo remanescente em favor da empresa este poderá ser compensado nas competências subsequentes, devendo ser declarada em GFIP na competência de sua efetivação, ou ser objeto pedido de restituição.

Se após a compensação efetuada pelo estabelecimento que sofreu a retenção restar saldo, este valor poderá ser compensado por qualquer outro estabelecimento da empresa cedente da mão de obra, inclusive nos casos de obra de construção civil mediante empreitada total, na mesma competência ou em competências subsequentes.

Após a implementação do eSocial será permitida a compensação dos referidos valores com quaisquer tributos e contribuições administrados pela RFB.

12. RESTITUIÇÃO

A empresa prestadora de serviços que sofreu retenção previdenciária na nota fiscal, fatura ou recibo de prestação de serviços e que não efetuar a compensação dos valores retidos, ou, se após a compensação, restar saldo em seu favor, poderá requerer a restituição do valor não compensado, desde que a retenção esteja destacada nos mencionados documentos e declarada em GFIP.

Caso não haja o destaque, a empresa contratada somente poderá receber a restituição se comprovar o recolhimento do valor retido pela empresa contratante.

13. RECOLHIMENTO DO VALOR RETIDO EM DUPLICIDADE

Caso a empresa contratante tenha efetuado o recolhimento do valor retido em duplicidade ou a maior, o pedido de restituição poderá ser apresentado pela empresa contratada ou pela empresa contratante.

Quando se tratar de pedido feito pela empresa contratante, esta deverá apresentar:

a) autorização expressa de responsável legal pela empresa contratada com poderes específicos para requerer e receber a restituição, em que conste a competência em que houve recolhimento em duplicidade ou de valor a maior;
b) declaração firmada pelo outorgante, sob as penas da lei, de que não compensou e nem foi restituído dos valores requeridos pela outorgada.

A restituição será requerida pelo sujeito passivo por meio do programa PER/DCOMP ou, na impossibilidade de sua utilização, mediante a apresentação do formulário Pedido de Restituição e de Ressarcimento ao qual deverão ser anexados documentos comprobatórios do direito creditório.

14. EMPRESA CONTRATADA – OBRIGAÇÕES

A empresa contratada fica obrigada a:

a) elaborar folhas de pagamento, distintas e o respectivo resumo geral, para cada estabelecimento ou obra de construção civil da empresa contratante, relacionando todos os segurados alocados na prestação de serviços;
b) elaborar GFIP com as informações relativas aos tomadores de serviços, para cada estabelecimento da empresa contratante ou cada obra de construção civil, utilizando os códigos de recolhimento próprios da atividade;

c) elaborar demonstrativo mensal por contratante e por contrato, assinado pelo seu representante legal, o qual deverá conter:
   - a denominação social e o CNPJ da contratante ou a matrícula CEI da obra de construção civil, conforme o caso;
   - o número e a data de emissão da nota fiscal, da fatura ou do recibo de prestação de serviços;
   - o valor bruto, o valor retido e o valor líquido recebido relativo à nota fiscal, fatura ou recibo de prestação de serviços;
   - a totalização dos valores e sua consolidação por obra de construção civil ou por estabelecimento da contratante, conforme o caso.

A contratada legalmente obrigada a manter escrituração contábil formalizada deverá registrar, mensalmente, em contas individualizadas, todos os fatos geradores de contribuições sociais, inclusive a retenção previdenciária sobre o valor da prestação de serviços.

O lançamento da retenção na escrituração contábil deverá discriminar:

a) o valor bruto dos serviços;
b) o valor da retenção;
c) o valor líquido a receber.

Na contabilidade em que houver lançamento pela soma total das notas fiscais, faturas ou recibos de prestação de serviços e pela soma total da retenção, por mês, por contratante, a empresa contratada deverá manter em registros auxiliares a discriminação desses valores, por contratante.

15. OBRIGAÇÕES DA EMPRESA CONTRATANTE

A empresa contratante fica obrigada a manter em arquivo, por empresa contratada, em ordem cronológica e à disposição da RFB, até que ocorra a prescrição, as notas fiscais, faturas ou recibos de prestação de serviços e cópia das GFIP.

Deverá, ainda, a contratante obrigada a manter escrituração contábil formalizada, registrar, mensalmente, em contas individualizadas, todos os fatos geradores de contribuições sociais, inclusive a retenção sobre o valor dos serviços contratados.

O lançamento da retenção na escrituração contábil deverá discriminar:

a) o valor bruto dos serviços;
b) o valor da retenção;
c) o valor líquido a pagar.

Na contabilidade em que houver lançamento pela soma total das notas fiscais, das faturas ou dos recibos de prestação de serviços e pela soma total da retenção, por mês, por contratada, a empresa contratante deverá manter em registros auxiliares a discriminação desses valores, individualizados por contratada.

Se a empresa contratante estiver legalmente dispensada da apresentação da escrituração contábil, deverá elaborar demonstrativo mensal, assinado pelo seu representante legal, relativo a cada contrato, contendo as seguintes informações:

a) a denominação social e o CNPJ da contratada;
b) o número e a data da emissão da nota fiscal, da fatura ou do recibo de prestação de serviços;
c) o valor bruto, a retenção e o valor líquido pago relativo à nota fiscal, à fatura ou ao recibo de prestação de serviços;
d) a totalização dos valores e sua consolidação por obra de construção civil e por estabelecimento da contratada, conforme o caso.

CAPÍTULO 6
Aferição Indireta

A aferição indireta é o método ou procedimento do qual dispõe a Receita Federal do Brasil (RFB) para apurar o valor da mão de obra, base de cálculo das contribuições previdenciárias, quando comprovadamente:

a) a fiscalização constatar que a contabilidade da empresa ou estabelecimento não registra o movimento real da remuneração dos segurados a seu serviço, da receita ou do faturamento e do lucro;

b) a empresa, o empregador doméstico ou o segurado recusar-se a apresentar qualquer documento ou sonegar informação ou apresentá-los sem que preencham as formalidades legais, ou quando contenham informação diversa da realidade ou, ainda, que omitam informação verdadeira;

c) faltar prova regular e formalizada do montante dos salários pagos pela execução de obra de construção civil;

d) as informações prestadas ou os documentos expedidos pelo sujeito passivo não merecerem fé em face de outras informações ou outros documentos de que disponha a fiscalização, como, por exemplo:

   - omissão de receita ou de faturamento verificada por intermédio de subsídio à fiscalização;
   - dados coletados junto à Justiça do Trabalho, Superintendência Regional do Trabalho e Emprego ou em outros órgãos, em confronto com a escrituração contábil, livro de registro de empregados ou outros elementos em poder do sujeito passivo;
   - constatação da impossibilidade de execução do serviço contratado, tendo em vista o número de segurados constantes na Guia de Recolhimento do FGTS e Informação à Previdência Social (GFIP) ou folha de pagamento

específicos, mediante confronto desses documentos com as respectivas notas fiscais, faturas, recibos ou contratos.

No caso do item "c", será considerada prova regular e formalizada a escrituração contábil em livro Diário e Razão.

A RFB tem a competência exclusiva para escolher o indicador mais apropriado para a avaliação do custo da construção civil e a regulamentação da sua utilização para fins da apuração da remuneração da mão de obra, por aferição indireta.

1. APURAÇÃO DA REMUNERAÇÃO DA MÃO DE OBRA COM BASE NA NOTA FISCAL, NA FATURA OU NO RECIBO DE PRESTAÇÃO DE SERVIÇOS

O valor da remuneração da mão de obra utilizada na execução dos serviços contratados aferidos indiretamente corresponde, no mínimo, a 40% valor dos serviços contidos na nota fiscal, na fatura ou no recibo de prestação de serviços.

Se o contrato contiver previsão de fornecimento de material ou de utilização de equipamento ou de ambos, na execução dos serviços contratados, o valor dos serviços contidos na nota fiscal, na fatura ou no recibo de prestação de serviços será apurado da seguinte forma:

a) caso haja previsão contratual de fornecimento de material ou de utilização de equipamento próprio ou de terceiros, exceto os equipamentos manuais para a execução dos serviços, se os valores de material ou equipamento estiverem estabelecidos no contrato, ainda que não discriminados na nota fiscal, fatura ou recibo, o valor da remuneração da mão de obra utilizada na prestação de serviços, por empresa, corresponde, no mínimo, ao percentual de:
   - 40% do valor dos serviços constante da nota fiscal, fatura ou recibo de prestação de serviços;
   - 20% nas operações de transporte de cargas ou passageiros, aplicados sobre o valor bruto da nota fiscal, da fatura ou do recibo de prestação de serviços;

- 26% ou 32% quando se tratar de serviços de limpeza hospitalar ou nos demais casos de limpeza, respectivamente, aplicados sobre o valor bruto da nota fiscal, da fatura ou do recibo de prestação de serviços;
- 50% do valor dos serviços constantes da nota fiscal, fatura ou recibo, no caso de trabalho temporário.

Quando o contrato estabelecer o fornecimento de material ou utilização de equipamento próprio ou de terceiros, exceto o equipamento manual, para execução do serviço e os valores desses não estiverem discriminados no contrato nem na nota fiscal, fatura ou recibo, o valor do serviço corresponderá, no mínimo, a 50% do valor bruto da nota fiscal, fatura ou recibo, aplicando-se para fins de aferição da remuneração da mão de obra utilizada os percentuais anteriormente mencionados.

Havendo discriminação de valores de material ou de utilização de equipamento na nota fiscal, fatura ou recibo de prestação de serviços, mas não existindo previsão contratual de seu fornecimento, o valor dos serviços será o valor bruto da nota fiscal, fatura ou recibo, aplicando-se para fins de aferição da remuneração da mão de obra os percentuais anteriormente mencionados.

Se a utilização de equipamento for inerente à execução dos serviços contratados, ainda que não esteja previsto em contrato, o valor do serviço corresponderá a 50% do valor bruto da nota fiscal, fatura ou recibo de prestação de serviços, aplicando-se para fins de aferição da remuneração da mão de obra utilizada na prestação de serviços os percentuais mencionados no parágrafo anterior.

2. AFERIÇÃO NA CONSTRUÇÃO CIVIL

Para os serviços de construção civil a seguir relacionados, havendo ou não previsão contratual de utilização de equipamento próprio ou de terceiros, o valor da remuneração da mão de obra utilizada não será inferior à quantia obtida mediante a aplicação dos seguintes percentuais respectivamente estabelecido para cada um desses serviços, aplicados sobre o valor bruto da nota fiscal/fatura/recibo de prestação dos serviços:

a) pavimentação asfáltica – 4%;

b) terraplenagem ou aterro sanitário e dragagem – 6%;
c) obras de arte (pontes e viadutos) – 18%;
d) drenagem – 20%;
e) demais serviços realizados com utilização de equipamentos, exceto manuais, desde que inerentes à prestação dos serviços – 14%.

Quando na mesma nota fiscal, fatura ou recibo de prestação de serviços constar a execução de mais de um dos serviços acima relacionados, cujos valores não constem individualmente discriminados na nota fiscal, fatura ou recibo, deverá ser aplicado o percentual correspondente a cada tipo de serviço, conforme disposto em contrato, ou o percentual maior, se o contrato não permitir identificar o valor de cada serviço.

2.1 Apuração do salário de contribuição com base na área construída e no padrão da obra

A apuração, por aferição indireta com base na área construída e no padrão da obra, da remuneração da mão de obra empregada na execução de obra de construção civil sob responsabilidade de pessoa jurídica ou de pessoa física, inclusive a relativa à execução de conjunto habitacional popular, quando a empresa não informar a contabilidade regular na Declaração e Informação sobre Obra (DISO) ou não apresentar a contabilidade no momento da auditoria fiscal, será procedida nos termos adiante.

Para apuração do valor da mão de obra empregada na construção civil, em se tratando de edificações, serão utilizadas as tabelas do Custo Unitário Básico (CUB), divulgadas mensalmente na *Internet* ou na imprensa de circulação regular, pelos Sindicatos da Indústria da Construção Civil (SINDUSCON).

Custo Unitário Básico (CUB) é a parte do custo por metro quadrado da construção do projeto-padrão considerado, calculado pelos SINDUSCON de acordo com a Norma Técnica nº 12.721/2006, da Associação Brasileira de Normas Técnicas (ABNT), e é utilizado para a avaliação dos custos de construção das edificações.

Em relação à obra de construção civil, consideram-se devidas as contribuições indiretamente aferidas e exigidas:

a) na competência de emissão do ARO;
b) na competência da emissão das notas fiscais, das faturas ou dos recibos de prestação de serviços, quando a aferição indireta se der com base nestes documentos;
c) em qualquer competência abrangida pela Auditoria-Fiscal de obra para a qual não houve a emissão do ARO.

Serão utilizadas as tabelas do CUB divulgadas pelo SINDUSCON:

a) da localidade da obra ou, inexistindo estas;
b) da unidade da Federação onde se situa a obra;
c) de outra localidade ou de unidade da Federação que apresente características semelhantes às da localidade da obra, caso inexistam as tabelas previstas nas letras a e b, a critério da unidade da RFB competente, da jurisdição da obra.

Para obras executadas fora da jurisdição da Delegacia da Receita Federal do Brasil do estabelecimento matriz da empresa construtora, serão utilizadas as tabelas divulgadas pelo SINDUSCON ao qual o município a que pertence a obra esteja vinculado ou, inexistindo estas, as tabelas de CUB da unidade da Federação onde se situa a obra.

2.1.1 Enquadramento

O enquadramento da obra de construção civil, em se tratando de edificação, será realizado de ofício, de acordo com a destinação do imóvel, o número de pavimentos, o padrão e o tipo da obra, e tem por finalidade definir o CUB aplicável à obra e o procedimento de cálculo a ser adotado.

Em geral, o enquadramento será único por projeto. O projeto que servir de base para o enquadramento será considerado integralmente, não podendo ser fracionado para alterar o resultado do enquadramento.

No caso de fracionamento do projeto, o enquadramento deverá ser efetuado em relação a cada bloco, a cada casa geminada ou a cada unidade residencial que tenha matrícula própria.

As áreas comuns do conjunto habitacional horizontal serão enquadradas em um único projeto, ainda que nele constem edificações independentes entre si.

2.1.1.1 Destinação do imóvel – Tabelas

O enquadramento da obra levará em conta as seguintes tabelas:

I – PROJETO RESIDENCIAL, para os imóveis que se destinam a:

a) residência unifamiliar;

b) residência multifamiliar – edifício residencial;

c) hotel, motel, spa e hospital;

d) áreas comuns de conjunto habitacional horizontal.

II – PROJETO COMERCIAL – ANDAR LIVRE, para os imóveis cujo pavimento-tipo seja composto de hall de circulação, escada, elevador e andar corrido sem a existência de pilares ou qualquer elemento de sustentação no vão, com sanitários privativos por andar.

III – PROJETO COMERCIAL – SALAS E LOJAS, para os imóveis cujo pavimento-tipo seja composto de hall de circulação, escada, elevador, andar com pilares ou paredes divisórias de alvenaria e sanitários privativos por andar ou por sala.

IV – PROJETO GALPÃO INDUSTRIAL, para os imóveis compostos de galpão com ou sem área administrativa, banheiros, vestiário e depósito, tais como:

a) pavilhão industrial;

b) oficina mecânica;

c) posto de gasolina;

As edificações destinadas a posto de gasolina, que contenha instalações para lanchonete, restaurante, loja de conveniência, serviço de lava-rápido, serviço de alinhamento e balanceamento de rodas, entre outras, será enquadrada na tabela projeto comercial – salas e lojas.

d) pavilhão para feiras, eventos ou exposições;

e) depósito fechado;

f) telheiro;

g) silo, tanque ou reservatório;

h) barracão;

i) hangar;

j) ginásio de esportes e estádio de futebol;

l) estacionamento térreo;

m) estábulo.

V – PROJETO DE INTERESSE SOCIAL, para os imóveis que se destinam a:

a) casa popular;

b) conjunto habitacional popular.

Quando no mesmo projeto constarem áreas com as características das obras mencionadas nas tabelas I, II ou III, anteriormente mencionadas, o enquadramento será efetuado conforme a área construída preponderante, sendo que, se houver coincidência de áreas, a tabela projeto residencial prevalecerá sobre a tabela projeto comercial – andar livre, que, por sua vez, prevalecerá sobre a tabela projeto comercial – salas e lojas.

No caso de projeto que contenha unidades residenciais e área comercial, quando a área construída das unidades residenciais for coincidente ou preponderante, o enquadramento da obra será efetuado como edifício residencial.

Havendo no mesmo projeto construções com as características mencionadas nas tabelas "I", "II" ou "III" e construções com as características das tabelas "IV" ou "V", deverão ser feitos enquadramentos distintos, na respectiva tabela, sendo que as obras referidas nas tabelas "IV" ou "V" serão consideradas, para efeito de cálculo, como acréscimo das obras mencionadas nas tabelas "I", "II" ou "III".

O enquadramento de obra não prevista nas tabelas I a V deverá ser feito com aquela que mais se aproxime de suas características, seja pela destinação do imóvel ou por sua semelhança com as construções constantes do rol das mencionadas tabelas.

O edifício de garagens será sempre enquadrado na Tabela Projeto Comercial – salas e lojas.

2.1.1.2 Número de pavimentos da edificação – Faixas

O enquadramento conforme o número de pavimentos da edificação será efetuado de acordo com as seguintes faixas:

a) R1, para projeto residencial unifamiliar, independentemente do número de pavimentos;

b) R8, para projeto residencial multifamiliar até 10 pavimentos, incluídos os pavimentos de garagem e pilotis, se existirem;
c) R16, para projeto residencial multifamiliar acima de 10 pavimentos;
d) CAL-8, para projeto comercial – andar livre, para edificações com mais de um pavimento superposto;
e) CSL-8, para projeto comercial – salas e lojas até 10 pavimentos, incluídos os pavimentos de garagem e pilotis, se existirem;
f) CSL-16, para projeto comercial – salas e lojas acima de 10 pavimentos;
g) GI, para projeto galpão industrial;
h) PIS, para casa popular e conjunto habitacional popular, independentemente do número de pavimentos.

As edificações que contenham áreas com destinação residencial e comercial, serão enquadradas, quanto ao número de pavimentos, da seguinte forma:

1 – quando edificadas em um mesmo bloco, o número de pavimentos será o resultante da soma de todos os pavimentos da obra;

2 – quando edificadas em blocos distintos:

a) prevalecendo uma das tabelas, o número de pavimentos será o da edificação comercial ou residencial, conforme seja a prevalência;
b) no caso de coincidência de áreas e não coincidindo o número de pavimentos, corresponderá ao da edificação de maior número de pavimentos.

As edificações classificadas como áreas comuns do conjunto habitacional horizontal, serão enquadradas na forma R1 e as edificações classificadas como hotel, motel, spa e hospital serão enquadradas na forma R8 ou R16.

2.1.1.3 Padrão da construção

O enquadramento no padrão da construção será efetuado da seguinte forma:

1 – projetos residenciais;

a) padrão baixo, para unidades autônomas com até 2 banheiros;
b) padrão normal, para unidades autônomas com 3 banheiros;
c) padrão alto, para unidades autônomas com 4 banheiros ou mais;

Na impossibilidade de identificação do número de banheiros, será considerado o padrão alto.

2 – projeto comercial – andar livre, padrão normal;

3 – projeto comercial – salas e lojas, padrão normal.

O enquadramento será efetuado de ofício pela RFB unicamente em função do número de banheiros para os projetos residenciais, incluindo lavabos, e no padrão normal para os projetos comerciais, independentemente do material utilizado.

As edificações destinadas a hotel, motel, spa, hospital e áreas comuns do conjunto habitacional horizontal serão enquadradas como uma unidade autônoma nos padrões alto, normal e baixo.

No caso de edificações que tenham áreas residenciais e comerciais, o enquadramento no padrão baixo, normal ou alto efetuar-se-á da seguinte forma:

a) prevalecendo a área residencial, o enquadramento da edificação será pelo projeto residencial e o padrão será de acordo com o número de banheiros da maioria das unidades residenciais;
b) prevalecendo a área comercial, o enquadramento será no padrão normal do projeto comercial considerado;
c) no caso de coincidência das áreas, o enquadramento da edificação será pelo projeto residencial e o padrão será de acordo com o número de banheiros das unidades residenciais prevalecente.

A casa popular e o conjunto habitacional popular terão enquadramento único na tabela Projeto de Interesse Social.

Para a edificação com destinação residencial multifamiliar, com mais de 10 pavimentos, que tenha unidades autônomas com até 2 banheiros, em razão da não publicação pelos sindicatos da construção civil, do valor do CUB para a Tabela Projeto Residencial – R16, padrão baixo, deverá ser adotado o valor constante no padrão normal daquela tabela.

2.1.1.4 Tipo

Quanto ao tipo, as edificações serão enquadradas da seguinte forma:

I – tipo 11, alvenaria;

II – tipo 12, madeira; e

III – tipo 13 mista, se ocorrer uma ou mais das seguintes circunstâncias:

a) 50% das paredes externas, pelo menos, forem de madeira, de metal, pré-moldada ou pré-fabricada;

b) a estrutura for de metal;

c) a estrutura for pré-fabricada ou pré-moldada;

d) a edificação seja do tipo rústico, sem fechamento lateral, ou lateralmente fechada apenas com tela e mureta de alvenaria.

A classificação no tipo 13 levará em conta unicamente o material das paredes externas ou da estrutura, independentemente do utilizado na cobertura, no alicerce, no piso ou na repartição interna.

Se o projeto e o memorial aprovados pelo órgão municipal não permitirem identificar qual material foi utilizado na estrutura ou nas paredes externas, a classificação será feita no tipo 11.

Para classificação no tipo 13, deverão ser apresentadas as notas fiscais de aquisição da madeira, da estrutura de metal ou da estrutura pré-fabricada ou pré-moldada, ou outro documento que comprove ser a obra mista.

A utilização de lajes pré-moldadas ou pré-fabricadas não será considerada para efeito do enquadramento no tipo 13.

Toda obra que não se enquadrar no tipo 12 ou 13 será necessariamente enquadrada no tipo 11, mesmo que empregue significativamente outro material que não alvenaria, como: plástico, vidro, isopor, fibra de vidro, policarbonato e outros materiais sintéticos.

Para classificação no tipo 12 deverão ser verificadas as informações constantes nos documentos expedidos pelo órgão municipal responsável.

2.2 Remuneração da mão de obra e das contribuições devidas - Cálculo

O Custo Global da Obra (CGO) será calculado pela RFB, a partir do enquadramento da obra, mediante a multiplicação do CUB correspondente ao tipo da obra pela sua área total, submetida, quando for o caso, à aplicação de redutores.

A Remuneração da Mão de obra Total (RMT) despendida na obra será calculada mediante aplicação dos percentuais da tabela a seguir na proporção do escalonamento por área sobre o CGO e somando os resultados obtidos em cada etapa:

Faixas de área para cálculo	Tipo 11 (alvenaria)	Tipo 12 (madeira) ou 13 (mista)
Nos primeiros 100 m^2	4%	2%
Acima de 100 m2 e até 200 m^2	8%	5%
Acima de 200 m2 e até 300 m^2	14%	11%
Acima de 300 m^2	20%	15%

No caso de conjunto habitacional popular será utilizado, independentemente da área construída:

I – para obra em alvenaria (Tipo 11), o percentual de 12%;

II – para obra madeira (Tipo 12), ou mista (Tipo 13), o percentual de 7%.

Havendo mais de uma edificação no mesmo projeto, será aplicado o escalonamento da tabela uma única vez para a área total do projeto, submetida, quando for o caso, à aplicação dos redutores adiante mencionados, e não por edificação isoladamente, independentemente do padrão da unidade, ressalvado o caso de fracionamento. O mesmo se aplica à obra caracterizada como acréscimo.

2.2.1 Existência de recolhimento de contribuição relativa à obra

Havendo recolhimento de contribuição relativa à obra, a remuneração correspondente a este recolhimento será atualizada até o mês anterior ao da emissão do ARO com aplicação da variação da Taxa Referencial do Sistema Especial de Liquidação e de Custódia (Selic) e deduzida da RMT.

2.2.2 Remuneração relativa à mão de obra própria

A remuneração relativa à mão de obra própria, inclusive ao décimo-terceiro salário, cujas correspondentes contribuições tenham sido recolhidas com vinculação inequívoca à obra, será atualizada até o mês anterior ao da emissão do ARO com aplicação da variação da Selic e deduzida da RMT, considerando-se:

a) a remuneração constante em GFIP, com informações específicas para a matrícula CEI, com comprovante de entrega, desde que comprovado o recolhimento das contribuições correspondentes;
b) a remuneração correspondente às contribuições recolhidas mediante documento de arrecadação identificado com a matrícula CEI da obra, não sendo exigida a comprovação de apresentação de GFIP, quando se tratar de obra de construção civil de responsabilidade de pessoa física.

A remuneração relativa ao período decadencial não poderá ser aproveitada para fins da dedução.

2.2.3 Mão de obra terceirizada – Remuneração

A remuneração relativa à mão de obra terceirizada, inclusive ao décimo-terceiro salário, cujas correspondentes contribuições recolhidas tenham vinculação inequívoca à obra, será atualizada até o mês anterior ao da emissão do ARO com aplicação da variação da Selic e deduzida da RMT, considerando:

a) a remuneração declarada em GFIP referente à obra, identificada com a matrícula CEI no campo "CNPJ/CEI do tomador/obra", com comprovante de entrega, emitida por empreiteira contratada diretamente pelo responsável pela obra, desde que comprovado o recolhimento dos valores retidos com base nas notas fiscais, nas faturas ou nos recibos de prestação de serviços, emitidos pela empreiteira;

b) a remuneração declarada em GFIP referente à obra, identificada com a matrícula CEI no campo "CNPJ/CEI do tomador/obra", emitida pela subempreiteira contratada por empreiteiro interposto, desde que comprovado o recolhimento dos valores retidos pelo empreiteiro contratante com base nas notas fiscais, nas faturas ou nos recibos de prestação de serviços, emitidos pela subempreiteira.

Nas obras de pessoa física, poderão ser aproveitadas as remunerações de empresas contratadas, da seguinte forma:

a) no caso de cooperativa de trabalho, a resultante da divisão da contribuição dos segurados cooperados que trabalharam na obra por 0,368, tomando-se como base as contribuições individuais descontadas dos segurados cooperados correspondentes a 20% do salário-de-contribuição de cada um, efetivamente recolhidas pela cooperativa, desde que esses segurados tenham sido informados na GFIP referente à obra emitida pela cooperativa;
b) no caso de empreiteira ou subempreiteira, a remuneração declarada em GFIP referente à obra, desde que comprovado o recolhimento integral das contribuições constantes dessa GFIP.

A remuneração relativa a período decadencial não poderá ser aproveitada para fins da dedução.

Será, ainda, aproveitada para fins de dedução da RMT, a remuneração:

a) contida em documento de constituição de crédito previdenciário, relativos à obra, quer seja apurado com base em folha de pagamento ou resultante de eventual lançamento de débito por responsabilidade solidária;
b) obtida com o resultado da divisão do valor da contribuição recolhida pelo contratante, incidente sobre o valor pago a cooperativa de trabalho, cuja nota fiscal, fatura ou recibo de prestação de serviços esteja vinculado inequivocamente à obra, por 0,368;

c) correspondente a 5% do valor da nota fiscal ou fatura de aquisição de concreto usinado, de massa asfáltica ou de argamassa usinada, utilizados inequivocamente na obra, independentemente de apresentação do comprovante de recolhimento das contribuições sociais. Entretanto, essa determinação não se aplica à argamassa em pó adquirida para preparo na obra.

2.2.4 *Redutor*

Será aplicado redutor de 50% para áreas cobertas e de 75% para áreas descobertas, desde que constatado que as mesmas integram a área total da edificação, nas obras listadas a seguir:

a) quintal;
b) playground;
c) quadra esportiva ou poliesportiva;
d) garagem, abrigo para veículos e pilotis;
e) quiosque;
f) área aberta destinada à churrasqueira;
g) jardim;
h) piscinas;
i) telheiro;
j) estacionamento térreo;
k) terraços ou área descoberta sobre lajes;
l) varanda ou sacada;
m) área coberta sobre as bombas e área descoberta destinada à circulação ou ao estacionamento de veículos nos postos de gasolina;
n) caixa d'água;
o) casa de máquinas.

Compete exclusivamente à RFB, a aplicação de percentuais de redução e a verificação das áreas reais de construção, as quais serão apuradas com base nas informações declaradas na DISO, sujeitas a confirmação, quando solicitada, para a apresentação dos seguintes documentos:

a) o projeto arquitetônico aprovado pelo órgão municipal; ou
b) o projeto arquitetônico acompanhado da ART registrada no CREA, ou o RRT registrado no CAU, caso o órgão municipal não exija a apresentação do projeto para fins de expedição de alvará ou habite-se.

A redução será aplicada também às obras que envolvam acréscimo de área já regularizada, reforma e demolição.

Não havendo discriminação das áreas passíveis de redução no projeto arquitetônico, o cálculo será efetuado pela área total, sem utilização de redutores, não devendo, neste caso, o responsável pela regularização declarar tal área por falta de comprovação. Não são consideradas áreas construídas e não deverão ser incluídos no cálculo da remuneração, jardins, quintais e playgrounds sobre terreno natural.

A redução servirá apenas para o cálculo da remuneração por aferição, devendo constar na CND para fins de averbação a área total da edificação indicada no habite-se, certidão da prefeitura municipal, planta ou projeto aprovados, termo de recebimento da obra, quando contratada com a administração pública, ou em outro documento oficial expedido por órgão competente e não a área reduzida.

2.2.5 Contribuições previdenciárias – Remuneração – Dedução da RMT

A remuneração apurada será deduzida da RMT e, havendo diferença, sobre elas serão exigidas as contribuições sociais previdenciárias e as contribuições destinadas a outras entidades ou fundos.

Constatada a inexistência de recolhimento de contribuições relativas à remuneração despendida na execução da obra, a base de cálculo será obtida aplicando-se os percentuais para cálculo da remuneração da mão de obra, anteriormente mencionados, sobre o Custo Global da Obra.

Para apuração das contribuições sociais devidas, serão aplicadas sobre a remuneração obtida as alíquotas definidas para a empresa, utilizando-se a alíquota mínima de 8% para a contribuição dos segurados empregados, sem limite.

2.2.6 Informações prestadas na GFIP e faturamento dos serviços

Quando a nota fiscal, a fatura ou o recibo de prestação de serviços forem emitidos na competência seguinte à da prestação dos serviços, será considerada na regularização da obra, a remuneração contida na GFIP correspondente à competência da efetiva prestação de serviços, desde que haja vinculação inequívoca entre as informações prestadas na GFIP e o faturamento dos serviços.

2.3 Situações Especiais de Regularização de Obra

2.3.1 Pré-moldados e Pré-fabricados

Pré-fabricado ou pré-moldado é o componente ou a parte de uma edificação, adquirido pronto em estabelecimento comercial ou fabricado por antecipação em estabelecimento industrial, para posterior instalação ou montagem na obra.

A obra de construção civil que utilize componentes pré-fabricados ou pré-moldados será enquadrada de acordo com a destinação do imóvel, o número de pavimentos, o padrão e o tipo da obra, e terá redução de 70% no valor da remuneração apurada, desde que:

> I – sejam declarados e apresentados, quando solicitados, conforme o caso:
>
> a) a nota fiscal ou a fatura mercantil de venda do pré-fabricado ou do pré-moldado e a nota fiscal ou fatura de prestação de serviços, emitidas pelo fabricante, relativas à aquisição e à instalação ou à montagem do pré-fabricado ou do pré-moldado;
>
> b) a nota fiscal ou a fatura mercantil do fabricante relativa à venda do pré-fabricado ou do pré-moldado e as notas fiscais, faturas ou recibos de prestação de serviços emitidos pela empresa contratada para a instalação ou a montagem;
>
> c) a nota fiscal ou a fatura mercantil do fabricante, se a venda foi realizada com instalação ou montagem.
>
> II – o somatório dos valores brutos das notas fiscais ou das faturas, em cada competência, atualizado com a aplicação da Selic, desde a data da emissão desses documentos até o mês anterior ao da emissão do ARO, seja igual ou superior a 40% do CGO, observado o enquadramento no tipo 11 (alvenaria).

O percentual a ser aplicado sobre a tabela CUB para apuração da remuneração por aferição indireta será sempre o correspondente ao tipo 11 (alvenaria).

A remuneração da mão de obra contida em nota fiscal ou fatura relativas à fabricação ou à montagem, de pré-fabricado ou de pré-moldado, não poderá ser aproveitada no cálculo por aferição indireta da mão de obra.

A edificação executada por empresa construtora, mediante empreitada total, com fabricação, montagem e acabamento (instalação elétrica, hidráulica, revestimento e outros serviços complementares), deverá ser regularizada pela própria empresa construtora, para fins de obtenção da CND.

Nos casos em que o pré-fabricado ou o pré-moldado resumir-se à estrutura, a obra deverá ser enquadrada no tipo 13 (mista), não se lhe aplicando o anteriormente mencionado.

Se a soma dos valores brutos das notas fiscais de aquisição do pré-fabricado ou do pré-moldado e das notas fiscais de serviços de instalação ou de montagem não atingir o valor correspondente ao percentual de 40%, o enquadramento da obra será feito de acordo com a destinação do imóvel, o número de pavimentos, o padrão e o tipo da obra.

Para fins de apuração do valor da mão de obra por aferição indireta, será aproveitada a remuneração contida em nota fiscal, fatura ou recibo de prestação de serviços, relativa aos serviços de instalação hidráulica, de instalação elétrica e a outros serviços complementares não-relacionados com a fabricação ou com a montagem do pré-fabricado ou do pré-moldado, quando realizados por empresa diversa daquela contratada para a fabricação ou para a montagem, ou cuja execução tenha sido contratada de forma expressa, com discriminação dos serviços e respectivos preços.

2.3.2 *Reforma, demolição e acréscimo de área*

No caso de reforma, de demolição ou de acréscimo de área, deverá ser verificado se a área original do imóvel está regularizada perante a RFB.

Considera-se obra regularizada, aquela:

a) já averbada no Cartório de Registro de Imóveis;
b) para a qual já foi emitida CND;
c) comprovadamente finalizada em período decadencial.

Tendo sido verificado que a área original do imóvel não está regularizada, serão exigidas do proprietário ou do responsável pela sua execução as contribuições correspondentes àquela área, além das referentes à reforma, à demolição ou ao acréscimo.

No caso de reforma de imóvel o valor da remuneração da mão de obra deverá ser apurado com base nos valores contidos nas notas fiscais, nas faturas ou nos recibos de prestação de serviços e no contrato.

Não sendo possível a apresentação, quando solicitada, das notas fiscais, das faturas ou dos recibos, ou do contrato relativos à prestação de serviços, a remuneração da mão de obra utilizada na área reformada deverá ser apurada por aferição, mediante o cálculo do CGO para a área construída final do imóvel, observado o seu respectivo enquadramento no padrão da obra e o cálculo da remuneração da mão de obra, com redução de 65%.

A comprovação da área objeto da reforma será feita mediante a apresentação do habite-se, da certidão da prefeitura municipal, da planta ou do projeto aprovado, do termo de recebimento da obra, para obra contratada com a Administração Pública, do laudo técnico de profissional habilitado pelo CREA ou pelo CAU, acompanhado, respectivamente, da ART ou do RRT, ou de outro documento oficial expedido por órgão competente.

Não sendo possível a comprovação, será considerada como área da reforma a área total do imóvel.

No caso de demolição de imóvel, a remuneração da mão de obra será apurada com base na área demolida e sofrerá redução de 90%, sendo que, para fins de enquadramento, será observada a área construída total do imóvel.

O acréscimo de área em obra de construção civil já regularizada, para fins de apuração do montante da remuneração da mão de obra da área acrescida, será enquadrado de acordo com a sua destinação e respecti vo padrão, observado o enquadramento no padrão e na destinação da construção.

A obra realizada no mesmo terreno em que exista outra obra já regularizada na RFB será considerada como acréscimo daquela, mesmo que tenha autonomia em relação a ela, desde que não tenha ocorrido o desmembramento.

Exclusivamente em caso de obra pública não averbada em Cartório de Registro de Imóveis, para fins de definição da área da edificação existente, poderá ser aceito laudo técnico de profissional habilitado pelo CREA ou pelo CAU, acompanhado, respectivamente, da ART ou do RRT. Para fins de escalonamento, a área do acréscimo, observada se for o caso, a aplicação de redutores, será somada à área existente.

Se a destinação do acréscimo referir-se a projeto residencial, deverá ser considerado, para efeitos de enquadramento no padrão, somente o número de banheiros da área acrescida.

2.3.3 Construção sem mão de obra remunerada

Nenhuma contribuição social é devida em relação à obra de construção civil que atenda às seguintes condições:

> 1 – o proprietário do imóvel ou dono da obra seja pessoa física, não possua outro imóvel e a construção seja:
>
> a) residencial e unifamiliar;
>
> b) com área total não superior a 70m2;
>
> c) destinada a uso próprio;
>
> d) do tipo econômico ou popular;
>
> e) executada sem mão de obra remunerada.
>
> 2 – seja destinada a uso próprio e tenha sido realizada por intermédio de trabalho voluntário, não remunerado, prestado por pessoa física à entidade pública de qualquer natureza, ou à instituição privada de fins não lucrativos, que tenha objetivos cívicos, culturais, educacionais, científicos, recreativos ou de assistência social, inclusive mutualidade, nos termos da Lei nº 9.608/1998;
>
> 3 – a obra se destine a edificação de conjunto habitacional popular (com área de uso privativo não superior a 70m2 por unidade habitacional) e não seja utilizada mão de obra remunerada, observado que o acompanhamento e a supervisão da execução do conjunto habitacional por parte de profissionais especializados, na qualidade de engenheiro, arquiteto, assistente social ou mestre de obras, mesmo que remunerado, não descaracterizará a sua forma de execução, cabendo apenas a comprovação do recolhimento das contribuições para a Previdência Social e das destinadas a outras entidades ou fundos, incidentes sobre a remuneração dos profissionais.

4 – seja executada por entidade beneficente ou religiosa, destinada a uso próprio, realizada por intermédio de trabalho voluntário não remunerado, observada a regularização com base em escrituração contábil formalizada.

Caso haja o descumprimento de qualquer das condições, tornam-se exigíveis as contribuições relativas à remuneração da mão de obra empregada na obra, de acordo com os critérios estabelecidos pela Secretaria da Receita Federal do Brasil, sem prejuízo das cominações legais cabíveis.

A regularização de obra executada sem a utilização de mão de obra remunerada, na forma dos itens 2, 3 e 4, deverá ser feita de acordo com a escrituração contábil formalizada.

Para a regularização das obras executadas sem mão de obra remunerada, o interessado deverá prestar as informações necessárias mediante utilização da DISO e apresentar, quando solicitado pela RFB, os documentos a seguir, e os documentos mencionados no parágrafo seguinte, conforme o caso:

a) alvará de concessão de licença para construção ou projeto aprovado pela prefeitura municipal, este quando exigido pela prefeitura ou, na hipótese de obra contratada com a Administração Pública, não sujeita à fiscalização municipal, o contrato e a ordem de serviço ou a autorização para o início de execução da obra;
b) habite-se, certidão da prefeitura municipal ou projeto aprovado ou, na hipótese de obra contratada com a administração pública, termo de recebimento da obra ou outro documento oficial expedido por órgão competente, para fins de verificação da área a regularizar;
c) quando houver mão de obra própria, documento de arrecadação comprovando o recolhimento de contribuições sociais, com vinculação inequívoca à matrícula no Cadastro Específico do INSS (CEI) da obra, a respectiva Guia de Recolhimento do FGTS e Informações à Previdência Social (GFIP) relativa à matrícula CEI da obra e, quando não houver mão de obra própria, a GFIP com declaração de ausência de fato gerador (GFIP sem movimento);

d) cópia do último balanço patrimonial acompanhado de declaração da empresa, sob as penas da lei, firmada pelo representante legal e pelo contador responsável com identificação de seu registro no Conselho Regional de Contabilidade (CRC), de que a empresa possui escrituração contábil regular ou Escrituração Contábil Digital (ECD) do período da obra.

Para comprovar a não-ocorrência de fato gerador das contribuições sociais, o responsável deverá manter na obra, durante a sua execução e após o seu término, arquivados à disposição da RFB, pelo prazo decadencial previsto na legislação tributária, os seguintes documentos:

a) termo de adesão previsto na Lei nº 9.608/1998, relativo a cada colaborador que preste serviços sem remuneração, na obra executada na forma do item 2, devendo dele constar o endereço e a matrícula CEI da obra, o nome, o número do Registro Geral (RG), o número do CPF ou do Número de Identificação do Trabalhador (NIT), o endereço residencial completo, a função e as condições de exercício nessa obra;
b) relação de colaboradores, devendo dela constar o endereço e a matrícula CEI da obra, o nome, o número do Registro Geral (RG), o número do CPF ou do NIT, o endereço residencial completo, a função e as condições de exercício nessa obra, de cada colaborador que tenha, voluntariamente e sem remuneração, nela prestado serviços, no caso de obra executada na forma dos itens 3 e 4.

Constatada a utilização de mão de obra remunerada, serão devidas as contribuições sociais correspondentes à remuneração desta mão de obra.

A entidade beneficente certificada na forma da Lei nº 12.101/2009, em gozo da isenção, que executar obra de construção civil para uso próprio com a utilização de mão de obra por ela remunerada, para a regularização da obra, deverá observar o disposto na Instrução Normativa RFB nº 971/2009, art. 231, no que couber.

2.3.4 Regularização de construção parcial

Na regularização de construção parcial, será efetuado o enquadramento pela área construída apurando-se as contribuições proporcionalmente à área já construída, constante em documento oficial expedido por órgão competente.

Para tanto, será observado o seguinte:

a) será obtida a RMT, considerando-se, nesse cálculo, a área construída, constante do documento anteriormente referido;
b) a área proporcional a regularizar será dividida pela área construída, e esse quociente será multiplicado pelo valor da RMT, obtendo-se, assim, a remuneração correspondente à área a regularizar;
c) a remuneração correspondente aos recolhimentos efetuados entre a data de início da obra e a data de expedição do documento, se houver, será deduzida da remuneração apurada para a área proporcional que esta sendo regularizada;
d) sobre a remuneração correspondente à área a regularizar serão aplicadas as alíquotas de cálculo das contribuições sociais previdenciárias e das contribuições destinadas a outras entidades ou fundos;
e) nas regularizações parciais subsequentes, será aplicado o disposto nas letras de "a" a "d", devendo ser também considerados, para fins de dedução da remuneração apurada para a área proporcional que esta sendo regularizada, os recolhimentos porventura efetuados em decorrência de aferições indiretas parciais anteriores;
f) a cada regularização parcial deverá ser confrontada a área já realizada com todas as remunerações da mão de obra utilizada na sua execução, desde o início da obra até a data do último documento declarado e apresentado.

Caso o somatório das áreas declaradas ou das áreas constantes nos documentos apresentados pelo sujeito passivo para comprovação das áreas parciais seja menor do que a área total do projeto aprovado, a diferença será apurada juntamente com a última regularização, ao final da obra.

A comprovação da área parcialmente concluída será feita, quando for o caso, com a apresentação do habite-se parcial, a certidão da prefeitura municipal, a planta ou o projeto aprovado, o termo de recebimento da obra, quando contratada com a administração pública, ou com outro documento oficial expedido por órgão competente.

Todos os documentos que serviram de base para a apuração das áreas anteriormente regularizadas e para a respectiva certidão atualizada do registro em Cartório de Registro de Imóveis em que constem as averbações já realizadas, poderão ser solicitados para a comprovação das áreas regularizadas.

A CND de obra parcial deverá mencionar apenas a área constante na declaração feita pelo sujeito passivo, que estará sujeita à comprovação, se necessário.

2.3.5 Regularização de obra inacabada

No caso de obra inacabada, deverá ser declarado pelo responsável o percentual da construção já realizada, em relação à obra total, sujeito a comprovação, quando solicitado pela RFB, por meio do laudo de avaliação técnica de profissional habilitado pelo CREA ou pelo CAU, acompanhado, respectivamente, da ART ou do RRT.

O percentual declarado será utilizado para determinação da área que constará na CND de obra inacabada e que servirá de base para a apuração da remuneração sobre a qual incidirão as respectivas contribuições, efetuando-se o enquadramento de acordo com a área total do projeto, e apurando-se as contribuições proporcionalmente à área correspondente à obra inacabada.

Quando da conclusão da obra, será regularizada a área resultante da diferença entre a área construída e a da CND da obra inacabada, efetuando-se o enquadramento pela área total do projeto.

Na CND de obra inacabada, após o endereço da obra, constará a expressão "obra inacabada".

A obra para a qual não foi emitida CND de obra inacabada, ao final da construção poderá ser regularizada em nome do adquirente ou do proprietário do imóvel, e emitida a CND com a área total da obra ou por unidade adquirida, conforme o caso, desde que sejam recolhidas as contribuições correspondentes, apuradas com base na área construída total.

2.3.6 Regularização de obra de construção civil realizada parcialmente em período decadencial

Na regularização de obra de construção civil, cuja execução tenha ocorrido parte em período decadencial e parte em período não-decadencial, serão devidas contribuições sociais sobre a remuneração de mão de obra correspondente à área executada em período não-decadente, considerando-se, para efeito de enquadramento, a área total do projeto, submetida, quando for o caso, à aplicação de redutores, observadas as regras relativas à decadência.

No cálculo da remuneração correspondente a área a regularizar relativa ao período não-decadencial, serão observados os seguintes procedimentos:

a) calcular a remuneração relativa à área total do projeto submetida, se for o caso, à aplicação de redutores;

b) a remuneração da mão de obra total relativa ao período não-decadencial será o resultado da multiplicação da remuneração relativa à área total do projeto, obtida conforme previsto na letra "a", pelo percentual não decadente calculado a partir da equação: percentual não decadente = 1 – (número de meses decadentes / número de meses de execução da obra).

c) da remuneração da mão de obra total relativa a período não-decadencial, calculada com base no disposto na letra "b", serão deduzidas as remunerações correspondentes aos recolhimentos efetuados em período não-decadencial, se houver;

d) o número de meses do período não-decadencial (MND), a que se refere a letra "b", corresponderá ao número de meses compreendidos entre o início do período não-decadencial e o mês de conclusão da obra, inclusive;

e) o número total de meses de execução da obra (NT), a que se refere a letra "b", corresponde à soma do número de meses do período não-decadencial (MND), conforme definido na letra "d", com o número de meses do período decadencial a partir do início da obra;

f) a remuneração correspondente aos recolhimentos com vinculação inequívoca à obra, efetuados em período não-decadencial, será deduzida da RMT;

g) a área correspondente ao percentual decadente será considerada área regularizada.

2.3.7 *Regularização de obra por condômino ou por adquirente*

O condômino adquirente de unidade imobiliária de obra de construção civil incorporada ou não-incorporada na forma da Lei nº 4.591/1964, poderá obter Certidão Negativa de Débito (CND) na RFB, desde que responda pelas contribuições devidas, relativas à sua unidade.

O adquirente de prédio ou de unidade imobiliária de obra incorporada, mesmo não sendo responsável pelas contribuições sociais devidas pela empresa construtora ou pelo incorporador, poderá regularizar o prédio ou a unidade adquirida, em seu próprio nome, desde que responda pelo recolhimento das contribuições devidas.

Para tanto, o adquirente de unidade imobiliária ou o condômino deverá declarar as informações mediante utilização da DISO e apresentar documentos que demonstrem a área total da edificação e a fração ideal correspondente à sua unidade.

A comprovação será feita por meio da apresentação de habite-se, certidão da prefeitura municipal, planta ou projeto aprovados, escritura lavrada em cartório, memorial descritivo registrado, contrato de compra e venda da unidade, convenção de condomínio ou outro documento oficial expedido por órgão competente.

Para fins da regularização e recolhimento das respectivas contribuições, deverá ser aberta matrícula CEI sob responsabilidade de pessoa física ou jurídica, condômino ou do adquirente, constando no cadastro da obra a área a ser regularizada, a identificação específica da unidade e o endereço da obra.

O condômino ou adquirente de obra inacabada que retomar a execução da obra deverá providenciar a obtenção de CND de obra inacabada, na unidade de atendimento da RFB jurisdicionante do local da obra ou do estabelecimento matriz da construtora ou da incorporadora, e a emissão de nova matrícula em nome do novo responsável pela obra ou da empresa construtora porventura contratada por empreitada total para finalizar a obra.

Para a regularização da obra, o enquadramento será efetuado com base na área total do projeto, submetida à aplicação de redutores, quando for o caso.

2.3.8 Regularização de obra em que houve rescisão de contrato

Caso haja rescisão de contrato de empreitada total, a construtora responsável pela obra deverá regularizar a área construída. Para a continuação de obra inacabada, ainda que parte esteja regularizada, será mantida a mesma matrícula, desde que o responsável seja o mesmo.

Tendo sido emitida a CND de obra parcial ou a CND de obra inacabada, o contrato com empresa construtora para finalizar a obra incompleta poderá ser considerado de empreitada total se a empresa construtora matricular em seu nome a área da obra a ser finalizada.

O contrato entre o proprietário do imóvel, o dono da obra ou o incorporador e outra construtora, com o objetivo de finalizar a obra, será considerado de empreitada parcial, caso não tenha sido emitida CND parcial ou de obra inacabada.

Caso a empreitada parcial seja caracterizada, deverá ser emitida nova matrícula em nome do proprietário do imóvel, dono da obra ou incorporador.

Inexistindo CND de obra parcial ou CND de obra inacabada que demonstre a área construída pela primeira construtora, a regularização da área total da obra, para fins de obtenção da CND respectiva, será efetuada pelo proprietário do imóvel, pelo dono da obra ou pelo incorporador, observando-se o seguinte:

a) proprietário do imóvel, o dono da obra ou o incorporador deverá solicitar a emissão de matrícula em seu nome, independentemente de a primeira construtora ter ou não matriculado a obra, na qual será mencionada a matrícula anterior, se houver;
b) as contribuições devidas serão apuradas com base na escrituração contábil regular do proprietário do imóvel, do dono da obra ou do incorporador, desde que seja possível a comprovação de mão de obra para todo o período da obra;
c) inexistindo escrituração contábil regular, ou não sendo possível a comprovação, as contribuições devidas serão apuradas por aferição indireta, aproveitando-se os recolhimentos anteriormente efetuados com vinculação inequívoca à obra.

3. CONTRIBUIÇÕES SOCIAIS – BASE DE CÁLCULO

No caso de aferição indireta, a base de cálculo das contribuições será obtida:

a) mediante a aplicação dos percentuais previsto na Instrução Normativa RFB nº 971/2009, arts. 336, 451 e 455, sobre o valor da nota fiscal, da fatura ou do recibo de prestação de serviços ou sobre o valor total do contrato de empreitada ou de subempreitada;

b) pelo cálculo do valor da mão de obra empregada, correspondente ao padrão de enquadramento da obra de responsabilidade da empresa e proporcional à área construída;

c) por outra forma julgada apropriada, com base em contratos, informações prestadas aos contratantes em licitação, publicações especializadas ou em outros elementos vinculados à obra, quando não for possível a aplicação dos procedimentos previstos nas letras a e b.

Na contratação de empreitada total, não tendo o contratante usado da faculdade da retenção para a previdência Social, será aplicada a responsabilidade solidária.

3.1 Créditos – Constituição

Na regularização de obra de construção civil, em que a remuneração da mão de obra utilizada foi apurada com base na área construída e no padrão da obra ou com base na prestação de serviços contida em nota fiscal, fatura ou recibo de prestação de serviços, se constatada a contratação de subempreiteiras, deverão ser constituídos os créditos das contribuições sociais correspondentes, em lançamentos distintos, conforme a sua natureza.

Os créditos serão constituídos da seguinte forma:

a) contribuições referentes à aferição da mão de obra total;

b) contribuições referentes à remuneração da mão de obra própria da empresa fiscalizada;

c) contribuições apuradas por responsabilidade solidária;

d) retenção.

No lançamento da base de cálculo da aferição indireta prevista na letra a, serão deduzidos os lançamentos das bases de cálculo previstos nas letras b, c e d, competência por competência, observados os critérios de conversão.

No lançamento por responsabilidade solidária, de que trata a letra c não serão cobradas as contribuições devidas a outras entidades ou fundos, as quais deverão ser cobradas diretamente da empresa contratada.

4. REGULARIZAÇÃO DE OBRA DE CONSTRUÇÃO CIVIL

Compete ao responsável ou ao interessado pela regularização da obra, a apresentação da DISO e, quando solicitado, dos seguintes documentos, conforme o caso:

a) alvará de concessão de licença para construção ou projeto aprovado pela prefeitura municipal, este quando exigido pela prefeitura ou, na hipótese de obra contratada com a Administração Pública, não sujeita à fiscalização municipal, o contrato e a ordem de serviço ou a autorização para o início de execução da obra;

b) habite-se, certidão da prefeitura municipal ou projeto aprovado ou, na hipótese de obra contratada com a Administração Pública, termo de recebimento da obra ou outro documento oficial expedido por órgão competente, para fins de verificação da área a regularizar;

c) quando houver mão de obra própria, documento de arrecadação comprovando o recolhimento de contribuições sociais com vinculação inequívoca à matrícula CEI da obra, a respectiva GFIP relativa à matrícula CEI da obra e, quando não houver mão de obra própria, a GFIP com declaração de ausência de fato gerador (GFIP sem movimento);

d) a nota fiscal, a fatura ou o recibo de prestação de serviços em que conste o destaque da retenção de 11% ou de 3,5%, conforme o caso, sobre o valor dos serviços, emitido por empreiteira ou subempreiteira que tiverem sido contratadas, com vinculação inequívoca à matrícula CEI da obra e a GFIP relativa à matrícula CEI da obra;

e) a nota fiscal ou a fatura relativa aos serviços prestados por cooperados intermediados por cooperativa de trabalho, que, de forma inequívoca, esteja vinculada à matrícula CEI da obra e a GFIP do responsável pela obra referente à matrícula CEI da referida obra, na qual foi declarado o valor pago à cooperativa de trabalho.

O responsável, quando pessoa física, deverá apresentar também documento de identificação.

O responsável, quando pessoa jurídica, deverá apresentar também, conforme o caso a cópia do último balanço patrimonial, quando exigido pela RFB.

4.1 Certidão Negativa de Débito de Obra de Construção Civil

Em geral, a autoridade responsável por órgão de registro público exigirá, obrigatoriamente, a apresentação de CND ou de Certidão Positiva com Efeitos de Negativa de Débitos relativos a Créditos Tributários Federais e a Divida Ativa da União (CPEND) referente à obra de construção civil, nas seguintes hipóteses:

a) do proprietário do imóvel, pessoa física ou jurídica, quando da averbação de obra de construção civil no Registro de Imóveis; e

b) do incorporador, na ocasião da inscrição de memorial de incorporação no Registro de Imóveis.

4.2 Construção civil – Desoneração da folha de pagamento

Observar as regras da desoneração da folha de pagamento das empresas de construção civil no Capítulo 4.

CAPÍTULO 7
Prescrição e Decadência

1. DECADÊNCIA

Decadência é a extinção do próprio direito por haver decorrido o prazo legal prefixado para o seu exercício. A prescrição é a extinção do direito de ação pelo seu não exercício no tempo legal.

O direito de a Receita Federal do Brasil apurar e constituir os créditos tributários (decadência), bem como o prazo de prescrição da ação para a cobrança desses créditos obedecerão às regras do Código Tributário Nacional (CTN).

Art. 174 do Código Tributário Nacional dispõe:

> "Art. 174. A ação para a cobrança do crédito tributário prescreve em cinco anos, contados da data da sua constituição definitiva.
>
> Parágrafo único. A prescrição se interrompe:
>
> I – pelo despacho do juiz que ordenar a citação em execução fiscal;
>
> II – pelo protesto judicial;
>
> III – por qualquer ato judicial que constitua em mora o devedor;
>
> IV – por qualquer ato inequívoco ainda que extrajudicial, que importe em reconhecimento do débito pelo devedor."

O direito de a RFB apurar e constituir créditos relacionados a obras de construção civil extingue-se no prazo decadencial previsto na legislação tributária.

O interessado pode comprovar a realização de parte da obra ou da sua total conclusão em período abrangido pela decadência. Para tanto, deverá apresentar um dos documentos a seguir relacionados, desde que tenha vinculação inequívoca à obra e seja contemporâneo do fato a comprovar, considerando-se como data do início da obra o mês de emissão do documento mais antigo:

Comprovação de início da obra em prazo decadencial:

a) comprovante de recolhimento de contribuições sociais na matrícula CEI da obra;
b) notas fiscais de prestação de serviços;
c) recibos de pagamento a trabalhadores;
d) comprovante de ligação, ou conta de água ou de luz;
e) notas fiscais de compra de material, nas quais conste o endereço da obra como local de entrega;
f) ordem de serviço ou autorização para o início da obra, quando contratada com órgão público;
g) alvará de concessão de licença para construção.

Comprovação do término da obra em período decadencial:

a) habite-se, Certidão de Conclusão de Obra (CCO);
b) um dos respectivos comprovantes de pagamento de Imposto Predial e Territorial Urbano (IPTU), em que conste a área da edificação;
c) certidão de lançamento tributário contendo o histórico do respectivo IPTU;
d) auto de regularização, auto de conclusão, auto de conservação ou certidão expedida pela prefeitura municipal que se reporte ao cadastro imobiliário da época ou registro equivalente, desde que conste o respectivo número no cadastro, lançados em período abrangido pela decadência, em que conste a área construída, passível de verificação pela RFB;
e) termo de recebimento de obra, no caso de contratação com órgão público, lavrado em período decadencial;
f) escritura de compra e venda do imóvel, em que conste a sua área, lavrada em período decadencial;
g) contrato de locação com reconhecimento de firma em cartório em data compreendida no período decadencial, onde constem a descrição do imóvel e a área construída.

A comprovação poderá ser efetuada também mediante a apresentação de, no mínimo, 3 dos seguintes documentos:

a) correspondência bancária para o endereço da edificação, emitida em período decadencial;
b) contas de telefone ou de luz, de unidades situadas no último pavimento, emitidas em período decadencial;
c) declaração de Imposto sobre a Renda comprovadamente entregue em época própria à RFB, relativa ao exercício pertinente a período decadencial, na qual conste a discriminação do imóvel, com endereço e área;
d) vistoria do corpo de bombeiros, na qual conste a área do imóvel, expedida em período decadencial;
e) planta aerofotogramétrica do período abrangido pela decadência, acompanhada de laudo técnico constando a área do imóvel e a respectiva ART no CREA ou RRT no CAU.

As cópias dos documentos que comprovam a decadência deverão ser anexadas ao ARO emitido.

A falta dos documentos que comprovam o término da obra em período decadencial poderá ser suprida pela apresentação de documento expedido por órgão oficial ou documento particular registrado em cartório, desde que seja contemporâneo à decadência alegada e nele conste a área do imóvel.

CAPÍTULO 8
Responsabilidade Solidária e Subsidiária

As pessoas que tenham interesse comum nas situações que determinam a obrigatoriedade de recolhimento de contribuições previdenciárias (fato gerador), bem como aquelas que a lei assim designar, são solidariamente responsáveis.

No aspecto previdenciário, relativamente às empresas prestadoras de serviço mediante cessão de mão de obra ou empreitada, observa-se a aplicação da responsabilidade solidária no âmbito da construção civil, sendo aplicada em casos de contrato de empreitada global, onde a empresa contratada, registrada no CREA, assuma a responsabilidade total pela execução da obra ou quando houver o repasse integral do contrato nas mesmas condições. Mesmo nestas situações, a empresa contratante poderá elidir-se da responsabilidade solidária desde que proceda à retenção e recolhimento dos 11%, 15%, 14% ou 13%, conforme o caso, sobre o valor dos serviços prestados e a apresentação da documentação comprobatória do gerenciamento dos riscos ocupacionais. Observa-se que, neste caso, a retenção é facultativa, uma vez que o instituto da responsabilidade solidária é que é, a princípio, aplicado.

O proprietário, o dono da obra e o incorporador, o condômino de unidade imobiliária, pessoa jurídica ou física, quando contratarem a execução de obra de construção civil por empreitada total, são solidários com as empresas construtoras pelas contribuições previdenciárias e acréscimos legais.

1. CONTRATO FIRMADO COM CONSÓRCIO DE EMPRESAS

Quando se tratar de contrato de empreitada total de obra a ser realizada por consórcio formado exclusivamente por empresas construtoras, o contratante responde solidariamente com as consorciadas pelas obrigações previdenciárias em relação às operações praticadas pelo consórcio, em nome deste ou da empresa líder.

O fato de cada consorciada executar parte distinta do projeto total, bem como realizar faturamento direta e isoladamente para contratante, não desfigura a responsabilidade solidária.

O órgão público da administração direta, a autarquia e a fundação de direito público, na contratação de obra de construção civil por empreitada total, não respondem solidariamente pelas contribuições sociais previdenciárias decorrentes da execução do contrato.

2. ENTIDADES BENEFICENTES DE ASSISTÊNCIA SOCIAL EM GOZO DE ISENÇÃO

Tais entidades, quando contratarem empresa construtora para execução de obra por empreitada global, respondem solidariamente com esta empresa apenas em relação às contribuições previdenciárias dos segurados empregados e aos respectivos acréscimos legais.

Quando a entidade em gozo de isenção executar diretamente a obra destinada a uso próprio, estará isenta de contribuição.

3. ELISÃO DA RESPONSABILIDADE SOLIDÁRIA

Na contratação de serviços mediante cessão de mão de obra ou de obra ou serviço de construção civil, até a competência janeiro de 1999, a responsabilidade solidária do contratante com a contratada será elidida com a comprovação do recolhimento das contribuições sociais devidas pela contratada:

1) quando se tratar de serviços de construção civil:
   a) incidentes sobre a remuneração constante da folha de pagamento dos segurados utilizados na prestação de serviços, corroborada por escrituração contábil, se o valor recolhido for inferior ao indiretamente aferido com base nas notas fiscais, faturas ou recibos de prestação de serviços;
   b) incidentes sobre o valor indiretamente aferido quando não for apresentada a escrituração contábil;
2) quando se tratar de serviços mediante cessão de mão de obra:
   a) incidentes sobre a folha de pagamento dos segurados utilizados na prestação de serviços; ou
   b) incidentes sobre o valor aferido indiretamente, quando não for apresentada a folha de pagamento.

Na contratação de obra de construção civil mediante empreitada total, a partir de fevereiro de 1999, a responsabilidade solidária do proprietário do imóvel, do dono da obra, do incorporador ou do condômino da unidade imobiliária, com a empresa construtora, será elidida com a comprovação do recolhimento, conforme o caso:

a) das contribuições sociais incidentes sobre a remuneração, com base na folha de pagamento dos segurados utilizados na prestação de serviços e respectiva GFIP, corroborada por escrituração contábil, se o valor recolhido for inferior ao indiretamente aferido com base nas notas fiscais, faturas ou recibos de prestação de serviços;
b) das contribuições sociais incidentes sobre a remuneração da mão de obra contida em nota fiscal ou fatura correspondente aos serviços executados, aferidas indiretamente, caso a contratada não apresente a escrituração contábil formalizada na época da regularização da obra;
c) das retenções efetuadas pela empresa contratante, com base nas notas fiscais, faturas ou recibos de prestação de serviços emitidos pela construtora contratada mediante empreitada total;
d) das retenções efetuadas com base nas notas fiscais, faturas ou recibos de prestação de serviços emitidos pelas subempreiteiras, que tenham vinculação inequívoca à obra.

4. DOCUMENTOS A SEREM EXIGIDOS DA EMPRESA CONTRATADA

Quando da quitação da nota fiscal, fatura ou recibo de prestação de serviços, cabe ao contratante exigir da empresa construtora contratada por empreitada total:

a) a partir da competência outubro de 2002, cópia das notas fiscais, faturas ou recibos emitidos por subempreiteiras, com vinculação inequívoca à obra, dos correspondentes documentos de arrecadação da retenção e da GFIP das subempreiteiras com comprovante de entrega, com informações específicas do tomador obra;
b) a partir da competência outubro de 2002, Programa de Prevenção de Riscos Ambientais (PPRA), Laudo Técnico de Condições

Ambientais do Trabalho (LTCAT), Programa de Condições e Meio Ambiente de Trabalho na Indústria da Construção (PCMAT), para empresas com vinte trabalhadores ou mais por estabelecimento ou obra de construção civil, e Programa de Controle Médico de Saúde Ocupacional (PCMSO), que demonstrem o gerenciamento de riscos ambientais por parte da construtora, bem como a necessidade ou não da contribuição adicional.

Deverá também ser exigido da contratada, comprovação de escrituração contábil regular para o período de prestação de serviço na obra, se os recolhimentos apresentados forem inferiores aos calculados de acordo com as normas de aferição indireta da remuneração.

A comprovação de escrituração contábil será efetuada mediante cópia do balanço extraído do livro diário devidamente formalizado, para os exercícios encerrados, e, para o exercício em curso, por meio de declaração, sob as penas da lei, firmada pelo representante legal da empresa de que os valores apresentados estão contabilizados.

Aplica-se o acima exposto, no que couber, à empresa construtora contratada por empreitada total que efetuar o repasse integral do contrato, bem como à empresa construtora que assumir a execução do contrato transferido.

Ao órgão público da administração direta, à autarquia e à fundação de direito público contratantes de serviços mediante cessão de mão de obra ou de execução de obras ou serviços de construção civil, cabe exigir cópia da folha de pagamento e dos documentos de arrecadação no período de 29 de abril de 1995 até a competência janeiro de 1999.

CAPÍTULO 9

Benefícios Previdenciários

A Seguridade Social se destina a assegurar o direito à saúde, à previdência e à assistência social.

A assistência social visa ao atendimento das necessidades básicas, tais como: proteção à família, à infância, à maternidade, à adolescência, à pessoa portadora de necessidades especiais e à velhice. Esta assistência é concedida ao cidadão independentemente de contribuições.

A Previdência Social, por sua vez, tem caráter contributivo e implica na filiação obrigatória do trabalhador, e compreende a assistência ao mesmo em determinadas situações como: doença, invalidez, morte, idade avançada, maternidade, desemprego involuntário, bem como assistência aos dependentes dos segurados de baixa renda e a todos os dependentes em caso de morte do segurado.

O conjunto de benefícios a que os segurados da Previdência Social fazem jus é constituído de:

a) benefícios concedidos aos segurados empregados e o trabalhador avulso:
   - abono anual – devido ao segurado que durante o ano recebeu auxílio-doença, auxílio-acidente, aposentadoria, pensão por morte ou auxílio-reclusão;
   - auxílio-doença – uma vez cumprida a carência exigida, quando for o caso, é concedido ao segurado que ficar incapacitado para o exercício das suas atividades por mais de 15 dias consecutivos;
   - auxílio-acidente – concedido como indenização, quando, após a consolidação das lesões decorrentes de acidente de qualquer natureza, resultar sequela definitiva que implique em redução da capacidade para o trabalho que habitualmente exercia ou exija maior esforço para o desempenho da mesma atividade ou, ainda, impossibilite o exercício da atividade habitual; porém, permita o exercício de outra;

- aposentadoria por invalidez – concedida, uma vez cumprida a carência exigida, quando for o caso, ao segurado que ficar incapacitado para o trabalho e insuscetível de recuperação para o exercício de atividade que lhe garanta a subsistência;
- aposentadoria por tempo de contribuição – devida ao segurado que atender ao requisito de carência e contar com 35 anos de contribuição, no caso de homem, e 30 anos de contribuição, no caso de mulher, independentemente de idade;
- aposentadoria por idade – devida ao segurado que tiver cumprido a carência exigida e contar com 65 anos de idade no caso de homem e 60 anos de idade, se mulher. Esses limites são reduzidos para 60 e 55 anos, caso se trate de trabalhadores rurais, respectivamente;
- aposentadoria especial – concedida após o atendimento da carência ao segurado que tiver trabalhado durante 25, 20 ou 15 anos, conforme o caso, em atividades sujeitas a condições especiais que prejudiquem a saúde ou a integridade física;
- salário-maternidade – concedido às seguradas ou segurados da previdência social, conforme o caso, em virtude de gestação e parto, adoção de criança, ou ainda obtenção de guarda judicial para fins de adoção. Para a empregada(o), não é exigido o cumprimento de carência. Para as seguradas contribuintes individuais, a carência deve ser cumprida;
- salário-família – concedido ao segurado de baixa renda e que tenha filhos ou equiparados com até 14 anos de idade;

b) benefícios concedidos aos segurados contribuintes individuais (autônomos e empresários) e segurados facultativos:
   - abono anual;
   - auxílio–doença;
   - aposentadoria por invalidez;
   - aposentadoria por tempo de contribuição;
   - aposentadoria por idade;

- aposentadoria especial;
- salário-maternidade;

c) benefícios concedidos aos dependentes dos segurados:
- abono anual;
- pensão por morte;
- auxílio-reclusão;

d) benefícios concedidos aos segurados e dependentes:
- reabilitação profissional;
- abono anual.

Título IV
COOPERATIVAS

COOPERATIVAS

As cooperativas são sociedades de pessoas, com forma e natureza jurídica próprias, de natureza civil, não sujeitas à falência, constituídas para prestar serviços aos associados. Será constituída por deliberação da Assembleia Geral dos fundadores. Na sua denominação a utilização da expressão "cooperativa" é obrigatória.

São regulamentadas pela Lei nº 12.690/2012 e no que com ela não colidir, pela Lei nº 5.764/1971, e Lei nº 10.406/2002 (Código Civil).

O contrato de sociedade cooperativa é celebrado por pessoas que reciprocamente se obrigam a contribuir com bens ou serviços para o exercício de uma atividade econômica de proveito comum. A relação jurídica que se estabelece entre o cooperado e a sociedade cooperativa é de natureza civil, caracterizada por um objetivo comum.

As cooperativas poderão ter como objeto qualquer gênero de serviço, operação ou atividade, desde que previsto no seu estatuto social e não poderá ser impedida de participar de procedimentos de licitação pública que tenham por escopo os mesmos serviços, operações e atividades previstas em seu objeto social.

O seu objetivo está voltado para os cooperados e não para o lucro, embora não haja impedimento para que a cooperativa tenha lucro.

1. CARACTERÍSTICAS

Suas características são as a seguir relacionadas:

a) adesão voluntária, com número ilimitado de associados, salvo impossibilidade técnica de prestação de serviços;
b) variabilidade do capital social representado por cotas-partes;
c) limitação do número de cotas-partes do capital para cada associado, facultado, porém, o estabelecimento de critérios de proporcionalidade, se assim for mais adequado para o cumprimento dos objetivos sociais;

d) inacessibilidade das cotas-partes do capital a terceiros, estranhos à sociedade;
e) singularidade de voto, podendo as cooperativas centrais, federações e confederações de cooperativas, com exceção das que exerçam atividade de crédito, optar pelo critério da proporcionalidade;
f) quórum para o funcionamento e deliberação da assembleia-geral baseado no número de associados e não no capital;
g) retorno das sobras líquidas do exercício, proporcionalmente às operações realizadas pelo associado, salvo deliberação em contrário da assembleia-geral;
h) indivisibilidade dos fundos de reserva e de assistência técnica educacional e social;
i) neutralidade política e indiscriminação religiosa, racial e social;
j) prestação de assistência aos associados e, quando previsto nos estatutos, aos empregados da cooperativa;
l) área de admissão de associados limitada às possibilidades de reunião, controle, operações e prestação de serviços.

2. PRINCÍPIOS

Seus princípios são:

a) adesão voluntária e livre;
b) gestão democrática;
c) participação econômica dos membros;
d) autonomia e independência;
e) educação, formação e informação;
f) intercooperação;
g) interesse pela comunidade;
h) preservação dos direitos sociais, do valor social do trabalho e da livre iniciativa;
i) não precarização do trabalho;
j) respeito às decisões de assembleia, observado o disposto na lei;

k) participação na gestão em todos os níveis de decisão de acordo com o previsto em lei e no Estatuto Social.

As cooperativas de trabalho podem ser de dois tipos:

a) de produção, quando constituída por sócios que contribuem com trabalho para a produção em comum de bens e a cooperativa detém, a qualquer título, os meios de produção; e
b) de serviço, quando constituída por sócios para a prestação de serviços especializados a terceiros, sem a presença dos pressupostos da relação de emprego.

3. CONSELHO DE ADMINISTRAÇÃO

O Conselho de Administração será composto por, no mínimo, 3 sócios, eleitos pela assembleia geral, para um prazo de gestão não superior a 4 anos, sendo obrigatória a renovação de, no mínimo, 1/3 do colegiado.

Entretanto, a cooperativa de trabalho constituída por até 19 sócios poderá estabelecer, em estatuto social, composição para o Conselho de Administração e para o Conselho Fiscal distinta da anteriormente mencionada, assegurados, no mínimo, 3 conselheiros fiscais.

4. ASSEMBLEIAS

Além da realização da assembleia geral ordinária e extraordinária para deliberar sobre os assuntos previstos na Lei nº 5.764/1971, e no Estatuto Social, a cooperativa de trabalho deverá realizar anualmente, no segundo semestre do ano, no mínimo, mais uma assembleia geral especial para deliberar, entre outros assuntos especificados no edital de convocação, sobre gestão da cooperativa, disciplina, direitos e deveres dos sócios, planejamento e resultado econômico dos projetos e contratos firmados e organização do trabalho.

O destino das sobras líquidas ou o rateio dos prejuízos será decidido em assembleia geral ordinária.

Deverá ser estabelecido em estatuto social ou regimento interno, incentivos à participação efetiva dos sócios na assembleia geral e eventuais sanções em caso de ausências injustificadas.

4.1 Quórum mínimo

O quórum mínimo de instalação das assembleias gerais será de:

a) 2/3 do número de sócios, em primeira convocação;
b) metade mais 1 dos sócios, em segunda convocação;
c) 50 sócios ou, no mínimo, 20% do total de sócios, prevalecendo o menor número, em terceira convocação, exigida a presença de, no mínimo, 4 sócios para as cooperativas que possuam até 19 sócios matriculados.

As decisões das assembleias serão consideradas válidas quando contarem com a aprovação da maioria absoluta dos sócios presentes.

Comprovada fraude ou vício nas decisões das assembleias, serão elas nulas de pleno direito, aplicando-se, conforme o caso, a legislação civil e penal.

A notificação dos sócios para participação das assembleias será pessoal e ocorrerá com antecedência mínima de 10 dias de sua realização. Na impossibilidade de notificação pessoal, a notificação será feita por via postal.

Na impossibilidade de realização das notificações pessoal e postal, os sócios serão notificados mediante edital afixado na sede e em outros locais previstos nos estatutos e publicado em jornal de grande circulação na região da sede da cooperativa ou na região onde ela exerça suas atividades.

5. VÍNCULO EMPREGATÍCIO

A CLT determina que qualquer que seja o ramo de atividade da sociedade cooperativa, não existe vínculo empregatício entre ela e seus associados, nem entre estes e os tomadores de serviços daquela."

É importante lembrar que, para haver a contratação regular de uma cooperativa de serviço, a empresa contratante deverá verificar se a cooperativa está legalmente constituída, se a atividade desenvolvida é lícita e se não estão presentes os pressupostos caracterizadores da relação de emprego, conforme art. 3º da CLT – pessoalidade, habitualidade, subordinação e trabalho remunerado.

Se, portanto, o segurado é contratado para prestar serviço em uma determinada empresa, ainda que por intermédio da cooperativa de serviço, poderá ser caracterizado o vínculo empregatício, se houver a pessoalidade na contratação de determinado cooperado e não a contratação de um trabalho/serviço da cooperativa.

O vínculo empregatício poderá ser caracterizado com a tomadora do serviço ou com a cooperativa, dependendo do caso concreto.

Assim, não se deve confundir os empregados da cooperativa com os associados/cooperados, pois os primeiros (empregados da cooperativa) são aqueles que prestam serviços com pessoalidade, subordinação, onerosidade e permanência, nos termos do art. 3º da Consolidação das Leis do Trabalho (CLT), aos quais são aplicados a legislação trabalhista e previdenciária em vigor, ou seja, terão direito ao FGTS, férias, 13º salário, repouso semanal remunerado etc., independentemente da atividade exercida pela cooperativa.

> As cooperativas de trabalho em relação aos seus empregados, devem observar as normas de saúde e segurança do trabalho previstas na legislação em vigor e em atos normativos expedidos pelas autoridades competentes.
>
> O contratante da cooperativa de serviço responde solidariamente pelo cumprimento das normas de saúde e segurança do trabalho quando os serviços forem prestados no seu estabelecimento ou em local por ele determinado.

Os cooperados não têm vínculo empregatício com a cooperativa, são trabalhadores autônomos, portanto, na relação de trabalho não se verificam os pressupostos caracterizadores do vínculo empregatício. Quanto à forma de remuneração, tudo dependerá do acordo firmado entre as partes.

6. SÓCIOS/COOPERADOS

Os sócios/cooperados são, via de regra, pessoas físicas (pode, também, haver cooperado pessoa jurídica), que em geral, possuem a mesma atividade ou profissão, com um objetivo comum e predeterminado que se unem com o propósito de exercê-las de forma mais simplificada, buscando melhores condições de trabalho, tendo a cooperativa a função de organizar e desenvolver estas atividades/profissões.

Não há na cooperativa um empregador.

6.1 Direitos dos sócios

Os sócios das cooperativas de trabalho têm os direitos a seguir relacionados, além de outros que a assembleia geral venha a instituir:

a) retiradas não inferiores ao piso da categoria profissional e, na ausência deste, não inferiores ao salário mínimo, calculadas de forma proporcional às horas trabalhadas ou às atividades desenvolvidas. A cooperativa deverá deliberar, anualmente, na assembleia geral ordinária, sobre a adoção ou não de diferentes faixas de retirada dos sócios;
b) duração do trabalho normal não superior a 8 horas diárias e 44 horas semanais, exceto quando a atividade, por sua natureza, demandar a prestação de trabalho por meio de plantões ou escalas, facultada a compensação de horários;
c) repouso semanal remunerado, preferencialmente aos domingos;
d) repouso anual remunerado;
e) retirada para o trabalho noturno superior à do diurno;
f) adicional sobre a retirada para as atividades insalubres ou perigosas;
g) seguro de acidente de trabalho.

É vedado à cooperativa de trabalho distribuir verbas de qualquer natureza entre os sócios, exceto a retirada devida em razão do exercício de sua atividade como sócio ou retribuição por conta de reembolso de despesas comprovadamente realizadas em proveito da cooperativa.

Quando as operações entre os sócios e a cooperativa forem eventuais, não será devido repouso semanal remunerado, tampouco o repouso anual remunerado, salvo decisão em contrário da assembleia.

A cooperativa de produção poderá, em assembleia geral extraordinária, estabelecer carência para fruição dos direitos de retirada e seguro de acidente do trabalho.

As atividades identificadas com o objeto social da cooperativa de serviço, quando prestadas fora do estabelecimento da cooperativa, deverão ser submetidas a uma coordenação com mandato nunca superior a 1 ano ou ao prazo estipulado para a realização dessas atividades, eleita em reunião específica pelos sócios que se disponham a realizá-las, em que serão expostos os requisitos para sua consecução, os valores contratados e a retribuição pecuniária de cada sócio partícipe.

6.2 Saída do Sócio – Desligamento

Os sócios podem se retirar a pedido, o qual compete única e exclusivamente ao associado.

Em virtude de infração legal ou estatutária ou por fato especial previsto no estatuto os associados, os sócios podem ser eliminados.

A exclusão do associado será feita:

a) por dissolução da pessoa jurídica;
b) por morte da pessoa física;
c) por incapacidade civil não suprida;
d) por deixar de atender aos requisitos estatutários de ingresso ou permanência na cooperativa.

A diretoria da cooperativa tem o prazo de 30 dias para comunicar ao interessado a sua eliminação, o qual poderá recorrer desta decisão à primeira assembleia geral, com efeito suspensivo.

7. FISCALIZAÇÃO

Cabe ao Ministério da Economia (ME), no âmbito de sua competência, a fiscalização do cumprimento da legislação relativa às cooperativas.

As penalidades serão aplicadas pela autoridade competente do ME, de acordo com o estabelecido no Título VII da Consolidação das Leis do Trabalho (CLT).

A constituição ou utilização de cooperativa de trabalho para fraudar deliberadamente a legislação trabalhista, previdenciária e o disposto na legislação específica acarretará aos responsáveis as sanções penais, cíveis e administrativas cabíveis, sem prejuízo da ação judicial visando à dissolução da cooperativa.

8. PROGRAMA NACIONAL DE FOMENTO ÀS COOPERATIVAS DE TRABALHO (PRONACOOP)

Foi instituído, no âmbito do ME, o Programa Nacional de Fomento às Cooperativas de Trabalho (PRONACOOP), com a finalidade de promover o desenvolvimento e a melhoria do desempenho econômico e social da cooperativa de trabalho. O Pronacoop deve apoiar:

a) a produção de diagnóstico e plano de desenvolvimento institucional para as cooperativas de trabalho dele participantes;
b) a realização de acompanhamento técnico visando ao fortalecimento financeiro, de gestão, de organização do processo produtivo ou de trabalho, bem como à qualificação dos recursos humanos;
c) a viabilização de linhas de crédito;
d) o acesso a mercados e à comercialização da produção;
e) o fortalecimento institucional, a educação cooperativista e a constituição de cooperativas centrais, federações e confederações de cooperativas;
f) outras ações que venham a ser definidas por seu Comitê Gestor no cumprimento da sua finalidade.

9. RELAÇÃO ANUAL DE INFORMAÇÕES DAS COOPERATIVAS DE TRABALHO (RAICT)

A Relação Anual de Informações das Cooperativas de Trabalho (RAICT), deverá ser preenchida pelas cooperativas de trabalho, anualmente, com informações relativas ao ano base anterior.

O Poder Executivo regulamentará o modelo de formulário da RAICT, os critérios para entrega das informações e as responsabilidades institucionais sobre a coleta, processamento, acesso e divulgação das informações.

10. PREVIDÊNCIA SOCIAL – CONTRIBUIÇÃO PREVIDENCIÁRIA

10.1 Cooperados – Enquadramento previdenciário

O cooperado associado que for eleito para cargo de direção da cooperativa, desde que receba remuneração, ou o trabalhador associado à cooperativa que, nessa qualidade, presta serviços a terceiros, ou ainda aquele que associado à cooperativa de produção e que, nesta condição, presta serviço à sociedade cooperativa mediante remuneração ajustada ao trabalho executado, são segurados obrigatórios do Regime Geral da Previdência Social (RGPS), como contribuintes individuais, e, nessa qualidade, estão sujeitos à contribuição previdenciária individual.

Se o associado for eleito para cargo de direção em cooperativa sem recebimento de remuneração decorrente dos serviços prestados à cooperativa, não será considerado segurado obrigatório (contribuinte individual), podendo proceder à sua inscrição na qualidade de segurado facultativo, desde que não esteja exercendo outra atividade remunerada que o enquadre como segurado obrigatório da Previdência Social.

10.2 Contribuição previdenciária da Cooperativa

10.2.1 Com relação aos seus empregados

A contribuição previdenciária da cooperativa, seja ela de serviço ou de produção, em relação aos seus empregados obedecerá às regras das demais empresas, ou seja, sobre o total da folha de pagamento será calculada a parte da empresa (geralmente 20% ou 22,5%), mais a contribuição para o financiamento da aposentadoria especial e dos benefícios concedidos em razão do grau de incidência de incapacidade laborativa decorrente dos riscos ambientais do trabalho com percentuais de 1%, 2% ou 3%, conforme o caso, e adicional para custeio de aposentadoria especial, se for o caso, além da contribuição relativa a terceiros, de acordo com o código FPAS da empresa/cooperativa, devendo ser recolhido ainda, no documento de arrecadação, o valor descontado dos empregados.

Lembramos, porém, que as cooperativas de produção que fabricam os produtos classificados na TIPI, nos códigos do art. 8º da Lei nº 12.546/2011, na redação da Lei nº 13.670/2018, são abrangidas pela desoneração da folha de pagamento, situação em que, mediante opção, a contribuição previdenciária patronal de 20%, calculada sobre o total da folha de pagamento de empregados, trabalhadores avulsos e contribuintes individuais pode ser substituída pela aplicação da alíquota, em geral, de 2,5% sobre o valor da receita bruta, excluídas as vendas canceladas e os descontos incondicionais concedidos.

10.2.2 Com relação aos seus cooperados

Desde 1º.04.2003, as cooperativas de trabalho arrecadam a contribuição social dos seus associados como contribuinte individual e recolhem o valor arrecadado até o dia 20 do mês subsequente ao da competência a que se referir, ou até o dia útil imediatamente anterior se não houver expediente bancário naquele dia.

No tocante à cooperativa de produção, considerando que o contribuinte individual que presta serviço a uma ou mais empresas pode deduzir, da sua contribuição mensal, 45% da contribuição da empresa limitada essa dedução a 9% do seu salário-de-contribuição, é de 11% a alíquota a ser aplicada pela empresa/cooperativa sobre o valor da cota distribuída para efeito de desconto da contribuição previdenciária do contribuinte individual.

No que se refere à cooperativa de serviço, a alíquota a ser aplicada para a obtenção do valor da contribuição previdenciária devida pelo contribuinte individual (cooperado) que presta serviço a empresa ou a pessoa física por intermédio de cooperativa é de 20%:

a) sobre o salário-de-contribuição, assim entendido como a remuneração auferida em uma ou mais empresas ou pelo exercício de sua atividade por conta própria, durante o mês, observado o limite máximo do salário-de-contribuição; ou
b) sobre a remuneração do contribuinte individual que trabalha como condutor autônomo de veículo rodoviário, como auxiliar de condutor autônomo de veículo rodoviário, em automóvel cedido em regime de colaboração (Lei nº 6.094/1974), como operador de trator, máquina de terraplenagem, colheitadeira e assemelhados, equivalente ao montante de 20% do valor bruto do frete, carreto, transporte de passageiros ou do serviço prestado, observado o limite máximo do salário-de-contribuição.

Nota

O salário-de-contribuição do condutor autônomo de veículo rodoviário (inclusive o taxista), do auxiliar de condutor autônomo, do operador de trator, máquina de terraplenagem, colheitadeira e assemelhados, sem vínculo empregatício, do motorista que atua no transporte de passageiros por meio de aplicativo de transporte, e do cooperado filiado a cooperativa de transportadores autônomos, corresponde a 20% do valor bruto auferido pelo frete, carreto, transporte, vedada a dedução de valores gastos com combustível ou manutenção do veículo, ainda que discriminados no documento correspondente.

Portanto, a cooperativa de serviço deverá descontar a título de contribuição previdenciária dos cooperados que por seu intermédio prestam serviços a outras empresas o valor correspondente à aplicação da alíquota de 20%.

Assim sendo, por ocasião da distribuição da cota ou do pagamento relativos à prestação de serviço devida ao cooperado, à cooperativa deverá descontar do valor a ser pago, a título de contribuição previdenciária, a quantia equivalente à aplicação da alíquota de 11%, quando se tratar de cooperativa de produção ou 20%, no caso de cooperativa de serviço, observado o limite máximo do salário-de-contribuição, e fornecer ao cooperado o comprovante de pagamento pelo serviço prestado, consignando, além dos valores da remuneração e do desconto feito a título de contribuição previdenciária, a sua identificação completa, inclusive com o número no Cadastro Nacional de Pessoa Jurídica (CNPJ) e o número de inscrição do contribuinte individual no Instituto Nacional do Seguro Social (INSS).

Quando o total da remuneração mensal, recebida pelo contribuinte individual (cooperado) por serviços prestados a uma ou mais empresas, for inferior ao limite mínimo do salário-de-contribuição, o segurado deverá recolher diretamente a complementação da contribuição incidente sobre a diferença entre o limite mínimo do salário-de-contribuição e a remuneração total recebida, aplicando sobre a parcela complementar a alíquota de 20%. Neste caso, o recolhimento deverá ser efetuado até o dia 15 do mês seguinte ao da competência a que se referir, prorrogado caso este prazo não recaia em dia útil.

Além da obrigação anteriormente referida, a cooperativa de trabalho passou a ser obrigada, também, a proceder à inscrição do contribuinte individual no Instituto Nacional do Seguro Social (INSS), caso este ainda não seja inscrito.

Portanto, ao admitir um cooperado ou na hipótese de contratação de um contribuinte individual para lhe prestar serviços, a cooperativa deverá exigir a apresentação do comprovante da sua inscrição no Regime Geral de Previdência Social (RGPS). Caso o profissional não tenha sido inscrito, a cooperativa de trabalho deverá proceder a inscrição.

O contribuinte individual poderá comprovar a sua inscrição no RGPS por intermédio do:

a) Número de Identificação do Trabalhador (NIT);
b) número do PIS/Pasep – o segurado já cadastrado nestes programas será cadastrado no RGPS com este número, não sendo necessário novo cadastramento.

Se o cooperado não tiver sido inscrito no RGPS, a cooperativa procederá a inscrição:

a) nas Agências da Previdência Social (APS);
b) pela internet, no site www.previdenciasocial.gov.br – o cadastramento será feito mediante informações dos dados pessoais e de outros elementos necessários e úteis à caracterização do contribuinte individual; ou
c) pela Central de Atendimento Telefônico 135.

10.2.3 Cooperativa de produção – Encargo previdenciário patronal relativo aos cooperados

A contribuição previdenciária a cargo da cooperativa de produção relativa aos cooperados corresponde a 20% sobre o total da remuneração paga, devida ou creditada, no decorrer do mês, a esses contribuintes individuais.

Será devida, também, a contribuição adicional de 12%, 9% ou 6%, para o financiamento da aposentadoria especial, se a atividade exercida na cooperativa sujeitar o trabalhador a condições especiais que prejudiquem a sua saúde ou a sua integridade física e permitir a concessão da aposentadoria especial após 15, 20 ou 25 anos de contribuição, respectivamente.

10.2.4 Cooperativas de serviço – Encargo previdenciário patronal relativo aos cooperados

As cooperativas não efetuam o recolhimento de qualquer contribuição patronal à Previdência Social relativa aos valores pagos ou creditados aos seus cooperados que prestam serviços a empresas por seu intermédio.

Entretanto, o cooperado eleito para exercer a direção da cooperativa com recebimento de remuneração presta serviço à cooperativa na condição de contribuinte individual, ficando esta obrigada a recolher a contribuição previdenciária a seu cargo, correspondente a aplicação da alíquota de 20% sobre o valor da respectiva remuneração.

10.2.5 Com relação aos demais segurados contribuinte individuais que lhe prestem serviço

Quando a cooperativa (de serviços ou de produção) contratar serviços de pessoas físicas (segurados contribuintes individuais), estará obrigada a recolher a contribuição a seu cargo de 20% como as demais empresas, calculada sobre o valor do serviço prestado.

Além da contribuição anteriormente citada, a cooperativa ficará obrigada a arrecadar mediante desconto, a contribuição previdenciária individual devida por estes segurados.

10.3 Contribuição para terceiros

Cabe à pessoa jurídica, para fins de recolhimento da contribuição devida a terceiros, classificar a atividade por ela desenvolvida e atribuir-lhe o código do Fundo de Previdência e Assistência Social (FPAS) correspondente, sem prejuízo da atuação, de ofício, da autoridade administrativa.

A classificação terá por base a principal atividade desenvolvida pela empresa, assim considerada a que constitui seu objeto social, conforme declarado nos atos constitutivos e no Cadastro Nacional da Pessoa Jurídica (CNPJ), observadas as regras a seguir, na ordem em que apresentadas:

a) a classificação será feita de acordo com o Quadro de Atividades e Profissões a que se refere o art. 577 da Consolidação das Leis do Trabalho (CLT), ressalvado as atividades industriais, comerciais e de serviços, tratadas adiante, e as atividades em relação às quais a lei estabeleça forma diversa de contribuição;
b) a atividade declarada como principal no CNPJ deverá corresponder à classificação feita na forma da letra "a", prevalecendo esta em caso de divergência;
c) na hipótese de a pessoa jurídica desenvolver mais de uma atividade, prevalecerá, para fins de classificação, a atividade preponderante, assim considerada a que representa o objeto social da empresa, ou a unidade de produto, para a qual convergem as demais em regime de conexão funcional;
d) se nenhuma das atividades desenvolvidas pela pessoa jurídica se caracterizar como preponderante, classificar-se-á cada uma delas de acordo com a letra "a".

Considera-se regime de conexão funcional, para fins de definição da atividade preponderante, a finalidade comum em função da qual duas ou mais atividades se interagem, sem descaracterizar sua natureza individual, a fim de realizar o objeto social da pessoa jurídica.

Classificada a atividade lhe será atribuído o código FPAS e as alíquotas de contribuição correspondentes, de acordo com as seguintes tabelas (Quadros 1 a 6), considerado o grupo econômico como indicativo das diversas atividades em que se decompõe:

QUADRO 1 – Confederação Nacional da Indústria

Grupo de atividade	Código FPAS	Alíquota total – terceiros
1º – Alimentação	507	5,8%
2º – Vestuário;	507	5,8%
3º – Construção e mobiliário;	507	5,8%
4º – Urbanas (saneamento, coleta e tratamento de resíduos, energia, gás, água e esgoto);	507	5,8%
5º – Extrativas;		
6º – Fiação e tecelagem;	507	5,8%
7º – Artefatos de couro;	507	5,8%
8º – Artefatos de borracha;	507	5,8%
9º – Joalheiras, lapidação de pedras preciosas;	507	5,8%
10º – Químicas e farmacêuticas;	507	5,8%
11º – Papel, papelão, cortiça;	507	5,8%
12º – Gráficas;	507	5,8%
13º – Vidros, cristais, espelhos, cerâmicas, louças, porcelanas;	507	5,8%
15º – Instrumentos musicais, brinquedos;	507	5,8%
16º – Cinematográficas;	507	5,8%
17º – Beneficiamentos;	507	5,8%
18º – Artesanatos (pessoa jurídica);	507	5,8%
19º – Metalúrgicas, mecânicas, materiais elétricos.	507	5,8%

QUADRO 2 – Confederação Nacional do Comércio

Grupo de atividade	Código FPAS	Alíquota total – terceiros
1º – Comércio atacadista;	515	5,8%
2º – Comércio varejista;	515	5,8%

3º – Agentes autônomos do comércio;	515	5,8%
4º – Comércio armazenador;	515	5,8%
5º – Turismo e hospitalidade;	515	5,8%
6º – Serviços de saúde;	515	5,8%

QUADRO 3 – Confederação Nacional dos Transportes Marítimos, Fluviais e Aéreos

Grupo de atividade	Código FPAS	Alíquota total – terceiros
1º – Empresas de navegação marítima e fluvial;	540	5,2%
2º – Empresas aeroviárias;	558	5,2%
3º – Empresários e administradores de portos;	540	5,2%
4º – Empresas prestadoras de serviços portuários;	540	5,2%
5º – Empresas de pesca.	540	5,2%
6º – Empresas de dragagem.	540	5,2%

QUADRO 4 – Confederação Nacional dos Transportes Terrestres

Grupo de atividade	Código FPAS	Alíquota total – terceiros
1º – Empresas ferroviárias;	507	5,8%
2º – Empresas de transportes rodoviários;	612	5,8%
3º – Empresas de carris urbanos (inclusive cabos aéreos);	507	5,8%
4º – Empresas metroviárias.	507	5,8%
5º – Empresas de transporte de valores	612	5,8%
6º – Empresas de locação de veículos	612	5,8%
7º – Empresas de distribuição de petróleo	612	5,8%

QUADRO 5 – Confederação Nacional de Comunicações e Publicidade

Grupo de atividade	Código FPAS	Alíquota total – terceiros
1º – Empresas de comunicações (telegráficas, empresa de correios, inclusive franqueadas e telefônicas);	507	5,8%

2º – Empresas de publicidade;	566	4,5%
3º – Empresas jornalísticas;	566	4,5%

QUADRO 6 – Confederação Nacional de Educação e Cultura

Grupo de atividade	Código FPAS	Alíquota total – terceiros
1º – Estabelecimento de ensino;	574	4,5%
2º – Empresas de difusão cultural e artística;	566	4,5%
3º – Estabelecimento de cultura física;	566	4,5%
4º – Estabelecimentos hípicos;	566	4,5%

As empresas, inclusive as constituídas na forma de cooperativa, que desenvolvam as atividades referidas no § 5º do art. 72 da Instrução Normativa RFB nº 971/2009, adiante reproduzido, enquadram-se no código FPAS 736 e contribuirão com as alíquotas previstas para este código no Anexo II da mencionada Instrução Normativa, o qual foi substituído pelo Anexo I da Instrução Normativa RFB nº 1.867/2019.

O § 5º do art. 72 da Instrução Normativa RFB nº 971/2009, na redação da Instrução Normativa RFB nº 1.867/2019 determina:

> "Art. 72. As contribuições sociais previdenciárias a cargo da empresa ou do equiparado, observadas as disposições específicas desta Instrução Normativa, são:
>
> ....
>
> § 5º Tratando-se de bancos comerciais, bancos de investimentos, bancos de desenvolvimento, caixas econômicas, sociedades de crédito, de financiamento ou de investimento, sociedades de crédito imobiliário, sociedades corretoras, distribuidoras de títulos ou de valores mobiliários, empresas de arrendamento mercantil, empresas de seguros privados ou de capitalização, agentes autônomos de seguros privados ou de crédito e entidades de previdência privada abertas ou fechadas, além das contribuições previstas nos incisos I a IV do caput, é devida a contribuição adicional de 2,5% (dois inteiros e cinco décimos por cento) incidente sobre a base de cálculo definida nos incisos I e II do caput do art. 57.
>
> ...."

As cooperativas de crédito enquadram-se no código FPAS 787, observado que a partir de 1º.01.2008, as sociedades cooperativas de crédito devem contribuir para o Serviço Nacional de Aprendizagem do Cooperativismo (Sescoop) com alíquota de 2,5% incidente apenas sobre o montante da remuneração paga, devida ou creditada a seus empregados.

10.3.1 Atividades industriais

Para fins de contribuição a terceiros, classificam-se como industriais, não exclusivamente, as atividades a seguir enumeradas, desenvolvidas em conjunto ou isoladamente, sobre as quais aplicam-se as alíquotas previstas no Anexo II da Instrução Normativa RFB nº 971/2009, substituído pelo Anexo I da Instrução Normativa RFB nº 1.867/2019, de acordo com o código FPAS 507:

1) fabricação, manutenção e reparação de veículos automotores, aeronaves e embarcações de qualquer espécie, inclusive de peças e componentes necessários ao seu funcionamento;
2) fabricação, instalação, manutenção e reparação de máquinas e equipamentos industriais de grande porte;
3) fabricação de equipamento bélico pesado, armas e munições;
4) fabricação de elevadores, escadas e esteiras rolantes;
5) fabricação de bicicletas e outros veículos não motorizados, eletrodomésticos, acessórios e equipamentos;
6) instalação, manutenção, assistência técnica e reparação de máquinas e equipamentos de qualquer porte, bicicletas e eletrodomésticos, quando prestados pelo próprio fabricante, em dependência deste ou em estabelecimento da mesma pessoa jurídica;
7) construção, ampliação e manutenção de vias públicas;
8) construção, ampliação e manutenção de estações e redes de distribuição de energia elétrica e telecomunicações;
9) construção, ampliação e manutenção de estações e redes de abastecimento de água, coleta de esgoto, transportes por dutos e construções correlatas;
10) construção, ampliação e manutenção de rodovias e ferrovias;
11) reciclagem de resíduos, inclusive de obras de construção civil;
12) geração, transmissão, transformação e distribuição de energia elétrica, independentemente da forma de organização

societária, inclusive holding mista, em que há participação desta na exploração conjunta da atividade econômica;

13) lojas de fábrica, assim consideradas as atividades de comercialização de produtos oriundos da unidade de fabricação, realizadas por estabelecimentos ou dependências desta, vinculados à mesma pessoa jurídica, independentemente de sua localização;
14) cozinha industrial, assim considerada a pessoa jurídica cuja atividade consista na fabricação e acondicionamento de alimentos congelados, fornecimento de pratos prontos ou preparação, em qualquer local, de refeições para empresas ou instituições de internação ou atendimento coletivo;
15) extração de minério de ferro, refino de petróleo e fabricação de produtos e subprodutos, inclusive atividades de apoio e as relacionadas a pesquisas e testes experimentais;
16) engenharia consultiva, assim considerada a pessoa jurídica cuja atividade se destine a viabilizar a realização de obras de construção civil, de construção de usinas e de implantação e instalação de linhas de transmissão e plataformas de qualquer espécie;
17) fabricação, instalação, manutenção e locação de containers, betoneiras, andaimes, cavaletes e outros equipamentos para obras de construção civil;
18) instalação e manutenção industrial de elevadores, ar condicionado, redes hidráulica, elétrica e de telecomunicação e de outros equipamentos integrantes de obra de construção civil;
19) centros de distribuição, depósitos e escritórios administrativos de empresa industrial, independentemente do local onde estiverem instalados;
20) obras de construção civil e de restauração de prédios e monumentos;
21) Correios, inclusive agências franqueadas ou permissionárias;
22) telecomunicações, incluídas telefonia fixa, móvel e por satélite;
23) provedores de acesso às redes de comunicação e de voz sobre protocolo Internet (VOIP);
24) desenvolvimento e licenciamento, em série ou larga escala, de programas de computador;

25) panificação, quando constituir atividade econômica autônoma, assim considerada a que não constitua parte de atividade econômica mais abrangente, ainda que sejam comercializados outros produtos no mesmo estabelecimento;
26) administração, conservação e manutenção de rodovias, pontes e túneis sob regime de concessão ou parceria com o Poder Público, inclusive serviços relacionados; e
27) tinturarias, quando constituir atividade acessória de atividade industrial ou fase de industrialização do produto.
28) reciclagem, tratamento ou industrialização de resíduos, com ou sem coleta.

10.3.2 Atividades comerciais ou de serviços

Para fins de contribuição a terceiros, classificam-se como comerciais ou de serviços, não exclusivamente, as atividades a seguir enumeradas, desenvolvidas em conjunto ou individualmente, sobre as quais aplicam-se as alíquotas previstas no Anexo II da Instrução Normativa RFB nº 971/2009, substituído pelo Anexo I da Instrução Normativa RFB nº 1.867/2019, de acordo com os códigos FPAS 515, 566, 574 ou 647:

a) empresas de call center (FPAS 515);
b) panificação, quando realizada em hipermercado, supermercado, minimercado, mercearia ou armazém, com a finalidade de ampliar a oferta de produtos (FPAS 515);
c) televisão aberta e por assinatura (FPAS 566);
d) limpeza e conservação de prédios (FPAS 515);
e) comércio (revendedor) de programas de computador (FPAS 515);
f) serviços de tecnologia da informação, inclusive desenvolvimento de programas de computador sob encomenda (ou customizáveis) e seu licenciamento, instalação, manutenção e atualização, à distância ou nas dependências do cliente (FPAS 515);
g) serviços de instalação, manutenção, assistência técnica e reparação de máquinas e equipamentos, inclusive de informática, móveis, eletrodomésticos e bicicletas, exceto se prestados pelo próprio fabricante (FPAS 515);

h) serviços de restaurante e bufete, inclusive os prestados a instituições hospitalares e de atendimento coletivo (FPAS 515);
i) instituições de ensino, exceto as de direito público (FPAS 574);
j) associações desportivas que mantenham equipes de futebol profissional (FPAS 647);
k) tinturarias, quando constituírem atividade acessória de serviços pessoais ou fase de atividade comercial (FPAS 515);
l) serviços de engenharia consultiva (FPAS 515, se pessoa jurídica, e 566, se pessoa física);
m) coleta de resíduos, sem atividade de tratamento, reciclagem ou industrialização (FPAS 515).
n) sociedades corretoras de seguro (FPAS 515).

10.3.3 Sescoop – Contribuição

As atividades anteriormente mencionadas, se desenvolvidas por pessoa jurídica constituída sob a forma de cooperativa, sujeitam-se à contribuição devida ao Serviço Nacional de Aprendizagem do Cooperativismo (Sescoop), calculada mediante aplicação das alíquotas previstas no Anexo II da Instrução Normativa RFB nº 971/2009, substituído pelo Anexo I da Instrução Normativa RFB nº 1.867/2019, de acordo com o código FPAS da atividade e o código de terceiros 4163.

A contribuição devida ao Sescoop não se acumula com as devidas ao Serviço Social da Indústria (Sesi) e ao Serviço Nacional de Aprendizagem Industrial (Senai), ou ao Serviço Social do Comércio (Sesc) e ao Serviço Nacional de Aprendizagem Comercial (Senac), conforme a atividade.

A cooperativa de crédito sujeita-se à contribuição devida ao Sescoop, calculada mediante aplicação das alíquotas previstas no Anexo II da Instrução Normativa RFB nº 971/2009, substituído pelo Anexo I da Instrução Normativa RFB nº 1.867/2019, de acordo com o código FPAS 787 e o código de terceiros 4099, observado o disposto no § 12 do art. 72 da Instrução Normativa RFB nº 971/2009, adiante reproduzido.

Nota

O § 12 do art. 72 da Instrução Normativa RFB nº 971/2009 dispõe:

"Art. 72. As contribuições sociais previdenciárias a cargo da empresa ou do equiparado, observadas as disposições específicas desta Instrução Normativa, são:

[...]

§ 12. A partir de 1º de janeiro de 2008, as sociedades cooperativas de crédito devem contribuir para o Serviço Nacional de Aprendizagem do Cooperativismo (Sescoop) com alíquota de 2,5% (dois inteiros e cinco décimos por cento) incidente apenas sobre o montante da remuneração paga, devida ou creditada a seus empregados, na forma do inciso I do art. 10 da Medida Provisória nº 2.168-40, de 24 de agosto de 2001, a que se refere o art. 10 da Lei nº 11.524, de 24 de setembro de 2007 .

[...]."

Em geral, o código FPAS e as alíquotas correspondentes, atribuídos às atividades serão aplicados a todos os estabelecimentos da mesma pessoa jurídica, assim considerados os cadastrados sob a mesma raiz de CNPJ, independentemente de sua localização.

11. ENCARGOS DA EMPRESA TOMADORA DE SERVIÇOS DE COOPERADOS POR MEIO DE COOPERATIVA DE SERVIÇO

O inciso IV, do art. 22, da Lei nº 8.212/1991 determinava que as empresas tomadoras de serviço de cooperados intermediados por cooperativas de trabalho ficavam obrigadas a recolher a contribuição previdenciária correspondente à aplicação da alíquota de 15% sobre o valor bruto da nota fiscal, fatura ou recibo de prestação de serviços.

Essa alíquota havia sido acrescida de 9%, 7% ou 5%, quando o exercício de atividade na empresa tomadora sujeitasse os cooperados a condições especiais que prejudicassem a sua saúde ou a sua integridade física e permitisse a concessão de aposentadoria especial após 15, 20 ou 25 anos de contribuição, respectivamente.

Ocorre que em decisão prolatada, com a repercussão geral reconhecida, nos autos do Recurso Extraordinário (RE) nº 595.838, o Supremo Tribunal Federal (STF) declarou a inconstitucionalidade do mencionado inciso IV do art. 22 da Lei 8.212/1991.

Por meio do Ato Declaratório Interpretativo RFB nº 5/2015, o Secretário da Receita Federal do Brasil, considerando a decisão do STF, esclareceu que a RFB não constituirá crédito tributário decorrente da contribuição adicional de 9%, 7% ou 5%, a cargo da empresa tomadora de serviços de cooperado filiado a cooperativa de trabalho.

Posteriormente, por meio das Soluções de Consulta Cosit nºs 152/2015 e 99.012/2015, a RFB esclareceu que diante da declaração de inconstitucionalidade do inciso IV do art. 22 da Lei nº 8.212/1991, deixa de ser devida pela empresa tomadora de serviços a contribuição de 15% sobre o valor da nota fiscal ou fatura de prestação de serviços por intermédio de cooperativa de trabalho.

Por fim, a Instrução Normativa RFB nº 1.867/2019, art. 6º, revogou expressamente o inciso IV do art. 72 da Instrução Normativa RFB nº 971/2009, a qual estabelecia a mencionada contribuição de 15%.

12. PERFIL PROFISSIOGRÁFICO PREVIDENCIÁRIO

A cooperativa ficará obrigada a elaborar o Perfil Profissiográfico Previdenciário (PPP) quando o cooperado prestar serviço, por seu intermédio, à empresa que o exponha a agentes nocivos à saúde e à integridade física, de forma a possibilitar a concessão da aposentadoria especial. A elaboração do PPP terá por base as demonstrações ambientais da contratante ou do local da efetiva prestação de serviços.

A cooperativa de produção que exerça atividade que exponha os seus cooperados a condições especiais, que ensejam a concessão de aposentadoria especial, também deve elaborar o PPP de seus empregados e cooperados.

13. INTERMEDIAÇÃO DE MÃO DE OBRA – PROIBIÇÃO

A cooperativa de trabalho não pode ser utilizada para intermediação de mão de obra subordinada.

A cooperativa que intermediar mão de obra subordinada e os contratantes de seus serviços estarão sujeitos à multa de R$ 500,00 por trabalhador prejudicado, dobrada na reincidência, a ser revertida em favor do Fundo de Amparo ao Trabalhador (FAT).

14. COOPERATIVAS DE TRANSPORTE – SEST E SENAT

A cooperativa de trabalho, na atividade de transporte, em relação à remuneração paga a segurado contribuinte individual que lhe preste serviços e na distribuição de cotas a cooperado, deve reter e recolher a contribuição do segurado destinada ao Serviço Social do Transporte (Sest) e ao Serviço Nacional de Aprendizagem do Transporte (Senat).

15. OBRIGAÇÕES ACESSÓRIAS

As cooperativas estão obrigadas, entre outros, a:

a) elaborar mensalmente folha de pagamento da remuneração paga ou creditada a todos os segurados a seu serviço, devendo manter, em cada estabelecimento, uma via da respectiva folha e dos recibos de pagamentos, discriminando nomes dos segurados, empregado, trabalhador avulso, autônomo e equiparado, empresário e demais pessoas físicas sem vínculo empregatício, relacionados coletivamente por estabelecimento da empresa, por obra de construção civil, bem como indicação de seus registros no caso de empregado e de trabalhador avulso; cargo, função ou serviço prestado pelo segurado; parcelas integrantes da remuneração; parcelas não integrantes da remuneração; descontos legais;

b) as folhas de pagamento nominais mensais, elaboradas pelas cooperativas, deverão separar as retribuições efetuadas a seus associados decorrentes de serviços prestados às pessoas jurídicas e as decorrentes de serviços prestados às pessoas físicas, bem como efetuar os respectivos lançamentos contábeis em contas próprias;

c) encaminhar ao sindicato representativo da categoria profissional mais numerosa entre seus empregados, até o dia 10 de cada mês, cópia da GPS, das contribuições recolhidas ao INSS, relativamente à competência anterior;

d) proceder à inscrição no INSS dos seus cooperados caso estes não comprovem sua inscrição na data da admissão na cooperativa.

Nota

A Instrução Normativa RFB nº 1.867/2019, acresceu o § 1ºA ao art. 47 da Instrução Normativa RFB nº 971/2009, para entre outras disposições, determinar que a obrigação da elaboração da folha de pagamento será cumprida na forma anteriormente mencionada e mediante o envio com sucesso dos eventos S-1200 e S-1210 do eSocial quando o envio destes se tornar obrigatório.

Lembre-se que a partir do mês de competência em que a entrega da declaração de Débitos e Créditos Tributários Federais Previdenciários e de Outras Entidades e Fundos (DCTFWeb) se tornar obrigatória, as contribuições previdenciárias passarão a ser recolhidas por meio de Documento de Arrecadação de Receitas Federais (Darf) único, não sendo mais utilizada a GPS.

---

16. FUNDO DE GARANTIA DO TEMPO DE SERVIÇO

As cooperativas estão obrigadas a efetuar o recolhimento do FGTS relativo ao salário pago aos seus empregados na forma do Título II.

17. COOPERATIVA DE PRODUTORES RURAIS

A Previdência Social considera cooperativa de produção rural a sociedade de produtores rurais pessoas físicas ou de produtores rurais pessoas físicas e de produtores rurais pessoas jurídicas que, organizada na forma da lei, constitui-se em pessoa jurídica com o objetivo de produzir e industrializar ou de produzir e comercializar ou de produzir, industrializar e comercializar a sua produção rural.

A cooperativa de produtores rurais é a sociedade organizada por produtores rurais pessoas físicas ou produtores rurais pessoas físicas e de produtores rurais pessoas jurídicas, com o objetivo de comercializar ou de industrializar, ou de industrializar e comercializar a produção rural dos cooperados.

17.1 Contratação de Empregados para a Colheita

Quando a cooperativa de produtores rurais contratar empregados exclusivamente para a colheita da produção de seus cooperados, terá as contribuições devidas sobre a remuneração destes empregados substituídas pela contribuição sobre a receita bruta da comercialização.

Nesta hipótese, a cooperativa fica responsável pelo recolhimento da contribuição social previdenciária devida pelo segurado empregado, bem como pelo recolhimento das contribuições arrecadadas pela RFB destinadas a terceiros (outras entidades ou fundos), incidentes sobre o total das remunerações pagas, devidas ou creditadas, a qualquer título, no decorrer do mês, àqueles segurados.

Deverá, também, elaborar folha de pagamento distinta para os referidos trabalhadores e apurar os encargos decorrentes desta contratação separadamente, por produtor rural a ela filiado, lançando os respectivos valores em títulos próprios de sua contabilidade.

17.2 Contribuição sobre a Produção Rural

Para os produtores rurais pessoa física e jurídica; agroindústria, exceto a de piscicultura, carcinicultura, suinocultura e a de avicultura; produtor rural participante de consórcio simplificado de produtores rurais quando utilizarem os serviços de empregados contratados pelo consórcio, exclusivamente para prestação de serviços aos consorciados; cooperados filiados à cooperativa de produtores rurais quando utilizarem os serviços de empregados por ela contratados para realizarem exclusivamente a colheita da produção de seus cooperados, as contribuições incidentes sobre a receita bruta proveniente da comercialização da produção rural, industrializada ou não, substituem as contribuições a cargo da empresa, correspondentes a 20%, destinada à Previdência Social, e a 1%, 2% ou 3%, conforme o caso, acrescida de 6%, 9% ou 12%, para o financiamento dos benefícios concedidos em razão do grau de incidência de incapacidade de laboração decorrente dos riscos ambientais do trabalho, incidentes sobre o total das remunerações pagas, devidas ou creditadas, a qualquer título, no decorrer do mês, aos segurados empregado e trabalhador avulso.

A substituição acima prevista não se aplica, entre outros, às agroindústrias de piscicultura, de carcinicultura, de suinocultura e de avicultura e às sociedades cooperativas, exceto no caso anteriormente mencionado.

Nota

Desde 1º .01.2019, o empregador rural pessoa física ou o empregador pessoa jurídica que se dedique à produção rural, poderá optar por contribuir sobre o valor da comercialização da produção rural ou na forma dos incisos I e II do caput do art. 22 da Lei no 8.212/1991 (20% sobre a folha bruta de salários dos empregados e trabalhadores avulsos e contribuição sobre a folha bruta de salários, para o financiamento do seguro de acidentes do trabalho à alíquota de 1% ou 2% ou 3%, conforme o grau de risco de acidente seja leve, médio ou grave, respectivamente).

Título V
SISTEMA DE ESCRITURAÇÃO DIGITAL DAS OBRIGAÇÕES FISCAIS, PREVIDENCIÁRIAS E TRABALHISTAS (eSOCIAL)

Considerando que a Constituição Federal determina que as administrações tributárias da União, dos Estados, do Distrito Federal e dos Municípios atuarão de forma integrada, inclusive com o compartilhamento de cadastros e de informações fiscais, na forma da lei ou convênio e que o Código Tributário Nacional (CTN) estabelece que a Fazenda Pública da União e as dos Estados, do Distrito Federal e dos Municípios prestarão mutuamente assistência para a fiscalização dos tributos respectivos e permuta de informações, na forma estabelecida, em caráter geral ou específico, por lei ou convênio, foi criado o Sistema Público de Escrituração Digital (Sped), mecanismo que unifica as atividades de recepção, validação, armazenamento e autenticação de livros e documentos que integram a escrituração contábil e fiscal dos empresários e das pessoas jurídicas.

O Sped permite um maior controle e agilidade na fiscalização das informações contábeis e fiscais das empresas por meio de compartilhamento de arquivos eletrônicos e, ainda, permite a uniformidade e racionalização no cumprimento das diversas obrigações acessórias por parte das empresas.

O Sped é composto pela Escrituração Contábil Digital (Sped-Contábil), Escrituração Fiscal Digital (Sped Fiscal), a Nota Fiscal Eletrônica NF-e – Ambiente Nacional e a EFD-Contribuições.

Com a publicação do Decreto nº 8.373/2014 e da Resolução CG-eSocial nº 1/2015, foi regulamentado o eSocial (Sped trabalhista e previdenciário) que constitui a maior e a mais complexa parte do Sped.

O sistema tem por objetivo simplificar o cumprimento das diversas obrigações principais e acessórias dos empregadores. Com a sua implantação os dados que hoje devem ser informados a cada órgão público separadamente e em datas diversas, passam a ser prestados uma única vez e em um só ambiente digital. Dessa forma, cada órgão público buscará no sistema em comento as informações a ele relativas.

Tudo o que acontecer na vida laboral do trabalhador desde o momento da contratação até a rescisão contratual será informado no e.Social. Portanto, constituem informações a serem enviadas, entre outras: o registro de empregados, concessão de férias, 13º salário, pagamento de remunerações e demais verbas não integrantes desta, estabilidades concedidas, afastamentos do trabalho, acidentes sofridos, recolhimento de contribuições previdenciárias, depósitos fundiários, exames médicos etc.

As empresas terão uma simplificação nos seus processos de cumprimento de obrigações, mas isto exigirá não só a organização das informações como também a sua centralização nos departamentos responsáveis pela inserção dos dados no sistema. Para que os dados sejam captados de forma correta e em tempo hábil, é imprescindível que a comunicação entre os vários departamentos envolvidos (recursos humanos, departamento de pessoal, jurídico, contábil, etc.) seja transparente e efetiva.

Os profissionais responsáveis pela inserção dos dados devem ser treinados de forma a proceder corretamente tais inserções, evitando não conformidades e até mesmo a impossibilidade do envio dos dados no tempo exigido.

O e.Social irá, gradativamente, substituir, entre outros os seguintes documentos:

a) a Relação Anual de Informações Sociais (Rais);
b) o Cadastro Geral de Empregados e Desempregados (Caged);
c) a inscrição do trabalhador no PIS/Pasep;
d) a Guia de Recolhimento do Fundo de Garantia do Tempo de Serviço e Informações à Previdência Social (GFIP/Sefip);
e) o registro do empregado em livros ou fichas de registro;
f) a comunicação de férias coletivas à Secretaria do Trabalho;
g) folha de pagamento;
h) Manual Normativo de Arquivos Digitais (Manad);
i) Guia da Previdência Social (GPS);
j) Comunicação de Acidente do Trabalho (CAT);
k) Perfil Profissiográfico Previdenciário (PPP);
l) Comunicação do seguro desemprego.

O Sistema eSocial vai substituir vários documentos trabalhistas e previdenciários, porém, o prazo a partir do qual esta substituição ocorrerá ainda será divulgado pelos órgãos competentes.

Até o presente momento já foi definido que as informações prestadas ao eSocial substituirão as informações constantes da Guia de Recolhimento do Fundo de Garantia do Tempo de Serviço e Informações à Previdência Social (GFIP), a qual será substituída pela Declaração de Débitos e Créditos Tributários Federais Previdenciários e de Outras Entidades e Fundos (DCTFWeb), nos termos da Instrução Normativa RFB nº 1.787/2018 e com base em cronograma divulgado no site da RFB, observados os prazos a seguir:

Obrigação	Grandes empresas (Grupo 1)	Empresas com faturamento no ano de 2017 superior a R$ 4.800.000,00 (Grupo 2)	Empresas com faturamento no ano de 2017 de até R$ 4.800.000,00, Empregador pessoa física, optantes pelo Simples e outros (Grupo 3)	Órgãos públicos (Grupo 4)
Substituição da GFIP para contribuições previdenciárias	Agosto/ 2018	Abril/2019	Outubro/2019	Instrução Normativa específica
Substituição da GFIP para recolhimento de FGTS	Agosto/ 2019	Agosto/2019	Outubro/2019	Circular Caixa Específica

O sistema trará vantagens tanto para as empresas como para os trabalhadores e também para o fisco. As empresas terão a simplificação do cumprimento das obrigações acessórias, eliminando o preenchimento e envio de vários documentos, a redução de custos, de uso de papel e de utilização de espaço físico, a racionalização do trabalho e maior controle dos serviços, o acesso fácil e rápido às informações.

Para o Fisco, o sistema permitirá o aumento da arrecadação de tributos, a redução significativa da sonegação, a facilidade e rapidez nas fiscalizações, a melhoria na qualidade das informações prestadas pela empresa e a efetividade no cruzamento de dados.

Os trabalhadores poderão vir a ter vantagens, tais como o acesso às suas informações relativas ao contrato de trabalho, a ciência do recolhimento das suas contribuições previdenciárias e dos depósitos relativos ao Fundo de Garantia do Tempo de Serviço.

O e.Social trará vantagens para todos os envolvidos; entretanto, no primeiro momento, vai exigir grande esforço das empresas visando o seu preparo tecnológico e também de pessoal que deverá ser treinado para o bom desempenho das suas novas atribuições.

Entretanto, o registro das informações nos respectivos eventos do eSocial não dispensa os empregadores de manter, sob sua guarda e responsabilidade, os documentos trabalhistas, previdenciários e fundiários, na forma e prazos previstos na legislação aplicável.

O eSocial é composto por:

a) escrituração digital contendo os livros digitais com informações fiscais, previdenciárias e trabalhistas;
b) sistemas para preenchimento, geração, transmissão, recepção, validação e distribuição da escrituração; e
c) repositório nacional contendo o armazenamento da escrituração.

As informações prestadas pelos empregadores serão enviadas ao FGTS e armazenadas no ambiente nacional.

As informações fiscais, previdenciárias e trabalhistas serão agrupadas em eventos que contêm:

a) dados cadastrais dos empregadores, da empresa e a eles equiparados em legislação específica e dos segurados especiais;
b) dados cadastrais e contratuais de trabalhadores, incluídos os relacionados ao registro de empregados;
c) dados cadastrais, funcionais e remuneratórios dos servidores titulares de cargos efetivos amparados em regime próprio de previdência social, de todos os poderes, órgãos e entidades do respectivo ente federativo, suas autarquias e fundações, dos magistrados, dos membros do Tribunal de Contas, dos membros do Ministério Público e dos militares;
d) dados cadastrais dos dependentes dos empregados, dos trabalhadores avulsos e dos segurados dos regimes geral e próprios de previdência social;
e) dados relacionados às comunicações de acidente de trabalho, às condições ambientais do trabalho e do monitoramento da saúde do trabalhador e dos segurados servidores públicos;
f) dados relacionados à folha de pagamento e outros fatos geradores, bases de cálculo e valores devidos de contribuições

previdenciárias, contribuições sociais de que trata a Lei Complementar nº 110/2001, contribuições sindicais, FGTS e Imposto sobre a Renda Retido na Fonte;

g) outras informações de interesse dos órgãos e entidades integrantes do Comitê Gestor do eSocial, no âmbito de suas competências.

1. EVENTOS – TRANSMISSÃO

Os eventos serão transmitidos observando-se uma sequência lógica. Os eventos inicialmente enviados serão utilizados para o processamento das informações dos eventos enviados posteriormente.

Nessa lógica, os primeiros eventos se referem à identificação e aos demais dados do empregador/contribuinte/órgão público, a seguir os eventos de tabelas, que se farão necessários para validação dos demais eventos.

O próximo passo é o envio dos eventos não periódicos, quando existentes, e a seguir os eventos periódicos, conforme o sequenciamento da figura abaixo reproduzida, constante do Manual de Orientação do eSocial.

Sequenciamento dos eventos

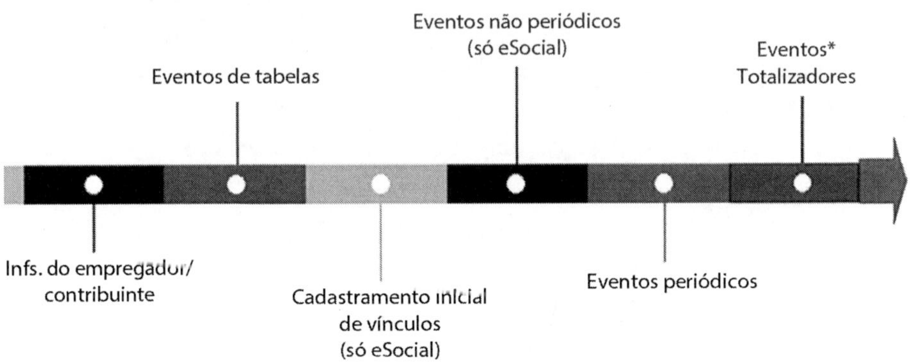

* Gerados pelo governo a partir dos eventos enviados pelo contribuinte. Consolidam os tributos e se integram com a DCTF.

As informações que devem conter cada evento encontram-se especificadas nos leiautes relativos a cada um deles.

Nos eventos iniciais será feita a identificação do empregador/contribuinte/órgão público, devendo deles constar, entre outros dados, a classificação fiscal, tributária, estrutura administrativa, dados de desoneração da folha, isenções, situação da empresa, enfim dados que permitirão a correta apuração das contribuições devidas. Estas informações são as primeiras a serem enviadas ao sistema eSocial.

Os eventos de tabelas do empregador contêm várias informações tais como: rubricas pagas ou devidas, lotações, cargos, horário contratual, condições especiais de trabalho etc. Dados estes que serão usados para a validação dos eventos não periódicos e periódicos a serem enviados posteriormente.

As informações relativas aos vínculos trabalhistas mantidos no momento do início da obrigatoriedade da utilização do eSocial deverão ser transmitidas após o grupo de eventos Tabelas e antes do envio de qualquer evento periódico ou não periódico.

O Manual de Orientação do eSocial esclarece que, como regra geral, a definição dos prazos de envio dos eventos não periódicos respeita regras que asseguram os direitos dos trabalhadores, caso da admissão e do acidente de trabalho, ou possibilitam recolhimentos de encargos que tenham prazos diferenciados, caso do desligamento. Como estes fatos/eventos passam a ter prazo específico para sua transmissão ao eSocial, vinculados a sua efetiva ocorrência, o manual de orientação do eSocial apresenta em cada descrição dos eventos não periódicos seu respectivo prazo de envio. Os eventos não periódicos sem prazo diferenciado devem ser enviados, quando ocorrerem, antes dos eventos mensais da folha de pagamento, com o objetivo de se evitar inconsistências entre a folha de pagamento e os eventos de tabelas e os não periódicos.

O melhor momento para se transmitir os eventos não periódicos e os de tabela é imediatamente após a sua ocorrência. Este procedimento além de impedir possíveis inconsistências, evita tanto o represamento desnecessário de eventos a serem transmitidos quanto o congestionamento de redes pela transmissão de última hora.

Os eventos periódicos devem ser transmitidos até o dia 07 do mês seguinte, antecipando-se o vencimento para o dia útil imediatamente anterior, em caso de não haver expediente bancário.

2. CERTIFICAÇÃO DIGITAL

O Manual de Orientação do eSocial esclarece que os eventos que compõem o eSocial devem ser transmitidos mediante autenticação e assinatura digital utilizando-se certificado digital válido no âmbito da Infraestrutura de Chaves Públicas Brasileiras (ICP-Brasil).

Os empregadores/contribuintes não obrigados à utilização do certificado digital podem gerar Código de Acesso no Portal eSocial.

A obtenção do Código de Acesso para pessoa física exige o registro do número do CPF, data de nascimento e o número dos recibos de entrega do Imposto de Renda Pessoa Física (DIRPF) dos dois últimos exercícios. Não possuindo as DIRPF, em seu lugar deverá ser registrado o número do Título de Eleitor.

Caso o empregador não possua as DIRPF e tampouco o título de eleitor, só poderá acessar o Portal do eSocial por meio de Certificação Digital.

Podem utilizar o código de acesso, como alternativa ao certificado digital:

a) o Microempreendedor Individual (MEI) com empregado, o segurado especial e o empregador doméstico;
b) a Micro e pequena empresa optante pelo Simples Nacional que possua até 1 empregado, não incluídos os empregados afastados em razão de aposentadoria por invalidez.

Para os órgãos públicos, os eventos poderão ser gerados pelo representante autorizado para efetuar a transmissão das respectivas unidades administrativas.

A legislação relativa ao eSocial determina que as microempresas (ME) e empresas de pequeno porte (EPP) devem ter à disposição, no âmbito do eSocial, sistema eletrônico online gratuito, disponibilizado pela administração pública federal, que possibilitará, a partir da inserção de dados, a geração e a transmissão dos arquivos referentes aos eventos.

O microempreendedor individual que tenha um empregado terá módulo voltado para suas especificidades.

Em atendimento a estas determinações, foi disponibilizado o eSocial Web simplificado para o MEI, por meio do qual estes contribuintes prestam as informações ao eSocial de forma bastante fácil. O sistema, entre outras funcionalidades, torna bem mais simples a admissão de empregados, o gerenciamento da folha de pagamento e procede a realização dos cálculos de forma automática.

Também foi disponibilizado o Web geral empresas que é uma ferramenta on line, cujo objetivo é auxiliar as empresas no cumprimento das obrigações relativas ao eSocial.

3. CRONOGRAMA DE IMPLANTAÇÃO – FASEAMENTO

A Resolução CD/eSocial nº 2/2016 estabelece a implementação progressiva (faseamento) do eSocial, dividindo as empresas em 4 grupos, a saber:

GRUPO 1
Empresas com faturamento anual em 2016 superior a R$ 78 milhões

Fase 1: Janeiro/2018: Informações relativas às empresas, ou seja, cadastros do empregador e tabelas (eventos S-1000 a S-1080) passaram a ser enviadas a partir das 8 horas de 08.01.2018 e atualizadas desde então.

Fase 2: Março/2018: Envio das informações relativas aos trabalhadores e seus vínculos com as empresas (eventos não periódicos), como admissões, afastamentos e desligamentos (eventos S-2190 a S-2400) a partir das 8 horas de 1º.03.2018.

Fase 3: Maio/2018: Envio dos eventos de folhas de pagamento (eventos S-1200 a S-1300 a partir das 8 horas de 1º.05.2018, referentes aos fatos ocorridos a partir dessa data.

Fase 4:

- Agosto/2018: Substituição da GFIP para recolhimento de contribuições previdenciárias;
- Agosto/2019: Substituição da GFIP para recolhimento de FGTS.

Fase 5: Julho/2019: envio dos eventos de Segurança e Saúde do Trabalhador.

GRUPO 2
Empresas com faturamento até R$ 78.000.000,00 (exceto os optantes pelo Simples Nacional que constam nessa situação no CNPJ em 1º.07.2018)

Fase 1: Julho/2018: Informações relativas às empresas, ou seja, cadastros do empregador e tabelas (S-1000 a S-1080) passaram a ser enviadas a partir das 8 horas de 16.07.2018 e atualizadas desde então.

Fase 2: Outubro/2018: Envio das informações relativas aos trabalhadores e seus vínculos com as empresas (eventos não periódicos), como admissões, afastamentos e desligamentos (eventos S-2190 a S-2400) a partir das 8 horas de 10.10.2018).

Fase 3: Janeiro/2019: Envio dos eventos de folhas de pagamento (eventos S-1200 a S-1300) a partir das 8 horas de 10.01.2019, referentes aos fatos ocorridos a partir de 1º.01.2019.

Fase 4: Abril/2019 – Substituição da GFIP para recolhimento de contribuições previdenciárias;

Agosto/2019: Substituição da GFIP para recolhimento de FGTS.

Fase 5: Janeiro/2020: envio dos eventos de Segurança e Saúde do Trabalhador.

Nota

Embora a Resolução CD-eSocial nº 2/2016, a qual define os grupos de empresas e o faseamento do eSocial, não tenha sofrido alteração em 2019, lembramos que a Instrução Normativa RFB nº 1.787/2018 a qual dispõe sobre a entrega da DCTFWeb foi alterada pela Instrução Normativa RFB nº 1.884/2019, sendo determinado que a obrigatoriedade da entrega da DCTFWeb observa as regras do quadro a seguir:

Obrigatoriedade		Data de início
1º Grupo	Empresas com faturamento acima de R$ 78.000.000,00 no ano-calendário de 2016.	1º.08.2018
2º Grupo	Empresas com faturamento no ano de 2017 acima de R$ 4.800.000,00.	1º.04.2019
3º Grupo	– Empresas com faturamento no ano de 2017 até R$ 4.800.000,00; – Demais obrigados, exceto órgãos públicos e organizações internacionais.	1º.10.2019
4º Grupo	Entes públicos e organizações internacionais	a ser fixada em ato da RFB

Assim, não fica afastada a possibilidade de futura alteração na mencionada Resolução CD-eSocial nº 2/2016, adequando-a às alterações promovidas pela IN RFB nº 1.884/2019.

GRUPO 3
Empregador pessoa física (exceto doméstico), optantes pelo Simples Nacional, produtor rural pessoa física e entidade sem fins lucrativos

Fase 1: Janeiro/2019: Informações relativas às empresas, ou seja, cadastros do empregador e tabelas (eventos S-1000 a S-1080) deverão ser enviadas a partir das 8 horas de 10.01.2019 e atualizadas desde então.

Fase 2: Abril/2019: Envio das informações relativas aos trabalhadores e seus vínculos com as empresas (eventos não periódicos), como admissões, afastamentos e desligamentos (eventos S-2190 a S-2399) a partir das 8 horas de 10.04.2019.

Fase 3: Julho/2019: Envio dos eventos de folhas de pagamento (eventos S-1200 a S-1300) a partir das 8 horas de 10.07.2019, referentes aos fatos ocorridos a partir de 1º.07.2019.

Fase 4: Outubro/2019: Substituição da GFIP.

Fase 5: Julho/2020: Envio dos eventos de Segurança e Saúde do Trabalhador.

Nota

Embora a Resolução CD-eSocial nº 2/2016, a qual define os grupos de empresas e o faseamento do eSocial, não tenha sofrido alteração em 2019, lembramos que a Instrução Normativa RFB nº 1.787/2018 a qual dispõe sobre a entrega da DCTFWeb foi alterada pela Instrução Normativa RFB nº 1.884/2019, sendo determinado que a obrigatoriedade da entrega da DCTFWeb observa as regras do quadro a seguir:

Obrigatoriedade		**Data de início**
1º Grupo	Empresas com faturamento acima de R$ 78.000.000,00 no ano-calendário de 2016.	1º.08.2018
2º Grupo	Empresas com faturamento no ano de 2017 acima de R$ 4.800.000,00.	1º.04.2019
3º Grupo	– Empresas com faturamento no ano de 2017 até R$ 4.800.000,00; – Demais obrigados, exceto órgãos públicos e organizações internacionais.	1º.10.2019
4º Grupo	Entes públicos e organizações internacionais	a ser fixada em ato da RFB

Assim, não fica afastada a possibilidade de futura alteração na mencionada Resolução CD-eSocial nº 2/2016, adequando-a às alterações promovidas pela IN RFB nº 1.884/2019.

GRUPO 4
Entes Públicos e Organizações Internacionais

Fase 1: Janeiro/2020: Informações relativas aos órgãos, ou seja, cadastros dos empregadores e tabelas (eventos S-1000 a S-1080) deverão ser enviadas e atualizadas desde então.

Fase 2: Resolução especifica a ser publicada: Nesta fase, os entes e as organizações internacionais passarão a ser obrigadas a enviar informações relativas aos servidores e seus vínculos com os órgãos (eventos não periódicos). Ex: admissões, afastamentos e desligamentos (eventos S-2190 a S-2400).

Fase 3: Resolução especifica a ser publicada: Torna-se obrigatório o envio das folhas de pagamento (eventos S-1200 a S-1300).

Fase 4: – Instrução Normativa especifica a ser publicada: Substituição da GFIP para recolhimento de contribuições previdenciárias;

.... – Circular Caixa específica a ser publicada: Substituição da GFIP para recolhimento de FGTS.

Fase 5: Janeiro/2021: Deverão ser enviados os eventos de Segurança e Saúde do Trabalhador.

Título VI
ESCRITURAÇÃO FISCAL DIGITAL DE RETENÇÕES E OUTRAS INFORMAÇÕES FISCAIS (EFD-Reinf)

A EFD-Reinf foi o último módulo do Sped divulgado e constitui um complemento do eSocial, abarcando os tributos não decorrentes da mão de obra onerosa. É parte do sistema de escrituração digital que exigirá que os contribuintes a seguir relacionados, enviem ao Fisco, de forma unificada, ou seja, em um único documento digital, todas as informações relativas às retenções de contribuições que não tenham relação com a folha de pagamento, ou seja, sem relação com o trabalho de pessoas físicas que prestam serviços à empresa. Além disto, conterá, também, dados relacionados à receita bruta, base de cálculo para a apuração de contribuições previdenciárias substituídas.

As pessoas jurídicas a seguir relacionadas, estarão obrigadas a adotar a EFD-Reinf:

a) que prestam e que contratam serviços realizados mediante cessão de mão de obra;

b) responsáveis pela retenção da Contribuição para o PIS/Pasep, da Contribuição para o Financiamento da Seguridade Social (Cofins) e da Contribuição Social sobre o Lucro Líquido (CSLL);

c) optantes pela desoneração da folha de pagamento (Contribuição Previdenciária sobre a Receita Bruta (CPRB);

d) produtor rural pessoa jurídica e agroindústria quando sujeitos à contribuição previdenciária substitutiva sobre a receita bruta proveniente da comercialização da produção rural;

e) associações desportivas mantenedoras de equipe de futebol profissional que tenham recebido valores a título de patrocínio, licenciamento de uso de marcas e símbolos, publicidade, propaganda e transmissão de espetáculos desportivos;

f) empresa ou entidade patrocinadora que tenha destinado recursos à associação desportiva mantenedora de equipe de futebol profissional a título de patrocínio, licenciamento de uso de marcas e símbolos, publicidade, propaganda e transmissão de espetáculos desportivos;

g) entidades promotoras de eventos desportivos realizados em território nacional, em qualquer modalidade desportiva, dos quais participe ao menos uma associação desportiva que mantenha equipe de futebol profissional; e

h) pessoas jurídicas e físicas que pagaram ou creditaram rendimentos sobre os quais haja retenção do Imposto sobre a Renda Retido na Fonte (IRRF), por si ou como representantes de terceiros.

A Reinf será mensalmente transmitida ao Sped até o dia 15 do mês subsequente ao que se refira a escrituração, exceto para as entidades promotoras de espetáculos desportivos cuja transmissão deverá ocorrer em até 2 dias úteis após a realização.

A EFD-Reinf irá, gradativamente, substituir, entre outros, documentos como a Guia de Recolhimento do Fundo de Garantia do Tempo de Serviço e Informações à Previdência Social (GFIP), a EFD-Contribuições, a Declaração de Débitos e Créditos Tributários Federais (DCTF) e a Declaração do Imposto sobre a Renda Retido na Fonte (DIRF).

Integram a EFD-Reinf os seguintes eventos:

R-1000 – Informações do Contribuinte

R-1070 – Tabela de Processos Administrativos/Judiciais

R-2010 – Retenção Contribuição Previdenciária – Serviços Tomados

R-2020 – Retenção Contribuição Previdenciária – Serviços Prestados

R-2030 – Recursos Recebidos por Associação Desportiva

R-2040 – Recursos Repassados para Associação Desportiva

R-2050 – Comercialização da Produção por Produtor Rural PJ/Agroindústria

R-2060 – Contribuição Previdenciária sobre a Receita Bruta – CPRB

R-2098 – Reabertura dos Eventos Periódicos

R-2099 – Fechamento dos Eventos Periódicos

R-3010 – Receita de Espetáculo Desportivo

R-5001 – Informações de bases e tributos por evento

R-5011 – Informações de bases e tributos consolidadas por período de apuração

R-9000 – Exclusão de Eventos

Os eventos serão transmitidos observando-se uma sequência lógica, conforme figura constante do Manual de Orientações divulgado pelo Comitê Gestor, adiante reproduzida. Os eventos inicialmente enviados serão utilizados para o processamento das informações dos eventos enviados posteriormente. O Manual de Orientação da EFD-Reinf determina que:

a) os eventos Tabelas incluem o evento R-1000 – Informações do Contribuinte e R-1070 – Tabela de Processos Administrativos/Judiciais. O evento R-1000 é o primeiro evento a ser transmitido e tem por objetivo identificar o contribuinte, contendo os dados básicos de sua classificação fiscal. O evento R-1070, será enviado após o R-1000, quando houver processo administrativo/judicial que tenha influência na apuração do tributo.

b) há apenas um evento não periódico que é o R-3010 – Receita de Espetáculo Desportivo. É considerado não periódico uma vez que a sua ocorrência não tem frequência pré-definida, devendo ser informado, quando houver espetáculo desportivo, até 2 dias úteis após a sua realização.

c) Eventos periódicos são:

- R-2010 – Retenção Contribuição Previdenciária – Serviços Tomados;
- R-2020 – Retenção Contribuição Previdenciária – Serviços Prestados;
- R-2030 – Recursos Recebidos por Associação Desportiva
- R-2040 – Recursos Repassados para Associação Desportiva
- R-2050 – Comercialização da Produção por Produtor Rural PJ/Agroindústria
- R-2060 – Contribuição Previdenciária sobre a Receita Bruta – CPRB

- R-2098 – Reabertura de Eventos Periódicos
- R-2099 – Fechamento dos Eventos Periódicos

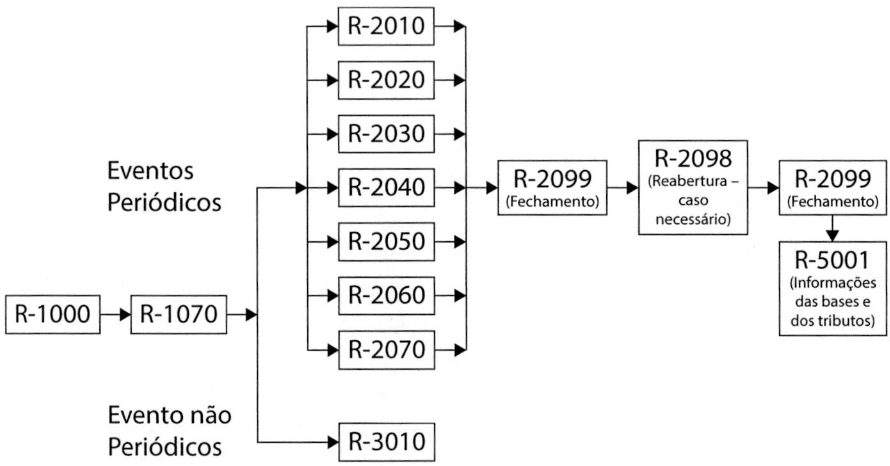

Obs.: "R-9000 – exclusão de evento" – pode ser usado a qualquer momento.

Embora no gráfico anteriormente reproduzido conste o evento R-2070, lembramos que este evento foi excluído da EFD-Reinf por meio do Ato Declaratório Executivo Cofis nº 64/2018.

Nota

O Ato Declaratório Executivo Cofis nº 10/2019, aprovou nova versão do leiaute da EFD-Reinf, com a inclusão dos eventos a seguir, entretanto, a nova versão só será exigida para os eventos ocorridos a partir da competência de janeiro de 2020.

R-4010 – Retenções na Fonte – Pessoa Física

R-4020 – Retenções na Fonte – Pessoa Jurídica

R-4040 – Retenções na Fonte – Beneficiários não identificados

R-4098 – Reabertura de Eventos Periódicos Série R-4000

R- 4099 – Fechamento de Eventos Periódicos Série R-4000

R-9000 – Exclusão de Eventos

R-9001 – Informações de bases e tributos por evento – Contrib. Previdenc.

R-9002 – Informações de bases e tributos por evento – Retenções na fonte

R-9011 – Informações consolidadas de bases e tributos – Contrib. Previdenciária

R-9012 – Informações consolidadas de bases e tributos – Retenções na fonte

1. CRONOGRAMA DE IMPLANTAÇÃO

A entrega da EFD-Reinf observará o seguinte cronograma:

a) a partir de 1º.05.2018, referentes aos fatos geradores ocorridos a partir dessa data – para o 1º grupo, que compreende as entidades com faturamento no ano de 2016 acima de R$ 78.000.000,00;

b) a partir de 10.01.2019, referentes aos fatos ocorridos a partir de 1º.01.2019 – para o 2º grupo, que compreende as entidades integrantes do "Grupo 2 – Entidades Empresariais" do Anexo V da Instrução Normativa RFB nº 1.863/2018, com faturamento de até R$ 78.000.000,00 no ano de 2016 (exceto as optantes pelo Simples Nacional, desde que a condição de optante conste do CNPJ em 1º.07.2018);

c) a partir de 10.07.2019, referentes aos fatos ocorridos a partir de 1º.07.2019 – para o 3º grupo, que compreende os obrigados não pertencentes aos demais grupos; e

d) em data a ser fixada em ato da Receita Federal do Brasil (RFB) – para o 4º grupo, que compreende os entes públicos, integrantes do "Grupo 1 – Administração Pública" e as organizações internacionais, integrantes do "Grupo 5 – Organizações Internacionais e Outras Instituições Extraterritoriais", ambas do Anexo V da Instrução Normativa RFB nº 1.863/2018.

A partir do mês de competência em que a entrega da DCTFWeb for obrigatória para cada grupo, as contribuições sociais previdenciárias deverão ser recolhidas por meio de Documento de Arrecadação de Receitas Federais (Darf), gerado no sistema declaração de Débitos e Créditos Tributários Federais Previdenciários e de Outras Entidades e Fundos (DCTFWeb).

Título VII
DECLARAÇÃO DE DÉBITOS E CRÉDITOS TRIBUTÁRIOS FEDERAIS PREVIDENCIÁRIOS E DE OUTRAS ENTIDADES E FUNDOS (DCTFWeb)

1. CONCEITO

A DCTFWeb é uma nova forma de declaração de débitos e créditos tributários. Conforme esclarece o seu Manual de Orientação, a mesma é gerada, pelo próprio sistema, a partir das informações prestadas no eSocial e na EFD-Reinf.

Portanto, as informações constantes dos dois sistemas (eSocial e EFD-Reinf) é que alimentam a DCTFWeb.

Por meio da DCTFWeb o contribuinte também confessa seus débitos relativos às contribuições previdenciárias e as devidas a terceiros (entidades e fundos).

Para a apresentação da DCTFWeb é obrigatório o uso de assinatura digital válida, com utilização de certificado de segurança emitido por entidade credenciada pela Infraestrutura de Chaves Públicas Brasileira (ICP-Brasil), ou o código de acesso para o contribuinte não obrigado à certificação digital.

2. CONTRIBUINTES OBRIGADOS

Estão obrigados à apresentação da DCTFWeb os seguintes contribuintes:

a) pessoas jurídicas de direito privado em geral e as equiparadas a empresa;
b) unidades gestoras de orçamento dos órgãos públicos, das autarquias e das fundações de quaisquer dos poderes da União, dos Estados, do Distrito Federal e dos municípios;
c) consórcios de que tratam os arts. 278 e 279 da Lei nº 6.404/1976, quando realizarem, em nome próprio:
   - a contratação de trabalhador segurado do RGPS;
   - a aquisição de produção rural de produtor rural pessoa física;
   - o patrocínio de equipe de futebol profissional; ou
   - a contratação de empresa para prestação de serviço sujeito à retenção previdenciária;
d) entidades de fiscalização do exercício profissional (conselhos federais e regionais), inclusive a Ordem dos Advogados do Brasil (OAB);
e) fundos especiais criados no âmbito de quaisquer dos poderes da União, dos Estados, do Distrito Federal e dos municípios bem como dos Ministérios Públicos e dos Tribunais de Contas, quando dotados de personalidade jurídica sob a forma de autarquia;
f) organismos oficiais internacionais ou estrangeiros em funcionamento no Brasil, quando contratarem trabalhador segurado do RGPS;
g) Microempreendedor Individual (MEI), quando:
   - contratar trabalhador segurado do RGPS;
   - adquirir produção rural de produtor rural pessoa física;
   - patrocinar equipe de futebol profissional; ou
   - contratar empresa para prestação de serviço sujeito à retenção previdenciária;
h) produtor rural pessoa física, quando:
   - contratar trabalhador segurado do RGPS; ou
   - comercializar a sua produção com adquirente domiciliado no exterior, a consumidor pessoa física, no varejo, a outro produtor rural pessoa física ou a segurado especial;
i) pessoa física que adquirir produção de produtor rural pessoa física ou de segurado especial para venda, no varejo, a consumidor pessoa física; e

j) as demais pessoas jurídicas que estejam obrigadas pela legislação ao recolhimento das contribuições previdenciárias.

A DCTFWeb das pessoas jurídicas deverá ser apresentada de forma centralizada pelo respectivo estabelecimento matriz e identificada com o número do CNPJ, ressalvadas as unidades gestoras dos órgãos públicos da administração direta de quaisquer dos poderes da União, quando inscritas no CNPJ como filiais.

O contribuinte individual, a pessoa física na condição de proprietário ou dono de obra de construção civil, os produtores rurais pessoas físicas, a pessoa física que adquirir produção de produtor rural pessoa física ou de segurado especial para venda, no varejo, a consumidor pessoa física, deverão apresentar a DCTFWeb identificada com o número de inscrição no CPF do titular ou responsável.

3. CONTRIBUINTES DESOBRIGADOS

Estão dispensados da apresentação da DCTFWeb:

a) os contribuintes individuais que não têm trabalhador segurado do RGPS que lhes preste serviços;
b) os segurados especiais;
c) os órgãos públicos em relação aos servidores públicos estatutários, filiados a regimes previdenciários próprios;
d) os segurados facultativos;
e) os fundos especiais de natureza contábil ou financeira, não dotados de personalidade jurídica, criados no âmbito de qualquer dos poderes da União, dos estados, do Distrito Federal e dos municípios;
f) as comissões sem personalidade jurídica criadas por ato internacional celebrado pelo Brasil e um ou mais países, para fins diversos;
g) as comissões de conciliação prévia;
h) os fundos de investimento imobiliário ou os clubes de investimento registrados em Bolsa de Valores, segundo as normas fixadas pela Comissão de Valores Mobiliários (CVM) ou pelo Banco Central do Brasil (Bacen), cujas informações, quando

existirem, serão prestadas pela instituição financeira responsável pela administração do fundo; e

i) os organismos oficiais internacionais ou estrangeiros em funcionamento no Brasil que não tenham trabalhador segurado do RGPS que lhes preste serviços.

4. PROCESSAMENTO DAS INFORMAÇÕES

O Manual de Orientação da EFD-Reinf disponibiliza o gráfico reproduzido a seguir, com o fluxo das informações:

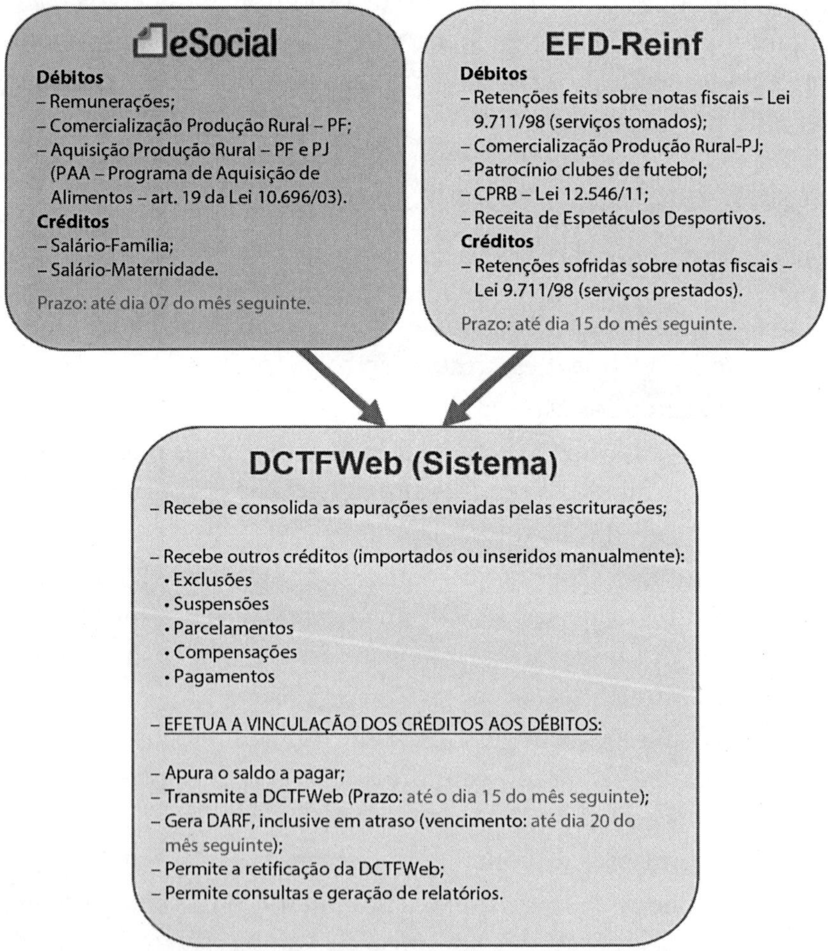

Esclarece ainda, que a declaração poderá ser editada e transmitida por meio do sistema da declaração, constante no Atendimento Virtual (e-CAC) da Receita Federal: idg.receita.fazenda.gov.br., e que após enviar os eventos de fechamento do eSocial e do EFD-Reinf (eventos S-1299 – Fechamento dos eventos periódicos e R-2099 – Fechamento dos Eventos periódicos, respectivamente), o contribuinte deverá acionar o sistema DCTFWeb.

Portanto, após a transmissão das apurações, o próprio sistema recepciona, de forma automática, tanto os débitos (contribuições previdenciárias, contribuições para terceiros, imposto de renda retido na fonte) como os créditos (salário família, salário maternidade, retenções previdenciárias sobre serviços prestados mediante cessão de mão de obra ou empreitada). Efetuadas as compensações entre débitos e créditos, calcula o valor efetivamente devido. Não havendo necessidade de proceder ajustes, o contribuinte confirma a transmissão da DCTFWeb e, a partir de então, poder emitir o Darf para recolhimento.

O Manual apresenta o fluxograma a seguir reproduzido, detalhando os procedimentos a serem observados na transmissão da declaração e emissão da respectiva guia de recolhimento.

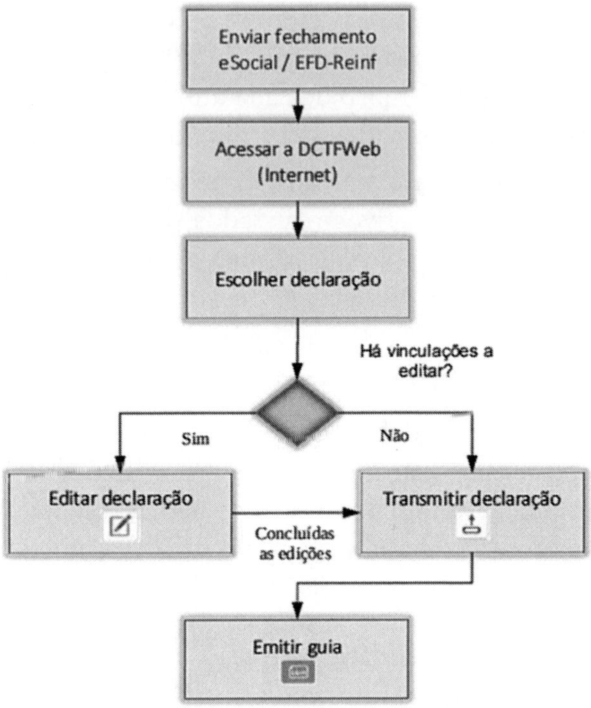

Assim, ao acessar o sistema, será apresentado ao contribuinte a relação de declarações, mostrando as que estão "em andamento", as quais podem ser editadas por ainda não terem sido transmitidas, bem como as declarações ativas com saldo a pagar transmitidas no dia.

As declarações "em andamento" podem ser transmitidas pelo contribuinte ou podem ser editadas. A edição permite ao contribuinte visualizar os débitos apurados e os créditos vinculados e também proceder ajustes na forma como foram vinculadas as deduções aos débitos e ainda, incluir outros créditos não vinculados automaticamente (parcelamento, suspensão etc.)

As declarações ativas podem ser retificadas.

5. APRESENTAÇÃO – PRAZO

A DCTFWeb mensal deverá ser apresentada até o dia 15 do mês seguinte ao da ocorrência dos fatos geradores. Se o dia 15 não for dia útil, a entrega será antecipada para o dia útil imediatamente anterior.

A DCTFWeb anual, para a prestação de informações relativas aos valores pagos aos trabalhadores a título de 13º salário deverá ser transmitida até o dia 20 de dezembro de cada ano. Se o dia 20 recair em dia não útil, o prazo será antecipado para o dia útil imediatamente anterior.

A DCTFWeb diária, para a prestação de informações relativas à receita de espetáculos desportivos realizados por associação desportiva que mantém clube de futebol profissional, deverá ser transmitida até o 2º dia útil após a realização do evento desportivo.

6. PENALIDADES

O sujeito passivo que deixar de apresentar a DCTFWeb no prazo fixado ou a apresentar com incorreções ou omissões será intimado a apresentar declaração original, no caso de não apresentação, ou a prestar esclarecimentos, nos demais casos, no prazo estipulado pela RFB, e ficará sujeito às multas de:

a) de 2% ao mês calendário ou fração, incidentes sobre o montante das contribuições informadas na DCTFWeb, ainda que integralmente pagas, no caso de falta de entrega dessa declaração ou entrega após o prazo, limitada a 20%; e

b) de R$ 20,00 para cada grupo de 10 informações incorretas ou omitidas.

A multa mínima a ser aplicada será de:

a) R$ 200,00, no caso de omissão de declaração sem ocorrência de fatos geradores; ou
b) R$ 500,00, nos demais casos.

Observados esses valores mínimos, em geral, as multas serão reduzidas:

a) em 50%, quando a declaração for apresentada após o prazo, mas antes de qualquer procedimento de ofício; ou
b) em 25%, se houver a apresentação da declaração no prazo fixado na intimação.

7. IMPLANTAÇÃO DA DCTFWEB – CRONOGRAMA

A entrega da DCTFWeb será obrigatória em relação aos tributos cujos fatos geradores ocorrerem:

a) a partir do mês de agosto de 2018, para as entidades integrantes do "Grupo 2 – Entidades Empresariais", do Anexo V da Instrução Normativa RFB nº 1.863/2018, com faturamento no ano-calendário de 2016 acima de R$ 78.000.000,00;
b) a partir de abril/2019 para as demais entidades integrantes do "Grupo 2 – Entidades Empresariais", do Anexo V da Instrução Normativa RFB nº 1.863/2018, com faturamento no ano de 2017 acima de R$ 4.800.000,00;
c) a partir de outubro/2019, para as entidades com faturamento de até R$ 4.800.000,00 (empresas optantes pelo Simples Nacional, empregadores pessoa física (exceto doméstico), produtor rural PF e entidades sem fins lucrativos);
d) em data a ser definida pela RFB para os entes públicos , organizações internacionais e Outras Instituições Extraterritoriais.

Os fatos geradores referentes a períodos anteriores aos mencionados continuarão a ser declarados por meio de GFIP.

Título VII
LEGISLAÇÃO REFERENCIADA

1. LEGISLAÇÃO REFERENCIADA

- Constituição da República Federativa do Brasil/1988
- Lei Complementar nº 110/2001
- Lei nº 4.923/1965
- Lei nº 5.764/1971
- Lei nº 6.019/1974
- Lei nº 8.036/1990
- Lei nº 8.212/1991
- Lei nº 8.213/1991
- Lei nº 10.097/2000
- Lei nº 10.406/2002
- Lei nº 12.546/2011
- Lei nº 12.690/2012
- Lei nº 13.467/2017
- Consolidação das Leis do Trabalho (CLT)
- Decreto nº 3.048/1999
- Decreto nº 99.684/1990
- Decreto nº 8.373/2014
- Portaria MTE nº 1.129/2014
- Portaria MTb nº 3.214/1978
- Resolução CG-eSocial nº 1/2015
- Resolução CD-eSocial nº 2/2016
- Instrução Normativa RFB nº 1.812/2018
- Instrução Normativa RFB nº 971/2009
- Instrução Normativa RFB nº 1.436/2013
- Instrução Normativa RFB nº 1.701/2017

- Instrução Normativa RFB nº 1.767/2017
- Instrução Normativa RFB nº 1.787/2018
- Ato Declaratório Executivo Codac nº 46/2013
- Manual de Orientação do eSocial
- Manual de Orientação da EFD-Reinf
- Manual de Orientação da DCTFWeb